吳王金戈越王劍

東周金文中的吳越王名

馬曉穩 著

上海古籍出版社

本書受到國家社科基金青年項目
"吴越文字資料整理研究"(批准號:18CYY037)的資助,
謹致謝忱!

目　録

前　言 ·· 1
凡　例 ·· 1

第一章　吴國王名資料選釋 ·· 1
　一、諸樊及諸樊之子 ·· 1
　二、句餘 ··· 16
　三、夷末 ··· 27
　四、光 ·· 42
　五、夫差 ··· 53
　六、吴季子之子逞劍及其僞劍 ··· 69

第二章　越國王名資料選釋 ·· 83
　一、句踐 ··· 83
　二、者旨於賜 ··· 91
　三、丌北古 ··· 119
　四、州句 ·· 125
　五、翳 ··· 144
　六、旨翳太子 ··· 154
　七、存疑 ·· 158

八、者差其余 …………………………………………… 160

第三章　出土文獻所見吳王名的新認識 …………………… 179
　　第一節　傳世文獻中的吳王名 ……………………………… 179
　　第二節　東周金文所見吳王名 ……………………………… 183
　　第三節　出土資料與《左傳》吳王名的關係 …………… 199
　　第四節　餘祭、句餘與戴吳 ………………………………… 205

第四章　出土文獻所見越王世系研究 ……………………… 209
　　第一節　傳世文獻所見越王世系 …………………………… 209
　　第二節　出土王名與傳世王名對應的幾個定點 ………… 211
　　第三節　幾個有爭議的出土王名 …………………………… 215
　　第四節　王子搜與越王授 …………………………………… 229

第五章　吳越王名結構及其釋讀方法評議 ………………… 238
　　第一節　出土吳越王名研究三家説 ………………………… 238
　　第二節　"三家説"之檢討與吳國王名的結構規律 …… 241
　　第三節　越國王名的分類 …………………………………… 244
　　第四節　吳越王名中的華式名 ……………………………… 248
　　第五節　吳王"皮難"新證 ………………………………… 250

著錄簡稱表 ……………………………………………………… 256

參考文獻 ………………………………………………………… 264

後記 ……………………………………………………………… 288

前　言

春秋中期以後，長江下游地區的吳、越兩國相繼登上爭霸諸侯的歷史舞臺。先是吳國在晉國的幫助下迅速崛起，西破强楚，北威齊晉。接着句踐滅吳，遷都瑯琊，越國取代了吳國的霸主地位。雖然吳越稱霸的時間不算很長，但對歷史的影響却是巨大而深遠的。本書涉及的文字資料，其時間大致就在這段範圍内。

一、本書的資料範圍及主要内容

本書初稿是 2017 年在吉林大學完成的博士學位論文《吳越文字資料整理及相關問題研究》，共收録吳國銅器 91 件/套，越國銅器 140 件/套。2018 年以《吳越文字資料整理研究》爲題，獲得國家社會科學基金青年項目，2023 年在申請結項的報告中，收録了吳國銅器 97 件/套，越國銅器 154 件/套。

兵器是吳越銅器的大宗，其銘文主要是"物勒王名"。王名釋讀可以説是吳越文字資料研究的重點和難點。除個别有爭議的外，迄今學者已從中辨識出從壽夢至夫差、句踐至翳較完整的吳越世系，這對歷史研究無疑有重要意義。

吳越文字資料中同一王名重複銅器較多，不少王名在不同器物中反復出現，且寫法幾無差别。本書擇取了王名寫法具有代表性的吳國銅器 25 件/套，越國銅器 44 件/套。這次呈現在大家面前的《吳王金戈越王劍》一書，以探求吳越王名的結構與釋讀方法爲核心，兼及銘文涉及的相關史實的討論。

二、本書主要內容及收穫

搜集、分析資料是開展銘文研究的必要學術準備。搜集工作包括從各類著錄、專著、報刊中采集精善的圖像，包括器形照片、銘文拓片、摹本等。有時銅器銘文的照片要比拓片更清楚，本書也留心銘文照片的著錄。甄選優質圖像的前提是對已有著錄的全面把握，本書從衆多著錄中選取優質的器形和銘文圖像，並交代出處，同時也補充了一些器物不常見的照片或拓本。

分析工作包括器物真僞、國别、時代的辨析，以及以往著錄中圖像的辨僞和校重。下面舉幾個例子說明。

（一）辨僞

辨僞包括對器物真僞的判斷，以及對銘文拓本真僞的考察。

吴越銅器多爲私家收藏，科學發掘出土的比例很小，我們對其中一些器物的真僞或有思考。

1971年陝西三原縣廢品收購門市曾回收一柄所謂"北季子劍"，因不少著錄曾予收入，所以時見一些文章稱引利用。本書將目前所知的所謂"季子劍"全部輯出，證明這類銅劍都是仿自明末孫承澤皮藏的吴季子之子劍，尤其值得注意的是，有些僞劍銘文内容也與原器不同，當是據錯誤釋文爲之，更是僞中之僞，其破綻暴露無遺。

宋代的金文著錄，因後代多次翻刻、重刻，以致不同版次中的同一件器物銘文有時也會略有差異。如宋代出土的"者旨於賜"鐘銘，"春"前一字，四庫本《博古圖》作"▨"，後世不少學者據之釋爲"中"，實際該字早期版本如泊如齋本作"▨"，蔣暘本作"▨"，下部絕非"中"形。由於《博古圖》錯釋該字爲"仲"，清人大概已意識到與原篆不類，爲了彌合字形與釋文之間的差距，便修改摹本字形以屈就宋人釋文。這種做法當然很不可取。四庫本問題較多，在研究時要加以甄别。

有些著錄書籍在收錄材料時會對原拓不清楚、不完整的地方作修描、補充，如果修描不精，就會使得修補後的拓本與原拓存在較大差異，以致後來學者誤認爲是兩件器物。如現藏中國國家博物館的者旨於賜劍舊有兩種不同拓本，之前不少著錄都誤以爲是兩柄不同的越王劍。我們辨識出了其中一種經過了不正確的修描，今後的著錄不應再收入。這種拓本辨析工作，既是對相關材料的辨僞，同時也是對同一件器物的校重。

（二）校重

所謂校重就是找到著錄中同一器物的重見拓本。除了上文提及的修改拓片外，器物的流轉也是造成重出的主要原因。同一件器物先後被不同單位收藏且分別見諸著錄，其後學者若不加分別，就很容易誤認爲是兩件器物。

校出重收的器物，除了需要仔細核對器形、銘文，也要盡力梳理每件器物流傳的脈絡。有時通過排比器物的收藏史，可以找到器物最早的收藏者。比如清代出土的吳王夫差劍，就是通過考察器物的流傳過程，從而增補早期著錄與收藏者。程瑶田《通藝錄》中著錄有司馬達甫收藏的一柄古劍，過去的金石著錄一直罕有措意。我們認爲這柄古劍即著名的吳王夫差劍。通過對司馬達甫卒年的考證，可知司馬達甫是目前所知該劍的第一位收藏者。程瑶田《通藝錄》較早辨識出活字模痕並描摹出來，是該劍早期著錄中的一個重要摹本。民國以後，該劍已不見踪迹。直到最近出版的《商周青銅器銘文暨圖像集成續編》公布了一柄吳王夫差劍，通過器形與銘文的比對，可確定這柄清代出土的夫差劍目前仍存世，現爲某私人藏家收藏。

對每件器物的研究作一學術史的回顧是一項有意義的工作。舊說的梳理也是另立新說的必要準備。在本書"注釋"部分，我們對每件器物考釋史都作了簡單的綜述，盡量羅列出各家的看法並作分析判斷，通過論證排除可信度不高的意見，或用新材料印證過去學者的舊説，且時參以己見。

（三）鳥蟲書特點研究

多用鳥蟲書是越國文字的突出特點。鳥蟲文字除本身構形值得研究外，文字的布局也有一定特色。比如在銘辭中綴加無意義的鳥形。越國鳥蟲書中有"✶""✶"形，過去學者都釋作"隹"，讀爲"唯"。我們認爲該形與鳥蟲書中"隹"字不類，就是起填補空白作用的鳥形，只不過看上去頗像文字。認識到越國鳥蟲書中存在這類現象，就可以對十六字的州句劍格釋讀順序作出準確判斷了。

越劍銘文多鑄之於劍格，追求劍格文字面貌的對稱，也是越國鳥書的一大特點。如越國銅器【32】越王者旨不光劍左側劍格銘文，"用"下之字，或釋"攻"，或釋"劍"，皆與字形不合，其實"用"下並非文字，而是爲了使劍格左右對稱而添加的無意義的筆畫。鳥蟲書銘文爲了追求對稱的美感，改造甚至破壞銘文內容，這與鳥蟲文字字形本身常常爲追求字體結構的對稱而增删筆畫的道理是一樣的，二者都是裝飾美化功能破壞文字記錄語言準確性的反映。

（四）王名研究

多年來經過幾代學人的共同努力，出土文獻所見吳越王名世系已大致呈現出來，如郭沫若釋出"姑發臀反"爲"諸樊"；陳千萬認出"叔戉此郗"爲"句餘"；容庚、李家浩提出"光逗"即吳王"光"；李家浩、陳斯鵬、吳振武三位先生認出"者彶叔虜"即"闔廬"；唐蘭釋出"旮淺"即"句踐"；馬承源、林澐考訂出"者旨於賜"即"鼫與"；馬承源提出"丌北古"即"盲姑"；曹錦炎釋出"者旨不光"並認爲是越王"翳"之字；李學勤、董珊等論證"者差其余"即"初無余"等等。

李家浩、董珊、曹錦炎對王名的釋讀規律提出不少見解，本書根據出土文獻所見的吳越王名對三位先生的意見作了檢測與分析，並對吳越王名的結構和類型作了總結。我們認爲研究吳越王名，要區分開王名本身的結構規律與文獻所記吳王名的釋讀規律這兩個概念，即"自稱"與"他稱"的不同，因爲這是兩個不同的層面，二者在研究時不能混爲一談。

在吳王名研究的過程中，我們發現《春秋左氏傳》中同一吳王存在經、傳不同的兩套名字，如經稱"乘""遏"，而傳作"壽夢""諸樊"，出土銅器的吳王自名應當與傳中所記相通。經、傳中有關吳國的歷史應該有不同的來源，傳中的吳王名可能與吳王銅器銘文有相同的史源。根據這一規律，我們復原出"醜雖"是夷未在傳中失載的吳王自名，"是野"是夫差在經中失載的中原稱名。這種復原構擬的方法與語言學上的內部擬測法神似。

者減鐘"皮難"是誰，是困擾古文字學界多年的一個難題。我們根據出土文獻總結出的吳王名結構規律，對其釋讀方法作了新的思考。

在前言的最後，請允許再費點筆墨談談吳越文字的區系歸屬問題。在 2017 年完成的博士學位論文中，我們曾以字表的形式展示了吳越文字與他系文字的字形與字用關係。當時的主要看法如下：

吳越文字字形、字用與楚文字大同而小異，吳文字應是受到一定晉系文字影響的楚系文字。而越文字雖有個別字形受到齊系影響，但主體仍應歸入楚系。吳越文字的這種現象應視作楚文字的內部差異。

戰國文字區系劃分與現代漢語方言區性質類似。不同方言區的方言存在差別，但同一個方言區內部也允許有較大差異。兩大方言區交界地域的方音有可能同時具備兩個方言區的某些特徵，從而呈現出獨特的面貌，但這並不意味着這種交界地域的方言可以獨立成爲一個新的方言區。這種關係與吳、越文字在戰國文字區系系統中的地位大致相當。

《左傳》成公七年：

> 巫臣請使於吴，晋侯許之。吴子壽夢説之，乃通吴于晋。以兩之一卒適吴，舍偏兩之一焉。與其射御，教吴乘車，教之戰陳，<u>教之叛楚</u>。置其子狐庸焉，使爲行人於吴。吴始伐楚，伐巢、伐徐。子重奔命。馬陵之會，吴入州來。子重自鄭奔命。子重、子反於是乎一歲七奔命。蠻夷屬於楚者，吴盡取之，是以始大，通吴於上國。

成公七年是吴王壽夢二年。從上述記載可知，壽夢之前吴國爲楚之附庸，所以文字的整體面貌與楚系文字相似。申公巫臣通吴後，吴國與晋國的關係趨於密切，所以有些字形合於晋系，而不類於楚。目前見到的吴國文字資料時間都在壽夢之後，所以也可以説，《左傳》這段記述正是吴國文字特徵來源的歷史闡釋。

討論越國文字的歸屬問題有些複雜。因爲越國文字的大宗是鳥蟲書，而越國鳥蟲書確實具有顯著的地域特色，這是否意味着越國文字可以獨立成爲一系呢？要回答這一問題，首先要考慮鳥蟲文字的性質與功用。鳥蟲書是春秋晚期至戰國早期楚、吴、越、宋、蔡等國流行的美術字體，其特點是文字記録語言的功能常常被美化的需求所破壞。細節上，不少文字的結構甚至銘文内容遭到改變；宏觀上，鳥蟲文字呈現出"陌生化"，造成文字視覺上的陌生感。這樣的文字不會是日常實用的文字。不少鳥蟲文字錯金，更是爲了美觀需要。因此可以説，鳥蟲書是一種起裝飾作用的特殊字體，不是當時社會的通行字體。

研究楚文字的區系特徵，應選取楚文字中的通行字體，而不應首先考慮鳥蟲書。同理，判斷越文字的區系特徵，其材料也不應該是越國的鳥蟲書。越國非鳥蟲書文字雖然不多，但從中也未發現可以獨立成爲一系的端倪。爲何越國多鳥蟲書，而正常形態的文字罕見，這大概與越國的語言環境有關。

《説苑·善説篇》記録的《越人歌》以及《越絶書·吴内傳》

所錄的《維甲令》，不少學者都指出這是用漢字記錄的古越人語言，與漢語不同，古越語應屬侗臺語的一支。[1] 再如能原鎛、之利殘片等銘文，雖爲漢字書寫，但銘文内容却古奥難解，如按照一些學者的看法，是用漢字記錄越音，則更可説明越人有自己的語言，但没有自己的文字。雖然現在我們無法得知有多少越人掌握漢語漢字，但可以肯定的是，漢語不是當時越地的全民通行語言。所以正常形體的文字銘文在越地罕見。以上所論亦可説明，漢字是越民族的借用文字，這種借用漢字要獨立成爲一系，可能性是不大的。

至於越國鳥蟲書的風格與其他國家不同，有自身特色，這一問題需納入鳥蟲書内部系統討論。簡單地講，即判斷越國鳥蟲書的自身特色，比照的對象應是楚、吴、宋、蔡等國的鳥蟲書，而不是他系正常的文字。因爲這是關於鳥蟲書内部地域性風格的問題。這種研究應獨立於通行文字區系的討論。在研究時，二者要注意區分。

2019 年周波在《戰國銘文分域研究》前言中對我們的看法作了肯定與補充，周先生總結爲"根據以往學者和我們的考察，我們認爲將吴越文字劃歸楚系，其證據充分，結論允洽"。[2]

2023 年 12 月出版的《李學勤文集》第十七卷中收録了李學勤先生 2018 年 3 月 17 日在病中撰寫的"《戰國文字研究》卷前言"，文中説：

> 特别要説明的是，最近這幾年我有一個想法。因爲這幾個國家裏没有戰國時代很重要的吴國和越國，有没有可能吴越文字可以單成一個系列？那樣的話，戰國文字就不是五個系，而

---

[1] 如韋慶穩：《〈越人歌〉與壯語的關係試探》，《民族語文論集》，中國社會科學出版社，1981 年。韋慶穩：《試論百越民族的語言》，百越民族史研究會編：《百越民族史論集》，中國社會科學出版社，1982 年。鄭張尚芳：《〈越人歌〉解讀》，（法）《東亞語言學報》（CLAO）20 卷第 2 分册，第 159—168 頁；又刊《語言研究論叢》第 7 輯，語文出版社，1997 年。鄭張尚芳：《句踐〈維甲令〉中之古越語的解讀》，《民族語文》1999 年第 4 期。

[2] 周波：《戰國銘文分域研究》，上海古籍出版社，2019 年，第 5 頁。

是六系了。這個想法我在《〈珍秦齋藏金・吴越三晋篇〉前言》等個别文章裏曾經提到過，可是後來我又收回了。因爲奇怪的是，特别是越國，雖然一度很强大，甚至到後來北上中原，而它的文字材料却很少。不是没有，比方説有越國的編鐘，銘文很長；可是有文字的一般器物，特别是璽印、錢幣這一類，越國却是一件也没有發現。難道越國人不花錢嗎？越國人不用璽印，不進行商業活動嗎？這是不可能的。那麽究竟怎麽回事，至今還是個謎。常常有人找我，説他發現了越國的貨幣或者越國的什麽，都不可信，所以第六系還是先收起來。這一點是我要向讀者説明的。[1]

現在看來，吴越文字能否獨立成一系，這一話題已經走進古文字研究的學術史了。問題的討論始於李先生《〈珍秦齋藏金・吴越三晋篇〉前言》一文，又以李先生撰寫的《李學勤文集》第十七卷"前言"成爲終結。

---

[1] 收入《李學勤文集》第十七卷，江西教育出版社，2023年，第2頁。

凡　例

一、本書主要討論東周銅器銘文中的吳越王名。前兩章以介紹金文中所見的吳越世系爲主。吳越銅器多物勒王名，有的王名重複銅器較多，本書選擇有代表性的收錄。共收吳國銅器 25 件/套，越國銅器 44 件/套。

二、本書對吳、越王名器分別著錄。每一器下詳列名稱、出土、收藏、尺寸、著錄、字數、釋文、來源、器形圖像、銘文拓本或照片、注釋等，但因出土和著錄情況不同，並非每件器物都具備上述各項。

三、出土情況包括出土時間、地點；尺寸數據包括器物尺寸與質量，長度單位一般是釐米，正文中不再標出。如實物不存，我們只列出舊著錄中的尺寸，不再換算成釐米、千克。

四、著錄多使用簡稱。具體參看文末所附"著錄簡稱表"。著錄後數字一般爲該器編號，如原書沒有器物編號，則列出頁碼。

五、《商周金文通鑒 4.0》與《商周青銅器銘文暨圖像集成》器號一致，我們在著錄中只列出前者器號；《鳥蟲書通考（增訂版）》與《鳥蟲書字彙》標號一致，我們只列出前者號碼，《殷周金文集成》與《殷周金文集成（修訂增補本）》器號一致時，一般用《集成》表示二者。如需區別，則用《集成（18 册本）》表示前者。

六、釋文盡量采用嚴式。異體字、通假字等一般隨文以（　）號括注，（？）表示釋讀有疑問；訛字以〈　〉號括注；重文以 = 表示；殘泐無法辨認的字用 □ 號標記；缺字可據文意補出者，補出之字用

〔 〕標記；衍字用〖 〗標記。

　　七、注釋包括圖像研究和釋文研究兩部分。釋文研究一般撮述諸家考釋歷史，並參以己見。圖像研究包括拓本校重、辨僞等，但並非每件器物都有圖像研究部分。

　　八、全書引用資料時間截至 2023 年 8 月。

第一章　吳國王名資料選釋

一、諸樊及諸樊之子

【1】

名　　稱：工𢧢太子姑發晉反劍

出　　土：1959年12月安徽淮南市八公山區蔡家崗趙家孤堆戰國墓（M2.18.6）

收　　藏：安徽博物院

尺　　寸：通長36.5、莖長8.3、首徑3、劍格寬3.8、重0.39千克

著　　錄：《考古》1963年4期205頁圖1.1，[1]《中山學報》1964年1期94頁，[2]《通釋》52輯599頁，《商周》8663，《集錄》877，《集成》11718，《總集》7744，《辭典》795，《安徽金文》86，《銘文選》537，《述編》上2，《新探》333頁，《集釋》90頁，《吳越文》042，《吳越文化》45，《安徽文明史》152頁，《安徽銘文》48頁圖35.1，《青銅器辭典》313頁（拓）、1327頁（器），《通鑒》18076，《吳越題銘》1

字　　數：脊兩側銘文35字（重文1、合文1）

---

[1] 安徽省文化局文物工作隊：《安徽淮南市蔡家崗趙家孤堆戰國墓》，《考古》1963年第4期。

[2] 商承祚：《〈姑發晉反劍〉補說》，《中山大學學報》1964年第1期。

釋　文：工噢大（太）子姑發䎨反，自乍（作）元用，才（在）行之先，云用云隻（獲），莫敢卸（禦）余，余處江之陽，至于南北西行

來　源：器形、銘文照片采自《安徽文明史》，拓片采自《考古》1963 年 4 期

注　釋

銘文自稱"工噢大（太）子"，是時姑發䎨反尚未即王位，此劍應是目前所知吳國有銘銅器中最早的一件。

在行之先，云用云隻，莫敢禦余

, 郭沫若釋"云"，認爲在文獻中或作"員"，並與石鼓文"君

子員獵,員獵員游"相聯繫。[1] 員、云都是語首助詞,無義。[2] 商承祚後改釋爲"以",不確。[3] "在行之先",商承祚認爲"猶之言凡遇軍事行動,雖尚未與敵人交鋒,'意在行之先',具有必勝的信念"。[4] 結合下文"云用云隻,莫敢禦余"來看,此處"行"訓爲"軍列、行伍"更爲貼切,董珊認爲該句指"作爲軍隊前鋒",可從。[5] 此句意爲:衝鋒在軍隊的前列,用此劍斬獲,沒有人能抵抗我。

余處江之陽,至于南北西行

江之陽,即長江之北。陳夢家以爲當指吳州來,即此劍出土地一帶,[6] 可信。董楚平據《春秋》成公七年"吳入州來",指出在諸樊爲太子時,州來一直是吳在"江之陽"的重要軍事據點。[7]

"南北西行"舊皆從郭沫若釋爲"南行西行",董珊認爲第二字應爲"北"字。《安徽文明史》著錄了該劍清晰的照片,其上部有斷裂修補的痕迹,"南"下之字僅殘存兩下垂豎筆,但與行" "末二筆外撇明顯不類。孫稚雛曾透露:"'南'下一字,劍於此處恰有裂痕,經修補後,拓片字迹模糊,極易產生錯覺。據殷滌非同志見告,沒有修補以前,很清楚地可以看出是個'行'字。"[8] 遺憾的是,現在已無法知曉該字修復前的面貌,不過從後來出土的兩柄吳王劍(即【2】【3】)銘文作"北南西行"來看,此處當以"南北西行"爲優。

---

[1] 郭沫若:《跋江陵與壽縣出土銅器群》,《考古》1963年第4期。
[2] 楊樹達:《詞詮》,中華書局,1954年,第452頁。
[3] 從字形看,該字與"以"明顯不類,但采信者頗多,如《銘文選》《集釋》等。
[4] 商承祚:《〈姑發䣄反劍〉補説》,《中山大學學報》1964年第1期。
[5] 董珊:《吳越題銘研究》,科學出版社,2014年,第9頁。
[6] 陳夢家:《蔡器三記》,《考古》1963年第7期。
[7] 董楚平:《吳越徐舒金文集釋》,浙江古籍出版社,1992年,第92頁。
[8] 孫稚雛:《淮南蔡器釋文的商榷》,《考古》1965年第9期。

【2】

名　　稱：工虞王姑發者坂劍

出　　土：2019 年 1 月河南湯陰縣韓莊鄉羑河村東周墓地（M1.66）

收　　藏：安陽市文物考古研究所

尺　　寸：通長 41.8、柄長 9、格寬 4.9

著　　錄：《中原文物》2019 年 4 期 31 頁圖 16，《通鑒》41617，《銘圖三》1617

字　　數：中脊兩側鑄銘文 29 字

釋　　文：工（句）盧（吳）王姑發者坂，自乍（作）元用，云用云隻（獲），莫敢御（禦）余。（余，余）處江之陽，台（以）

北南西行

　　來　　源：器形采自《中原文物》，拓片采自《通鑒》

　　注　　釋

2019 年資料刊布後，研究者幾乎同時注意到該劍銘文與安徽蔡家崗太子諸樊劍【1】、山東沂水吳王劍【3】銘文密切相關。[1]三器合觀，可知沂水劍銘文多有錯訛脱漏，而湯陰劍【2】文字也有反、倒、訛等現象。

湯陰劍銘文 ☒ 、☒ 二字釋讀争議較大，綜合比較，將其看作"云"字訛變，最爲通順。

三器銘文可對讀部分關係如下表所揭：

【1】	自作元用	在行之先	云用云獲	莫敢禦余	余處江之陽	至于南北西行
【2】	自作元用		云用云獲	莫敢禦余	余處江之陽	以北南西行
【3】	作元		云用云獲		江之	以北南西行。

【3】

　　名　　稱：工䖒王劍

　　出　　土：1983 年 1 月山東沂水縣略疃村春秋墓葬

　　收　　藏：沂水縣博物館

　　尺　　寸：殘長 33、寬 3—4、莖殘長 3

　　著　　録：《文物》1983 年 12 期 12 頁圖 2，[2]《述編》上 22，《集釋》93 頁，《集成》11665，《吴越文》044，《山東成》896，《通鑒》17998，《吴越題銘》2，《出土全集》6 卷 363 頁 341

---

[1] 曹錦炎：《河南湯陰新發現吴王諸樊劍考》，《中原文物》2019 年第 6 期；李家浩：《沂水工䖒王劍與湯陰工䖒王劍》，《出土文獻》2020 年第 1 期；單育辰：《沂水及羑河吴劍銘文合考》，未刊稿。

[2] 沂水縣文物管理站：《山東沂水縣發現工䖒王青銅劍》，《文物》1983 年第 12 期。

字　數：從上刻銘文 16 字

釋　文：工盧王乍（作）元……，巳〈云〉用冢〈云〉隻（獲），……江之……台（以）北南西行

來　源：器形采自《文物》，拓本采自《集成》（18 册本）

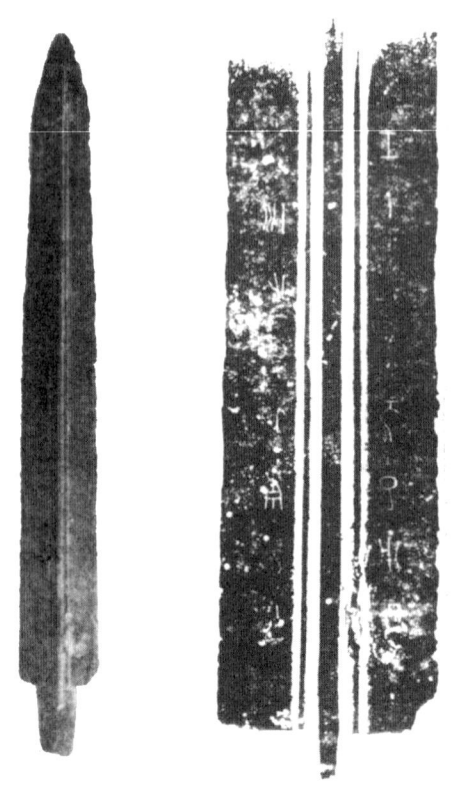

注　釋

銘文字體纖弱無力，似是後刻。李學勤釋作"工盧（攻吳）王乍（作）元巳（祀）用□乂（治也）江之台（溪）北南西行"。"其乂江之溪"，意思是平定長江兩岸，反映出吳王的雄心。[1] 何

---

[1] 沂水縣文物管理站：《山東沂水縣發現工盧王青銅劍》，《文物》1983 年第 12 期。李學勤：《試論山東新出青銅器的意義》，原載《文物》1983 年第 12 期，收入氏著：《新出青銅器研究（增訂版）》，人民美術出版社，2016 年，第 208—215 頁。

琳儀在目驗原器後，將闕釋之字摹寫爲"🔲"，隸爲"冢"。《爾雅·釋詁》"冢，大也"，"冢义"訓"大治"。"作元祀，用冢义江之涘"，説明祭祀在治理國家時占有舉足輕重之地位。[1] 施謝捷讀"冢"爲"重"，有增益之意。下一字隸爲"其"。"用重其江之涘，北南西行"，意思是用以增益拓展吴國長江兩岸的疆土，利於向北、南、西三方出師征行。[2] 董珊斷句作："工盧王乍（作）元巳（以），用冢其江之台（涘），北南西行。"讀"巳"爲"以"，訓爲"用"，因下文有"用"，此處假借"巳（以）"，大概是避免重複。[3]

2019 年湯陰吴王劍出土後，可知沂水劍銘應是前者的節錄。所謂巳、冢實皆"云"之訛。

該劍工盧王後無吴王名，與其他吴王劍格式不同。且銘文不少筆畫書寫順序也頗爲奇特。以"元""南"二字爲例，與太子諸樊劍（【1】）、湯陰劍（【2】）相較，如下表：

【3】	【2】	【1】

上表可知，劍【1】文字最爲標準，而劍【3】"元"中人形似先寫一豎，下接弧筆，與一般"人"形寫法不同。"南"字中間豎筆斷

---

[1] 何琳儀：《句吴王劍補釋——兼釋冢、主、开、丂》，《第二届國際中國古文字學研究會論文集》，（香港）問學社有限公司，1993 年，第 249—263 頁。

[2] 施謝捷：《吴越文字彙編》，江蘇教育出版社，1998 年，第 540—541 頁。

[3] 董珊：《吴越題銘研究》，第 9 頁。

開，分作兩次書寫。劍【2】文字亦有訛變，如"元"上部漏鑄一橫，"南"下部"Y"形省爲一豎筆。

該劍莖身分界明顯，折肩呈直角，有脊，這種形制廣泛分布於燕、兩周三晉、齊魯等北方地區，吳越罕見。[1]

從格式、文字、器形、出土地等角度考量，我們懷疑該劍可能是北方地區所仿製，即春秋晚期其他國家仿製的吳越劍贗品。

《吕氏春秋·疑似》：

> 使人大迷惑者，必物之相似也。玉人之所患，患石之似玉者；相劍者之所患，患劍之似吴干者；賢主之所患，患人之博聞辯言而似通者。亡國之主似智，亡國之臣似忠。相似之物，此愚者之所大惑，聖人之所加慮也，故墨子見練絲而泣之，爲其可以黃可以黑；楊子見歧道而哭之，爲其可以南可以北。

可見在先秦時期，吳越僞劍就已風行。

【4】

名　　稱：工廬王姑發嚳坂之元子劍

出　　土：1985年8月山西榆社縣城關鎮三角坪

收　　藏：榆社縣化石博物館

尺　　寸：通長45.2、首徑3

著　　録：《文物》1990年2期78頁圖3，[2]《東南文化》1990年4期110頁，[3]《集釋》95頁，《吴越文》043，《近出》1229，《新收》988，《通鑒》18075，《吴越題銘》6

---

[1] 田偉：《試論兩周時期的青銅劍》，《考古學報》2013年第4期。

[2] 晉華：《山西榆社出土一件吴王肵發劍》，《文物》1990年第2期。

[3] 曹錦炎：《吴季子劍銘文考釋》，原載《東南文化》1990年第4期，收入氏著：《吴越歷史與考古論叢》，文物出版社，2007年，第10—13頁。

第一章　吳國王名資料選釋　9

字　數：劍身鑄銘文 24 字

釋　文：工盧（吳）王姑發臀坂之元（?）子子︹其後，余（擇?）氒（厥）吉（?）金，呂（?）乍（作）其元用鐱（劍）

來　源：器形、拓本采自《文物》1990 年 2 期，摹本采自《吳越文》

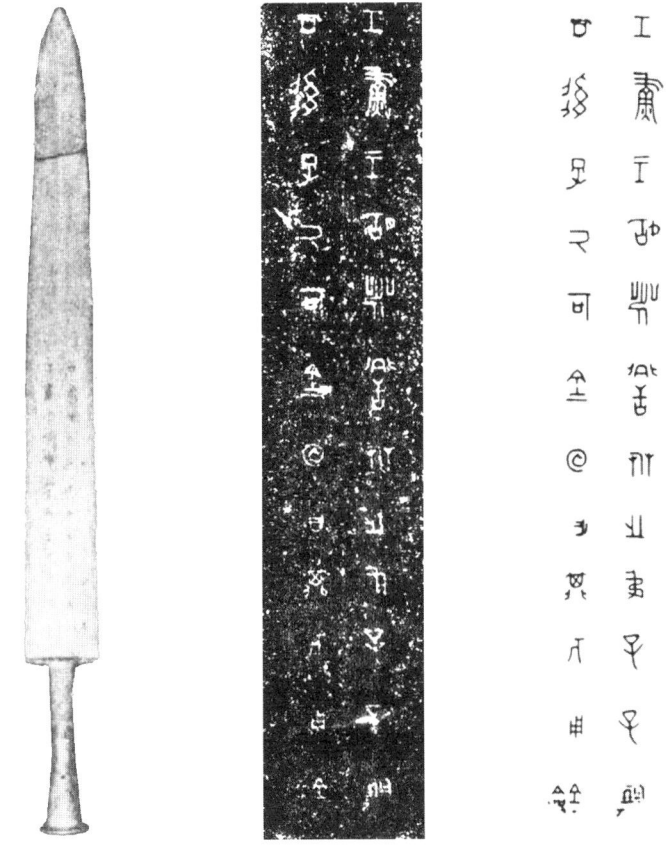

注　釋

該劍銘文字體風格特殊，原整理者晉華除辨認出器主爲諸樊外，其餘釋文、解釋多不可取。後來研究者的釋文也多互有差異，我們在下表中列出主要的幾家釋文：

考釋者 \ 字形	1	2	3	4	5	6	7	8	9
晉華[1]	工	吳	王	肶	發	訾	謁	之	弟
曹錦炎[2]	工	虘	王	姑	癹	晉	反	之	弟
王輝[3]	工	虘	王	胡	發	□	謁	之	弟
董楚平[4]	工	虘	王	姑	發	晉	反	之	弟
施謝捷[5]	工	虘	王	姑	癹	晉	反	之	弟
《近出》[6]	工	虘	王	胡	發	晉	班	之	弟
吳鎮烽[7]	工	虘	王	姑	癹	晉	反	之	弟
董珊[8]	工	虘	王	姑	癹	晉	阶	之	弟

考釋者 \ 字形	1	2	3	4	5	6	7	8
晉華	季	子	肵	肩	後	余	厥	吉	金
曹錦炎	季	子	者(?)	尚	受	余	㡭	司	金
王輝	季	子	刖	曰	後	子	厥	吉	金
董楚平	季	子	肵	尚	後	子	㡭	可	金
施謝捷	□	子	□	□	宅(擇)	㡭	可	金

---

[1] 晉華:《山西榆社出土一件吳王肶發劍》,《文物》1990 年第 2 期。
[2] 曹錦炎:《吳季子劍銘文考釋》, 氏著:《吳越歷史與考古論叢》, 第 10—13 頁。
[3] 王輝:《關於"吳王肶發劍"釋文的幾個問題》,《文物》1992 年第 10 期。
[4] 董楚平:《吳越徐舒金文集釋》, 第 97 頁。
[5] 施謝捷:《吳越文字彙編》, 第 540 頁。
[6] 劉雨、盧岩:《近出殷周金文集錄》第 4 卷, 中華書局, 2002 年, 第 264 頁。
[7] 吳鎮烽《通鑒》釋文。
[8] 董珊:《吳越題銘研究》, 第 10 頁。

續 表

字形 考釋者								
《近出》	季	子	伊	其	後	擇	厥	吉	金
吴鎮烽	子	子	□	甘	後	宅 (擇)	毕	可 (吉)	金
董 珊	子	子			逸？		厥	司	金

字形 考釋者							文章發表 時間
晋 華	旬	曰	其	元	用	劍	1990
曹錦炎	呂	乍	其	元	用	鐱	1990
王 輝	以	乍	其	元	用	鐱	1992
董楚平	而	乍	其	元	用	鐱	1992
施謝捷	呂	乍	其	兀	用	鐱	1998
《近出》	以	作	其	元	用	劍	2002
吴鎮烽	呂	乍	其	兀	用	鐱	2014
董 珊	回	乍	其	元	用	劍	2014

從上表可以看出，除工、吴、王、姑、發、之、弟、子、厥、金、其、元、用、劍數字外，餘下各字皆字形怪異，諸家釋文多有齟齬。即使看法一致的"弟"字，也不一定正確。劍銘右列下數第三字，晋華、曹錦炎、王輝、董楚平、《近出》等釋爲"季"，不少學者據此認爲該劍的主人就是歷史上有名的"延陵季子"。其實該字與下一"子"字不但同形，而且等大，如認爲上部還有"禾"之殘泐，不管是文字大小，還是上下間距，都是不合適的，所以我們認爲該劍銘文與"季子"没有關係。

下面以能確釋的幾個字爲例，談談這篇銘文的文字特點。

"姑"字作▨，反書，"女"旁上下筆畫都未出頭，故一些學者誤認爲"月"旁。

"發"字作▨，"癶""攴"都有不同程度的訛變。

▨字，器【1】作▨，上部所謂"北"形當是"耳"形之訛。下部的"舌"恐也不能排除就是"者"字之誤。

▨字右旁或本是"土"形，但因左邊"反"所從的"▨"形而自體類化。

劍字作▨，所從"僉"旁也類化與"金"旁相似。

通過以上分析可知，這是一篇錯訛嚴重的銘文，該劍很可能是由不認字的匠人根據同篇文字描摹鑄造的。不少未識字恐不能據字形深究，因爲這些畢竟不是當時正確的、標準的字體。基於以上認識，並參照當時劍銘的一般格式，我們將銘文重新釋寫如次，其中不確定的字以"（?）"標出：

工𧊒（吴）王姑發罟反之元（?）子子▨其後，余（擇?）氒（厥）吉（?）金，吕（?）乍（作）其元用鐱（劍）。

"姑發罟反"即吴王諸樊。▨，舊多釋"弟"，我們認爲可能是"元"字錯訛。"子▨其後"當是元子之名。▨字，從所處銘文位置看，當是表示"選、擇"一類的意思。施謝捷先生釋爲"宅"，讀爲"擇"，應該正是出於這樣的考慮。我們認爲這個字更可能是"余"字之訛。謝明文曾指出"余"可讀爲"擇"，其例見於宜脂鼎銘"余其良金"。[1] 如是，全篇文字可重新寫定如下：

工吴王姑發罟反之元子子▨其後，擇厥吉金，以作其元用劍。

---

[1] 謝雨田：《新出宜脂鼎銘文小考》，復旦大學出土文獻與古文字研究中心網站，2014年2月27日；謝明文：《新出宜脂鼎銘文小考》，《中國文字》新40期，（臺北）藝文印書館，2014年，第203—207頁。

可以看出，銘文格式與同時期吳國其他劍銘並無不同。

【5】
名　　稱：姑發者反之子通劍
出　　土：2003 年春山東新泰市青雲街道周家莊東周墓
收　　藏：山東新泰市博物館[1]
尺　　寸：通長 46.3、莖長 6.7、臘寬 4.3
著　　錄：《歷史文物》2004 年 5 期圖版 6,[2]《新收》1111，

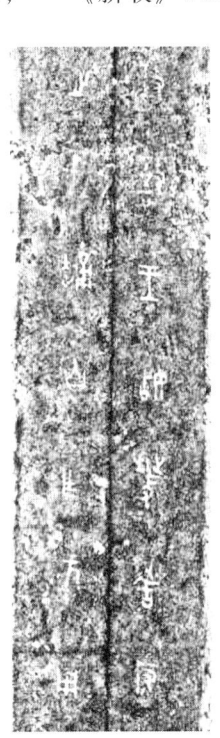

---

[1] 藏於新泰市博物館的説法見張勇、畢玉梅：《山東新泰出土吳王諸樊之子通劍》，《華夏考古》2013 年第 2 期。張、畢二先生都供職於新泰市博物館，説法當可信。《通鑒》以爲藏於山東省文物考古研究所。

[2] 任相宏、張慶法：《吳王諸樊之子通劍及相關問題探討》，《中國歷史文物》2004 年第 5 期。

《新泰周家莊》下彩版 35，《通鑒》17999，《吳越題銘》4，《近出二編》1299，《出土全集》6 卷 362 頁 340

字　　數：兩從銘文 14 字
釋　　文：攻敔（吳）王姑發者反之子逋（通）自乍（作）元用
來　　源：器形、照片采自《新泰周家莊》，拓片采自《歷史文物》
注　　釋

通爲諸樊之子，文獻不載。

新泰周家莊東周墓地出土大量吳國兵器，除本劍外，餘皆無銘文。發掘者以爲這些兵器與艾陵之戰有關，爲艾陵之戰發生的地點在新泰市區附近提供了證據。[1] 馬培林、穆紅梅進一步指出該劍與其他吳越兵器是艾陵之戰中齊軍的戰利品，器主是王子姑曹。[2] 任相宏、張慶法結合新泰附近的地貌多爲山區無法展開車戰，以及墓葬中同出兵器的年代相當一部分爲戰國時期等因素考慮，認爲這些兵器與春秋晚期的艾陵之戰無涉，而應與伍子胥之子避吳禍奔齊改爲王孫氏有關。[3]

按，周家莊墓地的數十座東周墓葬，墓主基本爲男性，多單人葬，絕大多數死亡年齡在 40 歲以下，且隨葬有大量兵器，可推斷墓主應多爲軍人。"無論從兵器的數量、兵器的配備、墓主人的等級以及兵器的功能都可以看出，周家莊墓地具有濃厚的軍事色彩"。[4] 從墓葬信息看，大量吳國兵器出土於新泰一帶，最可能的應還是與戰爭有關。

---

[1] 劉延常、張慶法、徐傳善：《山東新泰周家莊東周墓葬出土大量吳國兵器》，《中國文物報》2003 年 11 月 5 日。
[2] 馬培林、穆紅梅：《周家莊東周墓出土吳越兵器與艾陵之戰》，《孫子研究》2005 年第 1 期。
[3] 任相宏、張慶法：《吳王諸樊之子通劍及相關問題探討》，《中國歷史文物》2004 年第 5 期。
[4] 山東省文物考古研究所、新泰市博物館：《山東新泰周家莊東周墓發掘簡報》，《文物》2013 年第 4 期。

【6】

名　稱：攻盧王姑發郯之子劍

出　土：1982年6月湖北襄樊市襄陽縣襄北農場新生磚瓦廠

收　藏：湖北省文物考古研究所

尺　寸：通長48、寬4.5、莖長7.6、直徑1.5、格寬1.3，脊厚0.9

著　錄：《文物》1998年6期91頁圖1、2，[1]《近出》1228，《新收》1241，《通鑒》18000，《吳越題銘》5

字　數：劍身鑄銘文17字

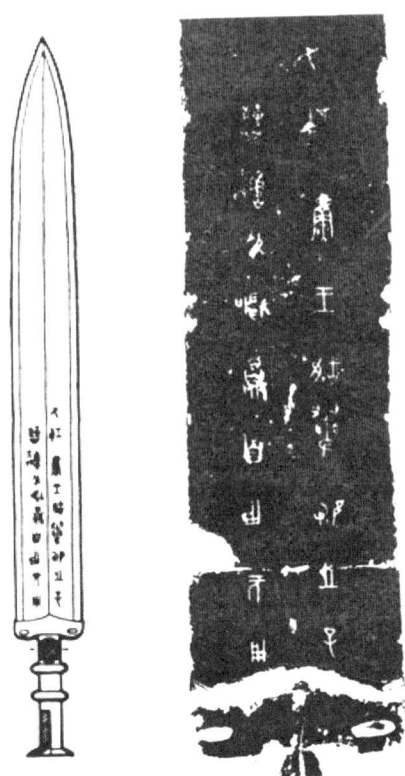

[1] 朱俊英、劉信芳：《攻盧王姑發郯之子曹䤿劍銘文簡介》，《文物》1998年第6期。

釋　文：攻盧（吳）王姑發（發）叴之子曹□□尋鼻自乍（作）元用

來　源：器形、拓片來自《文物》1998年6期

注　釋

器主之名，朱俊英、劉信芳隸爲"曹䱉衆飛"，認爲"衆飛"讀爲"終累"。所謂"衆飛"二字，釋字明顯錯誤，且其後仍有"鼻"字，該劍文字至少在語音層面與吳太子"終累"沒有關係。

器主當是文獻失載的諸樊另一子。

二、句餘

【7】

名　稱：工盧大［弔］叔吳工盧劍

收　藏：保利藝術博物館

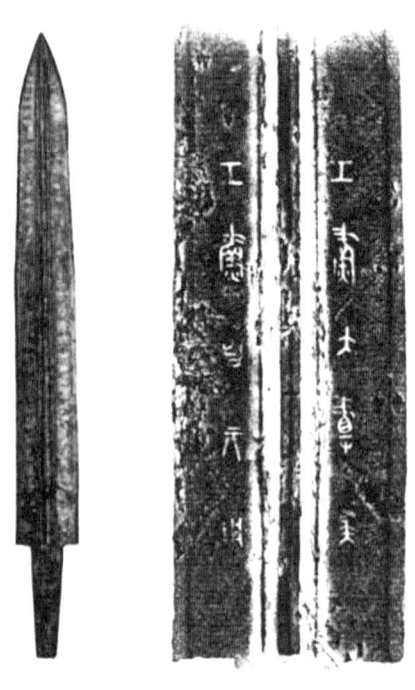

尺　寸：通長32.4、寬3.3、莖長5.4，重0.27千克

著　錄：《保金》253，《近出》1230，《新收》1625，《通鑒》17857，《吳越題銘》10

字　數：兩從鑄銘文10字

釋　文：工盧（吳）大［弔（叔）］叞矣　工盧自［乍（作）］元用

來　源：器形、拓本來自《保金》

注　釋

該劍最早著錄於1999年出版的《保利藏金》，原書除公布照片、拓本外，還附了摹本（見下圖）及馮時考證文章，此後雖有不少學者又討論過該器，但所依據的都是《保利藏金》一書中不太準確的摹本。

《保金》摹本

馮時認爲銘文右列"工盧"爲國名，"大叞"即吳王"餘祭"名字，對應文獻中的"戴吳"。《方言》"攄，取也"，而金文中也有"吳（虞）吉金"的説法，故"大叞""戴吳"義同而字異。"矣"讀爲"鏦"，《方言》："矛，吳揚江淮、南楚、五湖之間謂之鏦。"銘文左列"工盧"，讀爲"句餘"，爲文獻中"餘祭"的另一

個名字。[1]

劉雨認爲"大叔"即"大祖","矢"是自名。"鈹"自名"矢",是因爲這類兵器可如"投槍"之屬,可遠距離投擲,其使用方法類似於"矢"。[2]

李學勤認爲右列末字當釋爲"内",讀爲"入"。"大叔"讀爲"大差",夫差自作銅器中,舊有作"大差"例。"工吳夫差入工吳,自元用",李先生猜想這把劍或是闔廬刺殺王僚後,夫差那時原在外地,隨政權轉移而進入吳都而製作的。[3]

李家浩總結了吳國兵器銘文格式特點後,認爲"自"前多出"工盧"二字,"自"與"元用"之間缺少動詞"作"。"叔"可讀爲"作",但被工匠誤植到"大"之後,使原來設計的兩行銘文各四字的第一行變成五字,於是工匠在第二行開頭重刻"工盧"二字,使第二行的字數也變爲五字,與第一行字數一致。如是,當把第二行"工盧"刪去,"叔"字當歸到"自"下,銘文讀爲"工吳大矢自作元用"。"大矢"爲作器者。[4]

爲便於理解,下面用表格將諸家釋文及破讀意見寫出來:

馮　時	工盧（工吳）大叔（戴吳）矢（鏃），工盧（句餘）自元用。	1999
劉　雨	工盧（工吳）大叔（大祖）矢,工盧自元用。	2002

---

[1] 馮時:《工盧大叔矛》,《保利藏金》,嶺南美術出版社,1999年,第253—254頁;馮時:《工盧大叔鏃銘文考釋》,《古文字研究》第22輯,中華書局,2000年,第112—115頁。

[2] 劉雨:《近出殷周金文綜述》,《古文字研究》第24輯,中華書局,2002年,第158頁。

[3] 李學勤:《試論夫差短劍》,氏著:《中國古代文明研究》,華東師範大學出版社,2005年,第63—64頁。

[4] 李家浩:《談工盧大叔鈹銘文的釋讀》,《古文字研究》第26輯,中華書局,2006年,第209—212頁。

續　表

李學勤	工盧（工吳）大叔（夫差）內（入）工盧（工吳）自元用。	2005
李家浩	工盧（工吳）大〖叔（誤植）〗矢〖工盧（衍文）〗自［叔（作）］元用。	2006

2006年，杭州老餘杭南湖出土了一柄叔夨工吳劍（即本章【9】）。2009年5月曹錦炎在"鳳鳴岐山——周文化國際學術研討會"公布了該劍的銘文，會上董珊敏鋭地注意到南湖劍銘與本劍應為同一作器者。[1] 曹錦炎指出本劍作器者應是"叔夨工盧"，即文獻中的"餘祭"。劍銘有漏鑄缺字，曹先生推測全銘應作"工盧大［叔］叔夨工盧自［乍（作）］元用"。2014年董珊在《吳越題銘研究》中公布了一件北京私人藏劍（即本章【8】）。[2] 二者相較，印證了曹先生的推測是完全正確的。保利劍漏鑄了第四行"弔""乍"二字，之前的種種誤解也皆緣此產生。

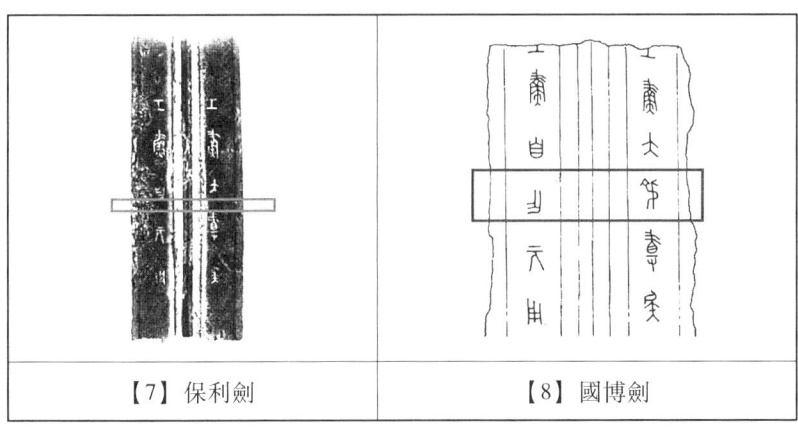

| 【7】保利劍 | 【8】國博劍 |

---

[1] 曹錦炎：《工吳王叔夨工吳劍銘文考釋》附記，《中國考古學會第十二次年會論文集2009》，文物出版社，2010年，第76頁；又見西泠印社編：《西泠印社"重振金石學"國際學術研討會論文集》，西泠印社出版社，2010年，第124頁。
[2] 董珊：《吳越題銘研究》，第13頁。該劍2014年入藏國家博物館。

【8】

名　　稱：工䖒大弔叔吳工䖒劍

收　　藏：國家博物館[1]

著　　錄：《吳越題銘》11，《集萃》72，《通鑒》31345，《銘圖續》1345

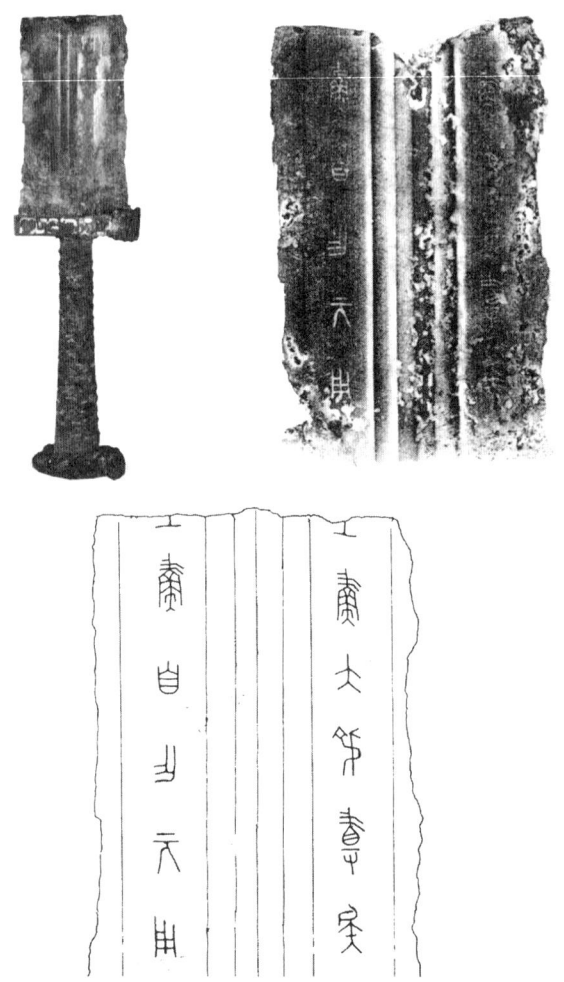

---

[1] 原北京某私人藏。據《吳越題銘》，2014 年入藏。

字　數：兩縱鑄銘文 12 字
釋　文：工盧（吳）大弔（叔）𢑥夨工盧自乍（作）元用
來　源：器形、拓片采自《集萃》，摹本采自《吳越題銘》
注　釋
略。

【9】
名　稱：工吳王𢑥夨工吳劍
出　土：傳 2006 年夏浙江杭州市餘杭區老餘杭南湖
收　藏：杭州某收藏家
尺　寸：劍身殘長 19.2、寬 4.7—4.8
著　錄：《鳳鳴岐山》74 頁圖 1，《中國考古學會第十二次年會

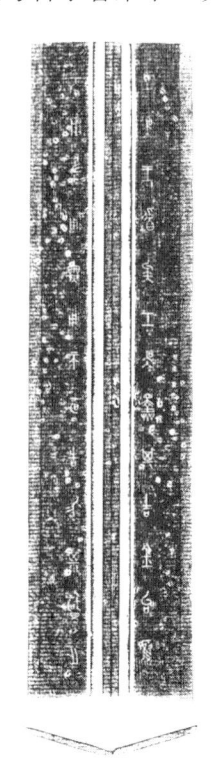

論文集》74 頁，《重振金石學》121 頁，《通鑒》17948，《吳越題銘》12

字　數：兩從鑄銘文 26 字

釋　文：工吳王叔吳工吳擇其吉金，台（以）爲元用。又（有）卅（勇）無卅（勇），不可告人。（人，人）其智（知）之

來　源：器形、拓片來自《重振金石學》，照片采自"盛世收藏"網站[1]

注　釋

"有卅無卅，不可告人。（人，人）其智之"，曹錦炎以爲該句係箴言，可從。"卅"字曹錦炎、吳鎮烽隸爲"俑"。從拓本看，右旁作"力"的可能性較大，不過諸家也都讀爲"勇"。問題在於對下句的理解，曹錦炎、吳鎮烽釋作"不可告仁，其智之"，董珊、李家浩作"不可告人，人其智（知）之"。從字形看，"￼"左側傾斜的兩小筆，不能理解爲"仁"所從的"二"，古文字中明確用爲"仁義"的"仁"目前還未見有這樣寫的。[2] 曹先生認爲"有勇無勇，不可告仁"意思是說"劍是兵器，在戰爭中本是用來殺敵人的，所以不管你有没有膽量和勇氣，對敵人是不可以講仁慈的"，將"告仁"理解爲"講仁慈"從訓詁學上也是欠妥的。曹先生引用了不少舊注證明"告"有"示、言"之義：

《易·蒙》："初筮告。"[3] 陸德明《釋文》："告，示也。"
《荀子·君子》："告人無匹也。"楊倞注："告，言也。"
《荀子·禮論》："告不用也。"楊倞注："告，示也，言也。"

---

[1] "盛世收藏"網，http://bbs.sssc.cn/thread-1369467-1-5.html
[2] "仁"中山王器作"￼"，也非從"人"。另《容成氏》簡 39 "三十￼"，這句話目前並無肯定的解釋，不能確定就是"仁"字。至於楚文字"仁"多作"忎""忘"等形，更是與之不類。
[3] 這句話語境爲"匪我求童蒙，童蒙求我，初筮告，再三瀆，瀆則不告"，"告"的施事是"我"，受事是"童蒙"。

"言、示"表示的是施事者提供信息,是話語空間的給予過程,與訓爲"講求、提倡"的"講"意義並不相同,且"告仁"這樣的說法也不見於先秦兩漢文獻。

董珊稽考了先秦文獻中對"勇"的定義,認爲應包括"不逃死、遵循禮義"兩部分,認爲"有勇無勇,不可告人,人其知之"意爲"'有勇'不是僅僅掛在嘴邊,光說不練的,別人會了解到。反過來說,'勇'應當'示人'以實際行動,讓人據實際行爲了解我有勇還是無勇"。李家浩結合《六韜·武韜·發啓》"大智不智,大謀不謀,大勇不勇,大利不利……故道在不可見,事在不可聞,勝在不可知。微哉!微哉!鷙鳥將擊,卑飛斂翼;猛獸將搏,彌耳俯伏;聖人將動,必有愚色",進一步認爲該句與兵家韜晦之術有關。董、李二先生的解釋,不管在文字、語法還是文獻對讀等角度,都較允當。

【10】

名　　稱:攻盧王叔戗此郘劍

出　　土:1988年7月下旬湖北省穀城博物館在縣城關鎮徵集,傳出自穀城縣城關鎮西2公里過山皮家洼

收　　藏:穀城縣博物館

尺　　寸:殘長28.5、寬4.4、柄長6.4、寬1.3

著　　錄:《考古》2000年4期95頁圖3,[1]《新收》1188,《通鑒》17858,《吴越題銘》7,《近出二編》1294

字　　數:從上鑄銘文12字

釋　　文:攻盧(吴)王叔戗此郘自乍(作)元用鐱(劍)

來　　源:器形、拓片來自《考古》

---

[1] 陳千萬:《湖北穀城縣出土"攻盧王叔戗此郘"劍》,《考古》2000年第4期。

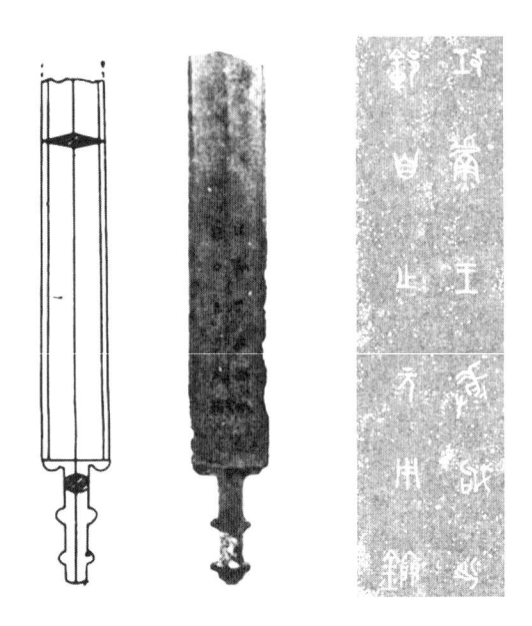

注　釋

該劍的出土是吳王句餘的銅器首次被發現。原發表者陳千萬已正確釋出王名，並認爲"叡钺此郐"即對應文獻中的"句餘"，但陳先生信從杜預的舊注，認爲"句餘"即"夷末"，不可信。

《穀城文物精粹》著錄了幾件出自該縣城關鎮過山墓地的銅器。[1] 其中無銘銅鼎、銅劍從形制上看大概也屬吳國。[2] "叡钺此郐"劍是在過山皮家洼崩塌的土方中被發現的，很可能就與過山墓地有關。這對判斷該墓地的年代、性質有一定作用。

【11】

名　稱：攻盧王盧伐此郐劍

收　藏：某收藏家

---

［１］李廣安：《穀城文物精粹》，文物出版社，2012年。
［２］同上書，第30、43頁。

尺　寸：長32.1、莖長8.4、最寬4.4

著　錄：《江漢考古》2009年3期彩版2，[1]《通鑒》17947，《吴越題銘》8

字　數：兩縱鑄銘文12字

釋　文：攻䲣（吴）王虘戈此邻自乍（作）其元用

來　源：器形、照片采自《江漢考古》

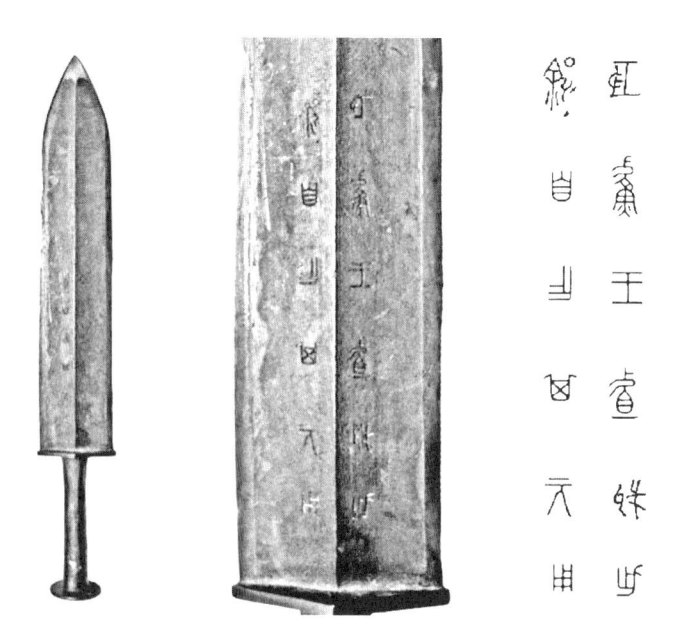

注　釋

據"盛世收藏"網友透露，該劍是收藏者磨成現狀的。[2] 不過類似形制過去也有發現，安徽六安思古潭出土銅劍（見下圖）與之最爲相似：[3]

---

[1] 吴鎮烽：《記新發現的兩把吴王劍》，《江漢考古》2009年第3期。
[2] "盛世收藏網"論壇2011年5月30日發言。http://bbs.sssc.cn/thread-1369467-2-19.html
[3] 毛波：《吴越系銅劍研究》，《考古學報》2016年4期，圖版肆：5。

"盛世收藏"網公布了此劍高清照片,[1] 可知《江漢考古》提供的摹本並不準確。左行第一字作"",右旁恐是"邑"之訛變。

【12】

名　稱：攻盧王叔戉此䣞戈

收　藏：江西某收藏家

著　錄：《吳越題銘》9

字　數：胡上鑄銘文 10 字

釋　文：攻盧王叔戉此䣞之鑄戈

來　源：拓本、摹本采自《吳越題銘》

注　釋

據內形判斷,這是一件多戈戟的"下枝",或許將來還能發現配套的同銘戟。

---

[1] "盛世收藏網"論壇 2011 年 5 月 31 日發言。http://bbs.sssc.cn/thread-1369467-3-19.html

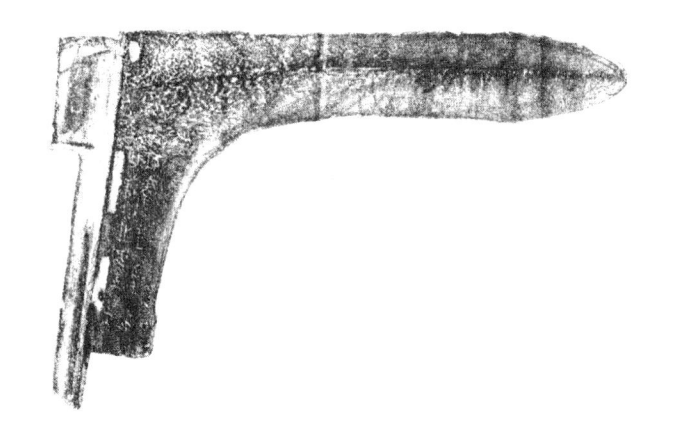

"鑄"字寫法很特殊，其中部从"金"，與楚、吳从"火"作不同，从"金"寫法多見於晉系文字。

三、夷末

【13】

名　　稱：攻敔王姑馦雗劍

出　　土：1997 年浙江紹興市越城區魯迅路

收　　藏：紹興越國文化博物館

尺　　寸：通長 39.5、[1] 莖殘長 3

著　　錄：《文物》2005 年 2 期 68—72 頁圖 1—22，《新收》1407，《通鑒》18077，《吳越題銘》14，《近出二編》1301，《兵與禮》9—11 頁，《五侯鯖》04—05 頁

字　　數：兩從鑄銘文 40 字

釋　　文：攻敔（吳）王姑馦雗，昌（壽）夢之子，叡㽞郲之弟，□初命伐麻，又（有）隻（獲）。剌（荆）伐郲（徐），余寴（親）逆攻之。敗三軍，隻（獲）[車]馬，支（撲）七邦君

來　　源：銘文照片截自《文物》

---

[1]《五侯鯖》云通長 46 釐米。

注　釋

　　該劍出土時鏽蝕嚴重，個別文字或殘斷，或爲鏽迹掩蓋。2014年蘇州博物館入藏的姑馮馬雖劍（【14】），部分文字可與本劍合觀，故能糾正彌補之前的誤釋和缺釋。下面先列出諸家對幾個疑難字的釋讀，再按文章發表的時間順序談談在劍【14】出現之前本劍銘文的釋讀情況。

曹錦炎[1]	發	難	義	□	□
李家浩[2]	義	雐	義	弟	郲
董　珊[3]	□	雐	弟	未	擲
董　珊[4]	□	雐	弟	□	郲
石小力[5]	義	雐	弟	未?	郲

2005年曹錦炎先生公布了銘文照片，並作釋文：

攻敔（敌）王姑發難壽夢之子叔㢷郜之義□，初命伐□，有隻（獲）。型（荆）伐郲（徐），余䎽（親）逆，攻之。敗三軍，隻（獲）車馬，支七邦君。

曹先生認爲"姑發難壽夢"即吳王"壽夢"的全稱，是器主之父。"姑發"爲吳國王室的氏稱，"難壽夢"是名。"叔㢷郜"對應文獻中的"句餘"，亦即"餘祭"。"之"訓爲往，"義"爲徐邑，下一字疑爲邑名後綴字，也可能是另一徐邑名。"支"，義同"擊"。銘文大意爲：攻敔王姑發難壽夢的兒子叔㢷郜，往徐國的義地去，當初是受命伐某國，有所俘獲。正好遇到楚國來伐徐國，於是親自迎

---

[1] 曹錦炎：《吳王壽夢之子劍銘文考釋》，《文物》2005年第2期。又氏著：《吳越歷史與考古論叢》，第14—26頁。本劍考釋中曹先生觀點皆出自該文，不再注出。
[2] 李家浩：《攻敔王姑義雐劍銘文及其所反映的歷史》，《古文字與古代史》第1輯，"中研院"史語所，2007年，第293—308頁。本劍考釋中李先生觀點皆出自該文，不再注出。
[3] 董珊：《讀吳王壽夢之子劍銘的補充意見和推測》，復旦大學出土文獻與古文字研究中心網站，2008年1月20日。
[4] 董珊：《吳越題銘研究》，第21頁。
[5] 石小力：《吳王壽夢之子劍銘文補釋》，《珞珈史苑》2014年卷，武漢大學出版社，2015年，第45頁。

敵，進攻他們。結果打敗了楚之三軍，俘獲若干車馬。這對追隨楚國（伐徐）的七個國君來説，也是一次打擊。

2007年李家浩發表了《攻敔王姑義讎劍銘文及其所反映的歷史》，釋文作：

> 攻敔王姑義讎，壽夢之子，叔敄（敏）郯之義弟。初命，伐𨟃（巢）有隻（獲）；㓝（荆）伐郐（徐），余窺（親）逆攻之，敗三軍，隻（獲）車馬，攴（撲）七邦君。

李先生指出春秋時期銘文作器者自述身世的文字中有一類是主謂等同關係的判斷句，在主語與謂語之間無關係詞，本劍銘也屬於這種情況。李先生認爲作器者當是"攻敔王姑義讎"，其身份是"壽夢之子、叔敏郯之弟"，"義讎"讀爲"餘眛"。"初命"指吳王餘眛第一次受到周天子的錫命，具有紀年性質，下文所述的兩次戰爭都發生在"初命"之年。"𨟃"讀爲"巢"，這次伐巢不見於文獻記載。"攴"讀爲"撲"，是擊敗的意思。"荆伐徐，余親逆攻之，敗三軍，獲車馬，撲七邦君"，可能是《春秋》昭公四年吳、楚之戰，七邦君指的是參戰的蔡、陳、許、頓、胡、沈、淮夷七國國君。

2008年初，董珊在網上發表了《讀吳王壽夢之子劍銘的補充意見和推測》，文末標明該文作於2005年。董先生認爲"姑□讎壽夢"即"壽夢"；"❏"當釋爲"弟"；"❏"殘畫像"未"字上半，爲器主之名，"末""未"音近可通，故作器者非"餘眛"莫屬。"❏"左旁類似王四年相邦張義戈"操❏"的寫法，"擳"可讀爲"巢"；"攴"似可讀爲"縛"，"邦君"應泛指有封域之楚封君貴族。劍銘所記戰事當是《左傳》昭公十二、十三年間楚、吳之間的戰争。後來董先生在《吳越題銘研究》一書中重新作了釋文：

> 攻敔（敔—吳）王姑□讎，㠯（壽）夢之子，叔㚨郘之

弟。□初命伐郮（巢），〔又（有）〕隻（獲）；割（荆）伐
郝（徐），余竀（親）逆攻之，敗三軍，隻（獲）□□，攴
七邦君。

新釋文接受了李家浩對器主自述部分的斷句以及"雜""擲"二字的考釋。但"▉""▉"董先生仍以爲暫不能釋讀。我們認爲董先生的看法是很正確的，"▉"不一定與前文"弟"成詞，很可能屬下讀。

石小力認爲▉从"芇"聲，疑爲"隹"字異體，銘中讀爲"工"或"句"，爲附加語。"姑義"是壽夢之字，"句壽夢"即壽夢。

2014年蘇州博物館入藏一柄75字餘眛劍，兩劍不少文字可以對讀，這給劍【13】中未識、誤識字的考釋提供了新的契機：

器號＼字號	a	b	c
【13】			
【14】			

劍【14】a字左旁从"隹"非常清楚，可知釋"發""義"皆誤。"據X光拍照後辨認，字形作'▉'，即'讎'或'讐'"。[1] b字兩劍略有差異，雖然不少學者都主張釋"雜"，[2] 但誠如董珊所言："該字的左上部分寫作'口'形，但無論'口'還是'廿'，

---

[1] 程義、張軍政：《蘇州博物館新入藏吳王餘眛劍初探》，《文物》2015年第9期；又蘇州博物館編：《兵與禮——蘇州博物館新入藏吳王餘眛劍研討會論文集》，文物出版社，2015年，第6頁。

[2] 程義、陳偉：《"兵與禮——吳王餘眛劍學術研討會"綜述》，《東南文化》2015年第3期；又蘇州博物館編：《兵與禮——蘇州博物館新入藏吳王餘眛劍研討會論文集》，第110—123頁。

都難以與'市'字所從的'个'旁構成演變關係，因此釋該字左旁爲'市'是不合適的。"[1] 董先生的看法是很正確的，對於 b 字，董珊隸作"雔"，是目前比較合適的釋法。

c 字從"邑""林"聲，除張懋鎔讀爲"散"，認爲是一個離吳國不遠且文獻失載的小國外，其他學者皆讀爲"麻"。[2]《左傳》提及的"麻"爲楚邑，楊伯峻指出在今安徽碭山縣東北。[3] 麻地距徐國不遠。董珊提出劍【13】該字殘泐難辨，不好與劍【14】"麻"字牽合，故認爲 c 欄兩形應是不同兩字。不過，揣摩文字殘存筆畫和兩劍銘文所敘史實，劍【13】c 形是"麻"的可能性還是很大的。

劍【14】公布之後，不少學者又重新討論了劍【13】。爲便於説明，我們在劍【14】的註釋中一道討論兩劍銘文所涉及的史實問題。

【14】

名　稱：姑讎㠯雔劍

收　藏：2014 年底蘇州博物館入藏

尺　寸：通長 57.5、寬 4.8、束腰部約長 22

著　錄：《出土文獻與古文字研究》6 期 150 頁，[4]《文物》2015 年 9 期 77—81 頁，[5]《兵與禮》彩頁 1—6 頁，《故宮博物院院刊》2015 年 5 期 32 頁，[6]《大衆考古》2015 年 10 期 97 頁，[7]

---

[1] 董珊：《新見吳王餘眛劍銘考證》，《故宮博物院院刊》2015 年第 5 期；又蘇州博物館編：《兵與禮——蘇州博物館新入藏吳王餘眛劍研討會論文集》，第 27—39 頁。

[2] 程義、陳偉：《"兵與禮——吳王餘眛劍學術研討會"綜述》，《東南文化》2015 年第 3 期。

[3] 楊伯峻、徐提編：《春秋左傳詞典》，中華書局，1985 年，第 667 頁。

[4] 曹錦炎：《新見攻盧王姑發皮難劍銘文及其相關問題》，《出土文獻與古文字研究》第 6 輯，上海古籍出版社，2015 年，第 143—151 頁。

[5] 程義、張軍政：《蘇州博物館新入藏吳王餘眛劍初探》，《文物》2015 年第 9 期。

[6] 董珊：《新見吳王餘眛劍銘考證》，《故宮博物院院刊》2015 年第 5 期。

[7] 程義：《吳王餘眛劍解密》，《大衆考古》2015 年第 10 期。

《通鑒》31352,《銘圖續》1352,《大邦之夢》2—7 頁

字　數：兩從鑄銘文 75 字（重文 1）

釋　文：攻盧（吳）王姑鑾𠂈雖曰：余昌（壽）夢之子，余叡𫑡郙之歔（母？）弟。叡𫑡此郙命初伐麻，敗麻，隻（獲）眾多；命御䣈（荆），䣈（荆）奔，王圍施（也）[1] 既北既殃，不□敢鞄；命御郯（越），雖弗克，未敗盧邦。叡𫑡郙命弌（代）爲王，擇氒（厥）吉金自乍（作）元用劍

來　源：器形、照片、拓本采自《文物》，摹本 b 采自《故宮博物院院刊》。[2]

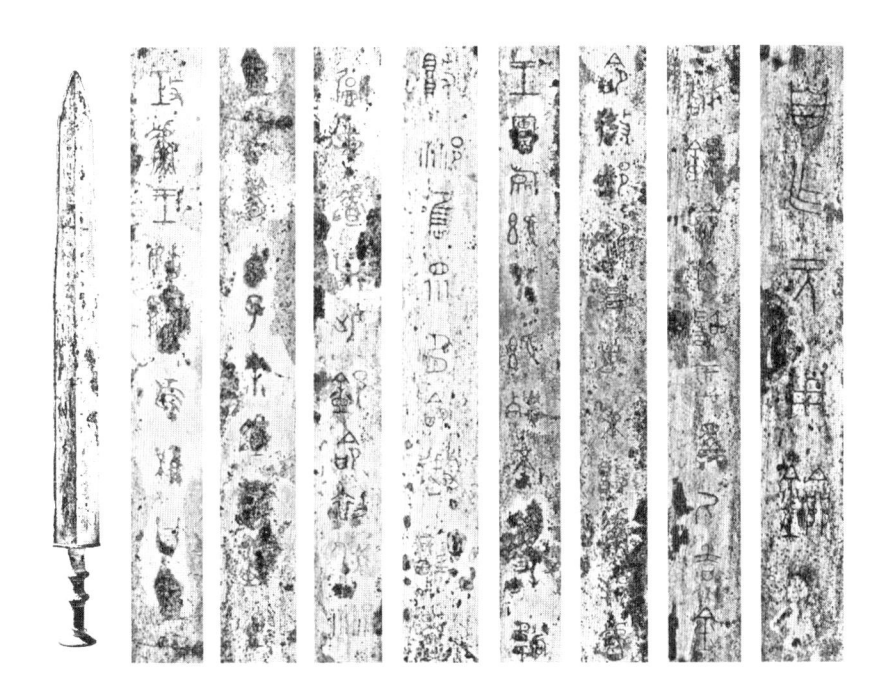

---

[1] 該字形舊有不少討論，近年王鵬遠提出仍應釋"施"，但他對字形源流的分析與舊說不同。詳參王鵬遠《古漢字"變形音化"再研究》，復旦大學碩士學位論文，2022 年，第 52—68 頁。

[2] 董珊摹。區別主要是"弟"前一字，"圍"後一字，《文物》摹本是錯誤的。

34　吴王金戈越王剑

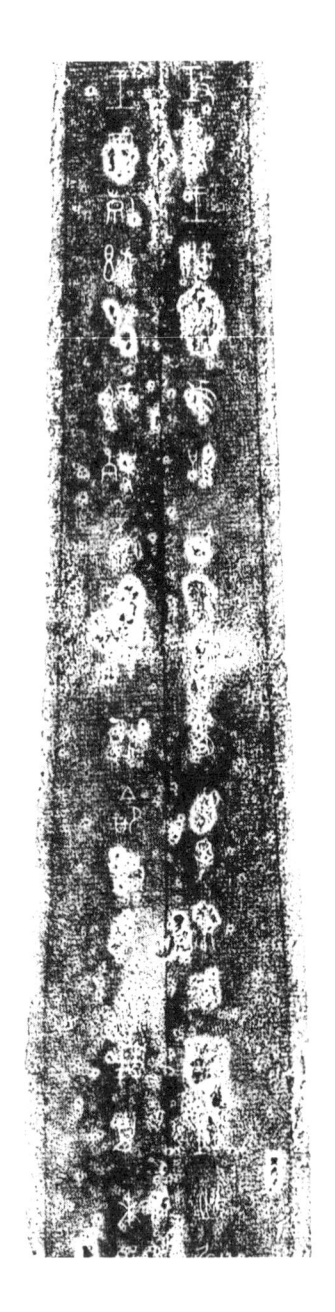

第一章　吴國王名資料選釋　　35

a　　　　　　b

注　釋

疑難字的釋讀。

一、𡛷

1. 程義認爲从人、从女，中間爲口、册，當釋作"嗣"，周亞、張懋鎔從之。吳鎮烽的分析與程義不同，他認爲右从女，左旁上从尸，尸亦聲，下部所从似嗣字的左邊，該字可能是"始"字異構，但仍可讀爲"嗣"。

2. 曹錦炎認爲从人、从皿，从戈，意義不明。

3. 李家浩認爲从昜、从女，當从"昜"得聲，讀爲"義"。"昜"上古餘母錫部，"義"屬疑母歌部，但古代疑、餘二母和歌、錫二部的字音有關。

4. 董珊認爲从尸、从○、从皿，从女，或可釋爲"嬖"。"嬖弟"義即"寵弟"。[1]

如果將《文物》公布的照片放大，且增大圖像對比度的話，很明顯可以看出該字左下實从"皿"，《文物》公布的摹本是錯誤的。所以上述幾種字形分析只有董珊的看法是可取的。除了董先生的意見外，我們認爲該字似也可能从"盟"得聲。楚文字"盟"作"✸"（《子羔》簡2），與該字左下類似。如是，該字从"盟"得聲，姑讀作"母"。"母弟"，即同母之弟。

照 片	拓 本	《文物》摹本	董珊摹本

二、

諸家多釋"旟"，唯董珊認爲从"倝"聲。該字《文物》所附摹本不準確：照片中清楚看到"○"下只有三垂筆。最右一豎點與"○"並不相連，是泐痕。李家浩讀"旟"爲"唐"，位於今之湖北隨州西北唐縣。餘祭時代，吳國攻入楚國腹地而文獻失載，可能性並不太大。董先生讀作"乾"，認爲與"乾溪"有關。"乾溪"爲楚地，今在安徽亳州東南，距"麻"很近。魏宜輝將之與清華簡《筮法》、侯馬盟書等材料中讀爲"也"的字"𢆶""𠧙"聯繫起來，"圍也"即楚靈王，是"既北既㳄"的主語。[2]

---

[1] 程義：《蘇州博物館新入藏吳王餘眛劍初探》，曹錦炎：《新見攻盧王姑發皮難劍銘文及其相關問題》，周亞：《新見吳王餘眛劍淺議》，董珊：《新見吳王餘眛劍銘考證》，吳鎮烽：《試釋蘇州博物館的吳王餘眛劍》，李家浩：《吳王餘眛兩劍銘文補釋》，張懋鎔：《兩柄吳王餘眛劍銘的比較研究》，以上文章均收入蘇州博物館編：《兵與禮——蘇州博物館新入藏吳王餘眛劍研討會論文集》一書。下文再援引上述先生的意見時，不再出注。

[2] 魏宜輝：《吳王餘眛劍銘文補議》，《出土文獻》第12輯，中西書局，2018年，第82—87頁。

照　片	拓　本	《文物》摹本	董珊摹本

三、

程義、吳鎮烽釋"戈"，讀爲"我"。周亞懷疑是"我"的筆誤，張懋鎔隸作"弋"，讀爲"我"。

曹錦炎隸作"弋"，讀爲"代"。曹先生列舉了不少戰國文獻中"弋""代"相通的例證，李家浩、董珊從之。李家浩指出該字與"伐""戉""邙"所從"戈"旁有别：

可以看出，釋爲"戈"在字形上是不妥的。李先生曾對古文字中這類寫法的"弋"字作過研究。[1] 該字當隸作"弋"，讀爲"代"。

四、

曹錦炎、周亞闕釋；程義、張懋鎔、吳鎮烽釋"爭"，但以"？"標識；李家浩釋"刜"，"不刜敢䎽"即"匪勿敢當"，義爲"那（唐）人不敢抵擋"；董珊釋"我"，將這句話讀爲"不我敢當"，即"（荆人）不敢敵對吳人"。此字完全爲鏽迹掩蓋，暫存疑。下一字，應是"敢"。

劍銘中的史實

在研究銘文史實之前，有一個問題需要注意：吳王餘祭、餘眛

---

[1] 李家浩：《戰國邙布考》，《古文字研究》第 3 輯，中華書局，1980 年，第 160—164 頁，收入《著名中年語言學家自選集·李家浩卷》，安徽教育出版社，2002 年，第 160—166 頁。李家浩：《戰國貨幣考（七篇）》，中國錢幣學會編：《中國錢幣學會成立十周年紀念文集》，中國金融出版社，1992 年，第 85—98 頁，收入《著名中年語言學家自選集·李家浩卷》，第 167—193 頁。

在位年數，文獻記載是有矛盾的：

《左傳》襄公二十九年（餘祭四年，公元前 544 年）：

> 吳人伐越，獲俘焉，以爲閽，使守舟。<u>吳子餘祭觀舟，閽以刀弑之</u>。

《左傳》襄公三十一年（公元前 542 年）：

> 吳子使屈狐庸聘于晉，通路也。趙文子問焉，曰："延州來季子其果立乎？<u>巢隕諸樊，閽戕戴吳</u>，[1] 天似啓之，何如？"對曰："不立。是二王之命也，非啓季子也。<u>若天所啓，其在今嗣君乎</u>！甚德而度，德不失民，度不失事，民親而事有序，其天所啓也。有吳國者，必此君之子孫實終之。季子，守節者也。雖有國，不立。"

襄公二十九年，餘祭爲閽人所殺，所以兩年後，晉人才會詢問吳國使臣季札是否被立爲國君。吳人回答"若天所啓，其在今嗣君乎"，可見此時吳國已有新的國君，既非季子，也非餘祭。

而《史記·吳太伯世家》：

> 十七年，王餘祭卒，弟餘昧立。……四年，王餘昧卒，欲受弟季札。

此外《十二諸侯年表》餘祭在位也是十七年。但四年欄中記"守門閽殺餘祭"，清代梁玉繩已指出："後人因《史》誤書，遂依《春秋》將六字移入四年。《史表》原文必書於十七年，不然，既云四年殺矣，何又稱十七年乎？"[2]

《左傳》《史記》餘祭、餘昧二王年數互倒。司馬貞《索隱》云："《春秋經》襄二十五年，吳子遏卒；二十九年，閽殺吳子餘祭；昭

---

[1] "戴吳"爲"餘祭"文獻中的異名，關於"戴吳"的討論，詳見後文討論。
[2] ［清］梁玉繩：《史記志疑》第 1 册，中華書局，1981 年，第 363 頁。

十五年，吳子夷末卒。是餘祭在位四年，餘眛在位十七年。《系（世）家》倒錯二王之年。"司馬貞依《左傳》校正《史記》餘祭、餘眛王年，此說影響很大，後來的學者基本都信從了這一意見。

吕思勉曾試圖調和兩說的矛盾，他認爲："然餘祭雖死，而國不能定，故至十七年餘眛乃立也。"[1] 吕先生認爲從襄公二十九年（公元前544年）至昭公十一年（公元前531年）這十三年間吳國未立國君，然《左傳》襄公三十一年（公元前542年）經"吳子使札來聘"，吳使臣云"若天所啓，其在今嗣君乎"，皆可知此時吳國已有新君。吕說並不可信。

徐建委提出"《史記》所據吳國史料與今本《春秋》、《左傳》有同有異。逐年排比《左傳》與《年表》，可知《年表》記事所據確爲《左傳》，但與今本有異。考之《左傳》之流傳，知今本爲劉歆、尹咸所校之本，與司馬遷所據古本應有不同。《史記·吳太伯世家》所記餘祭在位年數應無誤。《春秋》所記餘祭被殺確爲錯簡。"[2]

劍銘記録了如下四件事情：

A. 伐麻：叡㦵此郯命初伐麻，敗麻，獲眾多。

B. 御楚：命御荆，荆奔。王圉也既北既殃，不□敢鞠。

C. 御越：命御越，雖弗克，未敗虘邦。

D. 稱王：叡㦵郯命代爲王。

麻，楊伯峻以爲在今安徽碭山縣東北，爲楚邑。劍銘大意是説餘祭初命餘眛伐楚國麻地，楚軍還擊後敗逃，楚靈王大敗。餘祭又命迎迓越國，雖然没有戰勝，但越也未打敗吳國。

從時間上説，A、B、C是餘眛稱王的政治資歷，都應在D之

---

[1] 吕思勉：《吕思勉讀史札記》"餘祭之死"條，上海古籍出版社，1982年，第190—191頁。

[2] 徐建委：《〈春秋〉"閽弑吳子餘祭"條釋證》，《北京師範大學學報（社會科學版）》2015年第5期；徐建委：《季札觀樂諸問題辯證》，《文學評論》2018年第5期。

前。即使從《史記》的説法，前三事都不能晚於魯昭公十二年（公元前 530 年）。那麼這三件事與文獻及劍【13】銘文究竟是什麼關係呢，目前主要有三種看法。

曹錦炎認爲 A 即昭公四年冬"吳伐楚，入棘、櫟、麻"事；B 與劍【13】銘"荆伐徐"爲一事，皆對應昭公十二年"楚圍徐拒吳"。劍銘"王圍㾛"讀作"王圍殤"，"殤"亦可指戰死者。而 C 則對應昭公五年"楚子及越人伐吳"事。曹先生據此認爲餘祭在位爲十七年，《史記》的記載是完全正確的。這一看法存在一個問題：銘文三事時間錯亂，尤其將 B 排在 C 後七年，邏輯上也很難説通。

李家浩認爲 A 當指劍【13】"初命伐麻，有獲"一事，可能與餘祭元年"楚子、秦人侵吳"有關；B 對應劍【13】"荆伐徐，余親逆攻之，敗三軍，獲車馬，撲七邦君"。而 D 指的是餘祭四年"吳人伐越"之事。A、D 分别發生在餘祭元年和四年，則 B、C 可能分别在二年和三年，四次戰爭正好四年。這些戰爭都應在餘祭之世，過去誤認爲在昭公四年（餘昧 6 年）的説法，應予糾正。

董珊認爲劍銘"伐麻"文獻失載，"御楚"是否就是襄公二十六年（餘祭元年）"楚子、秦人侵吳"仍有待更多證據。"御越"一事，似可與襄公二十九年"吳人伐越"對看，但"御越"與"伐越"表述不同，很難説是一件事。關於兩柄餘昧劍的關係，董先生也有進一步的論述。他認爲劍【13】"初命伐□"是首次命某人，而劍【14】"命初伐麻"是首次伐某地，二者意思不同。又劍【13】"余親逆攻之"，説明器主逆攻楚是自主行動，並非受命出征，也表明吳王餘昧已即位，與劍【14】所述事件都發生在餘祭之事不同。

我們認爲"命初伐麻"與"初命伐麻"所指爲一事；"荆伐徐，余親逆攻之，敗三軍"與"命御荆，荆奔，王圍也既北既㾛"所指也是一事。如果承認徐建委指出的襄公二十九年（公元前 544 年）"閽弒吳子餘祭"是條錯簡，且信從《史記》餘祭在位十七年，將襄公二十九年餘祭被弒的相關記載從文獻中抽離，那麼劍銘的記載順序基本可以和傳世文獻對上。兩劍是餘昧即位不久後所鑄，銘文所記當是稱王的資歷，幾件事相隔不遠，在餘祭10年至17年間。

最後需要交代"命御越"一事。在剔除襄公二十九年"吳人伐越"這一支錯簡後，傳世文獻中吳越用兵的最早記錄就是昭公三十二年"夏，吳伐越，始用師於越也"了，劍銘"命御越"一事當是吳越戰爭的最早記錄，將兩國交鋒的歷史提前了二十多年。

下面將劍銘所反映的史實用表格列出：

年代	史記	左傳	劍銘
公元前538 昭公4 餘祭10	十年，楚靈王會諸侯而以伐吳之朱方，以誅齊慶封。	【經】楚子、蔡侯、陳侯、許男、頓子、胡子、沈子、淮夷伐吳。 【傳】冬，吳伐楚，入棘、櫟、麻，以報朱方之役。	叔虘此鄱命初伐麻，敗麻，獲眾多。 初命伐麻，有獲。
公元前537 昭公5 餘祭11	十一年，楚伐吳，至雩婁。	【經】冬，楚子、蔡侯、陳侯、許男、頓子、沈子、徐人、越人伐吳。 【傳】冬十月，楚子以諸侯及東夷伐吳，以報棘、櫟、麻之役。	
公元前536 昭公6 餘祭12	十二年，楚復來伐，次於乾溪，楚師敗走。	【經】楚薳罷帥師伐吳。 【傳】秋九月……徐儀楚聘于楚。楚子執之，逃歸。懼其叛也，使薳洩伐徐。吳人救之。令尹子蕩帥師伐吳，師于豫章，而次於乾溪。吳人敗其師於房鍾，獲宮廄尹棄疾。子蕩歸罪於薳洩而殺之。	荊伐徐，余親逆攻之。敗三軍，獲車馬，撲七邦君。 命御荊，荊奔，王圍也既北既殃，不□敢鞠。
			命御越，雖弗克，未敗處邦。

續 表

年代	史 記	左 傳	劍 銘
公元前531 昭公 11 餘祭 17	十七年，王餘祭卒，弟餘眛立。		叔虘鄦命代爲王。

四、光

【15】

名　稱：攻吾王光劍

出　土：據浙江文博單位調查，估計係 1993 年浙江安吉古城遺址盜掘出土

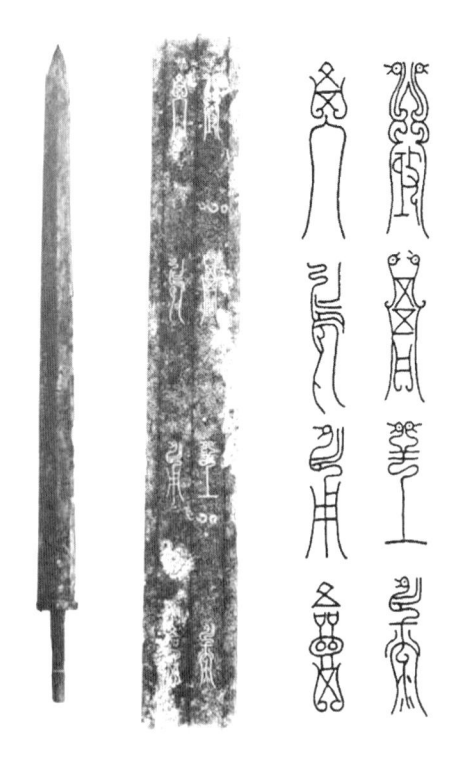

收　　藏：上海博物館。1993 年從香港購回

尺　　寸：通長 77.3、劍身長 65、寬 4.5、劍格寬 4.8、重 1 千克

著　　錄：《鳥蟲書》圖 23,《鳥篆編》下 37,《吳越文》053,《夏商周》549,《新收》1478,《吳越題銘》31,《通鑒》17915,《近出二編》1284,《青銅器辭典》314 頁（拓）、1328 頁（器）,《鳥蟲增》圖 39

字　　數：從上 8 字

釋　　文：攻吾（吳）王光，自乍（作）用僉（劍）

來　　源：器形、拓片采自《夏商周》，摹本采自《鳥篆編》

注　　釋

略。

【16】

名　　稱：攻敔王光劍

出　　土：1974 年安徽廬江縣湯池鎮邊崗村

收　　藏：安徽博物院

尺　　寸：通長 54、格寬 5

著　　錄：《文物》1986 年 2 期 64 頁圖 2,[1]《集釋》109 頁,《集成》11666,《安徽金文》104,《吳越文》055,《安徽銘文》299 頁圖 204.1,《吳越文化》46、47,《安徽文明史》153 頁,《安徽館》43

字　　數：劍身鑄銘文 16 字

釋　　文：攻敔（吳）王光自乍（作）用鐱（劍），逗余允至（鷙），克戩（掃）多攻（功）

來　　源：器形、銘文照片采自《安徽文明史》，拓本采自《文物》，摹本來自《吳越文》

---

[1] 馬道闊:《安徽廬江發現吳王光劍》,《文物》1989 年第 2 期。

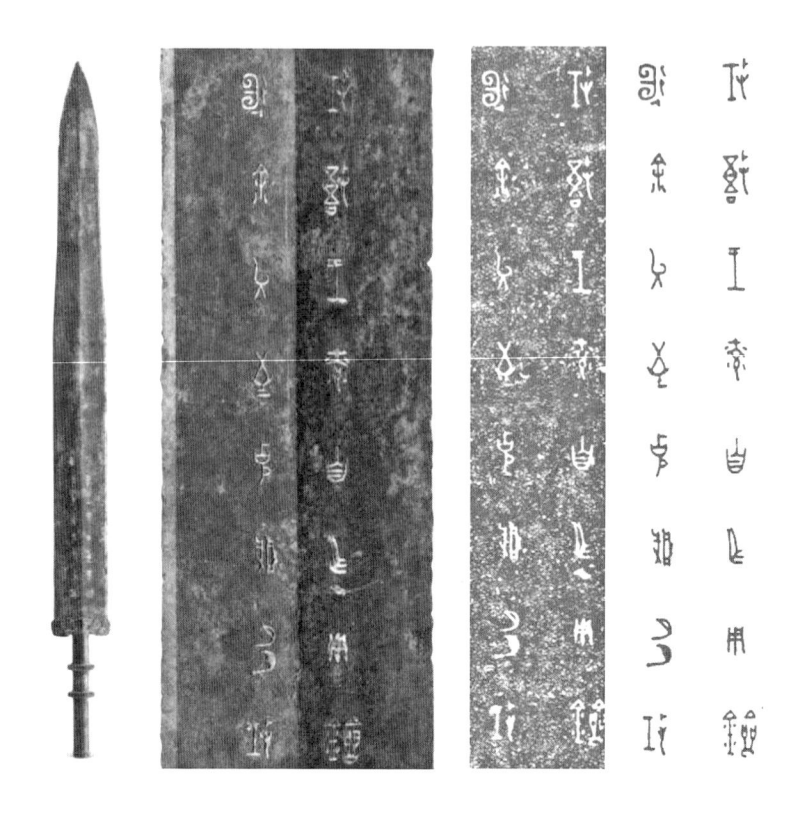

注　釋

劍銘前八字，發表者馬道闊釋"攻敔（吳）王光自乍（作）用鐱（劍）"，諸家無異辭。後半句爭議較多，參下表：

馬道闊	逗余以至，克肇多攻。
周曉陸、張　敏	逗（桓）余允至，克成多攻（功）。
何琳儀	逗余允（以）至，克戠（搗）多攻（功）。
李家浩	逗余允至（鷟），克戕（臧）多攻。
董楚平	逗余允（駿）至（鷟），克戠（搗）多攻（功）。
施謝捷	逗余允（駿）至（侄）、克戕（壯）、多攻。

續　表

張世超	逗余允至，克戬多攻（功）。
董　珊	逗余允至（鷲），克戬（搻）多攻（功）。
過常職	逗余以至，克戙（臧）多攻。

馬道闊隸作"逗余以至克肇多攻"，無説。[1]

周曉陸、張敏認爲"逗"通"桓"，形容吳王光的勇武。余，第一人稱代詞。允至，一定到來，肯定能達到。《爾雅·釋言》："克，能也。"引申爲具有强大的力量，能够勝任之意。《説文》："成，就也"。多攻，即多功，衆多武功、戎功之意。[2]

何琳儀提出"允"是句中助詞，並聯繫甲骨相關字形，認爲劍銘倒數第三字从"戈"，从"尋"。《方言》一："搻，取也，……衛、魯、揚、徐、荆、衡之郊曰搻。""克戬多攻"，意謂取得很多功績。[3]

李家浩結合金文和傳世文獻中第一人稱代詞在同位人名之後的例子，認爲"逗余"是人名後帶同位語"余"，"逗"是吳王光的私名。"允至"之"允"可能是一個虚詞。"至"與厲羌鐘"郅"、曾伯霖瑚"蕭"同義，讀爲"鷲"，武勇的意思。"戙"當讀爲"臧"，訓爲"善"。古代"多"有大義，"多攻"即"大事"，指兵事。全句意思是吳王光武勇善戰。[4]

董楚平認爲"允"當讀"駿"，訓長，"駿鷲"，永遠勇武。[5]

---

[1] 馬道闊：《安徽廬江發現吳王光劍》，《文物》1989年第2期。

[2] 周曉陸、張敏：《〈攻敔王光劍〉跋》，《東南文化》1987年第3期。

[3] 何琳儀：《皖出二兵跋》，《文物研究》第3期，黄山書社，1988年，收入《安徽大學漢語言文字研究叢書·何琳儀卷》，安徽大學出版社，2013年第2次印刷，第201—205頁；又石曉（何琳儀）：《吳王光劍銘補正》，《文物》1989年第7期。

[4] 李家浩：《攻敔王光劍銘文考釋》，《文物》1990年第2期，收入《著名中年語言學家自選集·李家浩卷》，安徽教育出版社，2002年，第53—59頁。

[5] 董楚平：《吳越徐舒金文集釋》，第112頁。

裘錫圭《"以學術爲天下公器"的學者精神》一文曾提及張政烺認爲大盂鼎銘文"畯正厥民"中"畯"不應該讀"畯"，而應讀"允"，用法與"允厥執中"的"允"同，裘先生並做了相關的補充引申。[1] 張、裘兩位先生的意見是有道理的，董說不確。

施謝捷在李家浩釋文的基礎上提出"至"讀爲"侄"就很合適，讀"鷙"則未必，《玉篇》："侄，堅也，牢也。" "戕"當讀爲"壯武"之"壯"，"壯"亦有剛強、剛健之意。[2]

張世超認爲古文字"戕"從戈爿聲，當爲表武德之專字，指的是勇壯強大多力，後世"臧"訓"善"，當是武德之美意義的引申。張先生贊同李家浩將劍銘"至"與䣄羌鐘"侄"、曾伯霥瑚"䏁"相聯繫。古韻"侄"，質部；"䏁"，脂部；"戕"在陽部，張先生舉了幾個魚鐸陽類與脂質真類相通之例，認爲"至""侄""䏁"都應是"戕"之音轉，並認爲當時中原地區，以"侄""至"代替"戕"作爲稱揚武德之語已非常通行。傳到南方，吳人從讀音上覺察不出"至""戕"爲一詞，於是便出現了二字同出於一銘的現象。[3]

董珊據《周禮·夏官》"司勳"職"戰功曰多"，認爲"多攻"，即指戰功。

過常職將最後一句釋爲"逗余以至，克戢（戕）多攻"。[4] 此說字形上就無法過關，可以不論。

諸家主要分歧是銘文倒數第三字的隸定。如周曉陸等釋"成"，李家浩、施謝捷、張世超釋"戕"，何琳儀釋"戠"。《安徽文明史》收錄了清晰照片該字作：

---

[1] 裘錫圭：《"以學術爲天下公器"的學者精神》，《中華讀書報》2012 年 5 月 9 日 07 版。

[2] 施謝捷：《吳越文字彙編》，第 544—545 頁。

[3] 張世超：《吳王光劍銘與中國古代的武德》，《吉林大學古籍研究所建所二十周年紀念文集》，吉林文史出版社，2003 年，第 26—35 頁。

[4] 過常職：《廬江出土吳王光劍銘文考辨》，《巢湖學院學報》2002 年第 4 期。

（反轉後）

誠如何琳儀所言"劍銘此字兩臂相接之處有明顯的隆起，這也是釋'尋'的重要根據"。何先生對字形的看法更爲合理。"趄余允至，克戩多攻"意思是：我吳王光勇武，能夠取得戰功。

【17】

名　　稱：吳王光昰劍
收　　藏：北京某藏家
著　　錄：《吳越題銘》29
字　　數：劍身鑄銘文12字
釋　　文：吳王光昰（逗）自乍（作）用僉（劍），以潭（戰）戉（越）人

來　源：器形、摹本來自《吳越題銘》

注　釋

郭理遠指出"潭"與王子午鼎▨近同。該字當從"氵"旁。[1]

【18】

名　稱：攻吾王光劍

收　藏：原藏美國賽克勒（Arthur M.Sackler）氏，現藏華盛頓弗里爾美術館（the Freer Gallery of Art）

尺　寸：長49.3、寬3.4

著　錄：*Unearthing China's past fig.*038,《吳越文》056,《新收》1807,《集釋》113頁,CHRISTIE'S2013 122—123頁,《吳越題銘》27,《通鑒》17921

字　數：劍身鑄銘文12字

釋　文：攻吾（吴）王光施（也）[2]台（以）吉金，自乍（作）用鐱（劍）

來　源：黑白照片來自 *Unearthing China's past*，彩照采自 *CHRISTIE'S，2013*，摹本據照片摹寫

注　釋

1956年，陳夢家《壽縣蔡侯墓銅器》一文第一次稱引該器，作"率旌劍"，但未提及出處。[3]

張光裕認爲該劍真偽可疑，主要有四點：

其一，劍銘首字"攻"，所從偏旁"攴"作"又"，與其他"攻敔王"劍銘不同。其二，"敔"字作"吾"，僅見此銘。其三，"▨"字結構與其他吳王光劍作"▨""▨""▨"差別頗大，又其

---

[1] 郭理遠:《楚系文字研究》，復旦大學博士學位論文，2020年，第95頁注2。

[2] "施"字釋讀，詳參王鵬遠:《古漢字"變形音化"再研究》，復旦大學碩士學位論文，2022年，第52—68頁。

[3] 陳夢家:《壽縣蔡侯墓銅器》,《考古學報》1956年第2期。

第一章 吳國王名資料選釋 49

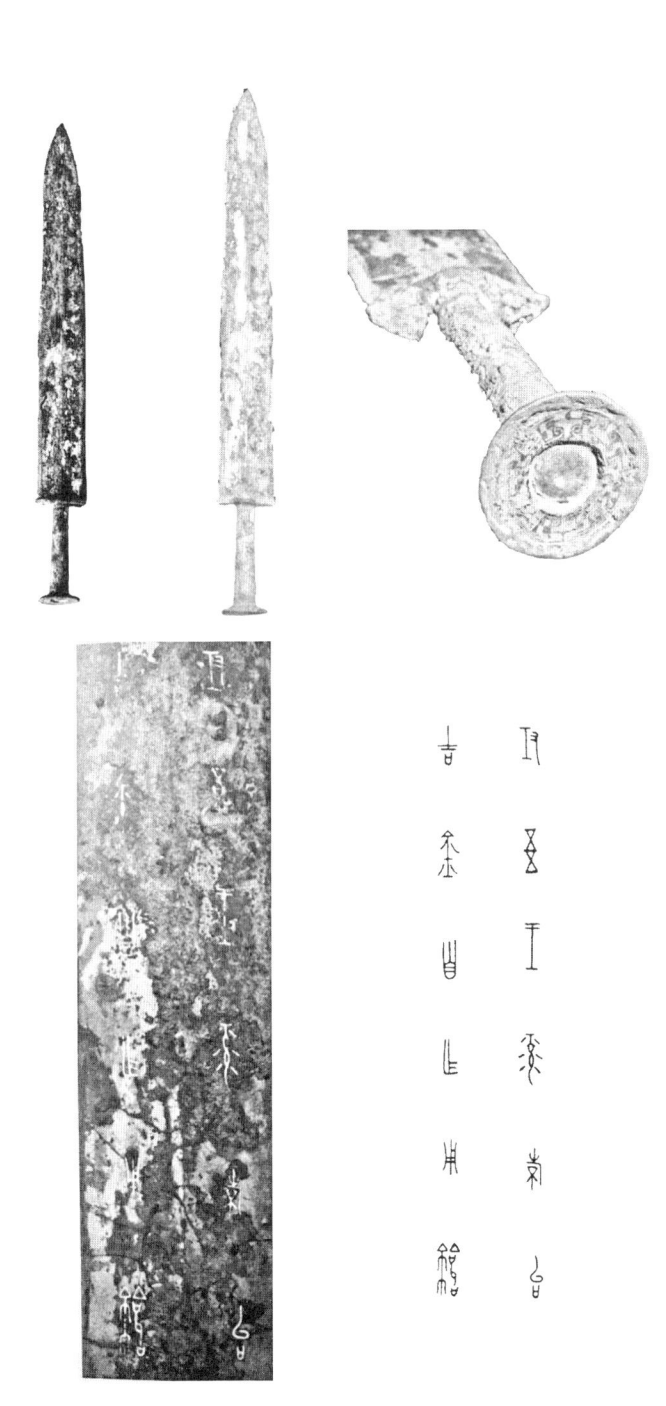

他古文字中"⿱艹木"(中山王鼎)、"⿱艹木"(虢季子白盤)、"⿳艹八火"(《説文》古文),"光"字上端無論如何變化,仍得見從"火"之形構,而本器字形上端既不像"火"形,橫畫出現更令人狐疑。其四,末字"䚈",構形前所未見。[1]

其實四點疑問都可以得到合理的解釋。古文字偏旁"攴""又"常相混用,如"取"字"𠂔"(郭店老子甲7)"𣂪"(郭店老子甲30);"敗"作"𣀇"(包山文書23)又作"𣀇"(包山文書22);"敬"作"𣀇"(上博緇衣15),又作"𣀇"(上博緇衣12)。值得注意的是,以上我們選取的幾組例子,每組都是由同一書手書寫,可見當時"攴""又"互作的情況非常普遍,劍銘"攻"從"又"作並不奇怪。

至於"敔""光""劍"三字,細審照片,實因一些筆畫爲鏽迹遮掩,故構形似有些奇怪。

蘇建洲在討論劍銘"也"字時,贊同李守奎釋"也"的看法,並認爲根據"也"這種特殊的用法,劍銘毫無疑問是真的。[2] 這種寫法及人名中用法的"也"字,絕不可能是几十年前所能料到的。

【19】

名　稱：攻敔王者彶觑虘劍

---

[1] 張光裕:《錯金〈攻吾王劍〉銘獻疑》,《漢語言文字研究》第1輯,上海古籍出版社,2015年,第116—118頁。
[2] 蘇建洲:《釋與"沙"有關的幾個古文字》,《出土文獻》第9輯,中西書局,2016年,第139頁。

收　藏：無錫博物院

尺　寸：通長 41、最寬 2.7、莖長 9.5

著　錄：《江漢考古》2009 年 3 期彩版 2,《中原文物》2012 年 5 期封 3,《通鑒》17946,《吳越題銘》34

字　數：兩從鑄銘文 12 字

釋　文：攻敔（吳）王者彶叚庴自乍（作）元用鐱（劍）

來　源：器形采自《中原文物》,照片、摹本采自《江漢考古》

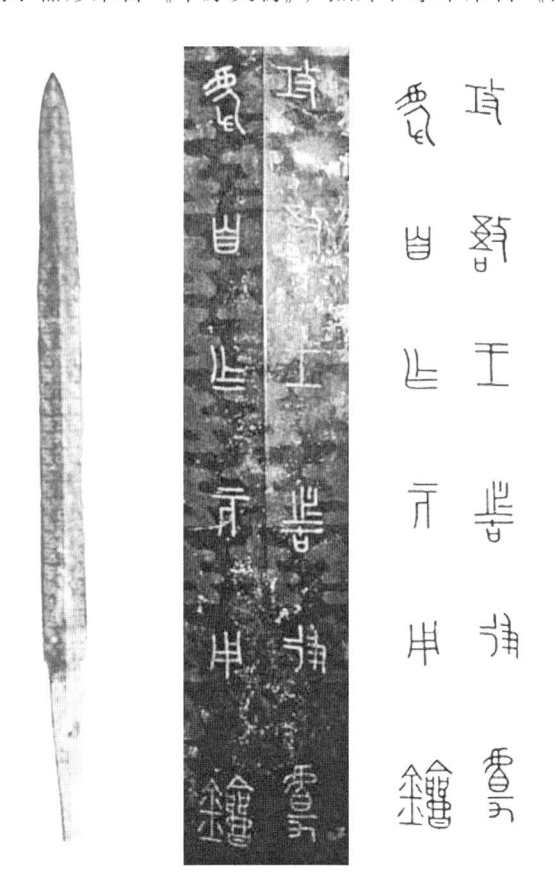

注　釋

略。

【20】

名　　稱：攻吴王者彶叡劍

收　　藏：堯都區博物館

著　　錄：《文物研究》2021 年 1 期

字　　數：兩從鑄銘文 10 字

釋　　文：攻吴王者彶叡自乍（作）用鐱（劍）

來　　源：《文物研究》

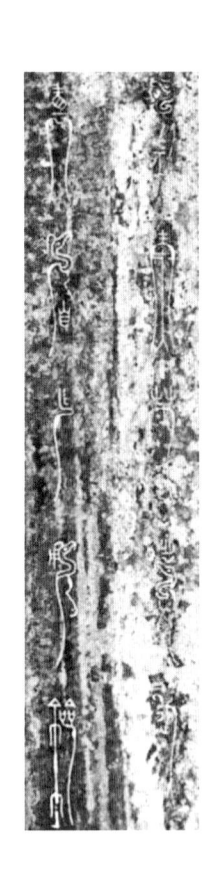

注　釋

此器據傳爲臨汾市文物部門近年在打擊文物犯罪活動收繳的文物，出土信息不詳。此器文字在用字習慣、鳥蟲書構形上都較奇怪。用"吴"，而不用"敔"等形，王、者等也與常見鳥蟲書寫法不同。更爲奇特的是，王名作"者彶叡"，也與吳國王名構成的一般規律不符。[1] 由於該器來自徵繳追獲，加之出現在山西地區，我們認爲很可能是春秋時代北方貴族對吳王劍的仿製，而並非真正的"吳王自作用"。類似情況還有山東沂水的吳王劍等。

五、夫差

【21】

名　　稱：攻吳王夫差鑑

出　　土：1994 年山西太原市金勝鎮金勝村（M673）

收　　藏：山西省考古研究所

尺　　寸：通高 38.5、口徑 62.7

著　　錄：《上海文博》2010 年 3 期 59 頁，[2]《國博館刊》2012 年 2 期 36、37 頁，[3]《通鑒》31000,《銘圖續》1000,《山右吉金》338、339 頁

---

[1] 詳參本書第三章"出土文獻所見吳王名的新認識"。
[2] 李夏廷：《太原出土春秋吳國銅器及相關問題》,《上海文博論叢》2010 年第 3 期。
[3] 李建生：《輝縣琉璃閣與太原趙卿墓相關問題》,《中國國家博物館館刊》2012 年第 2 期。

字　數：内壁鑄銘文 13 字
釋　文：攻吳王夫差擇氒（厥）吉金，自乍（作）御監（鑑）
來　源：《國博館刊》
注　釋
略。

【22】
名　稱：吳王夫差矛
出　土：1983 年 11 月湖北江陵縣馬山戰國墓（M5）
收　藏：湖北省博物館
尺　寸：通長 29.5、寬 3
著　錄：《瞭望》1984 年 3 期 6 頁，[1]《江漢考古》1984 年 1 期

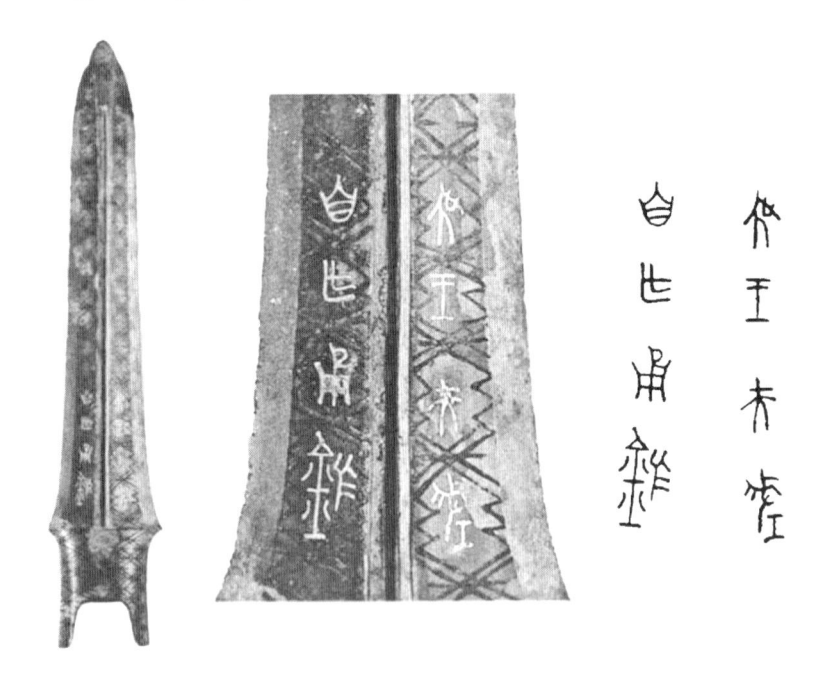

---

[1] 廖中：《最新發現："吳王夫差矛"》，《瞭望》1984 年第 3 期。

封面,《美全》5.46—47,《集成》11534,《銅全》11.77,《珍品》210、211,《述編》上 16,《精華》(1990) 75,《三百品》162,《吳越文》087,《輯證》296,《集釋》134 頁,《吳越文化》57,《湖北省博》166,《辭典》791,《荊州》126 頁,《古越遺珍》42 頁,《青銅器辭典》1324 頁,《吳越題銘》51,《通鑒》17124,《東方既白》52 頁,《越王時代》181 頁

字　數：兩行錯金銘文,共 8 字

釋　文：吳王夫差自乍(作)甬(用)鍬(錟、錎)

來　源：器形、銘文照片來自《荊州》,摹本采自《吳越文字》

注　釋

末字釋法較多,下面我們按時間順序列出諸家觀點：

作　者	隸定	讀作	主要文獻依據	時間
張舜徽[1]	鈝	䅲	《説文》："䅲,矛屬。"	1984
田宜超[2]	鈝	䅲	《説文》："䅲,矛屬。"	1984
夏淥、傅天佑[3]	銋	鏑	《廣韻》："鏑,銷也。"《正字通》："鏑,即今之飛矛也。"	1985
黃建中[4]	鈝	鏦	《説文》："鏦,矛也。"《廣韻》："鏦,短矛也。"	1987
滕壬生[5]	鍬	待考		1987

---

[1] 張舜徽：《"吳王夫差矛"銘文考釋》,《長江日報》1984 年 1 月 25 日；又《光明日報》1984 年 3 月 7 日。
[2] 田宜超：《釋鈝》,《江漢考古》1984 年第 3 期。
[3] 夏淥、傅天佑：《説鏑——吳王夫差矛銘文考釋》,《語言研究》1985 年第 1 期。
[4] 黃建中：《〈吳王夫差矛〉跋》,湖北省考古學會選編：《湖北省考古學會論文選集（一）》,武漢大學學報編輯部,1987 年,第 232—234 頁。
[5] 滕壬生：《釋鍬》,湖北省考古學會選編：《湖北省考古學會論文選集（一）》,第 208—209 頁。

續　表

作　者	隸定	讀作	主要文獻依據	時間
詠　章[1]	鏃	䂂	《廣韻》："䂂，矛也。"	1987
何琳儀[2]	鏃	釪、鍨	《吳越春秋》："兩鍨殖吾宫牆。"	1989
王人聰[3]	鏦	鏦	《廣雅》："鏦，矛也。"《方言》："矛，吳揚江淮南楚五湖之間謂之䂂……或謂之鏦。"	1991
董　珊[4]	鏃	錟	《方言》："錟謂之鈹。"	2014

是字右旁與"乍""從"等字明顯不類，而與楚文字"於"相合：

𢧤（矛銘）　　　𠂇（包山文書 32）

𠂉（天子建洲甲 13）　　𠂉（武王踐阼 1）

詠章讀爲"䂂"，雖有《廣韻》書證，但文獻時代較晚，且罕見用例。何琳儀讀"釪"或"鍨"，以爲是一種兩刃器。但這種兩刃器並非兵器，而是一種農具。

先看《說文》的解釋。《說文》："柔，兩刃臿也。从木、丫象形。宋、魏曰柔也。釪，或从金、从于"。

段玉裁注：

> 兩刃臿也。兩刃臿者，謂臿之兩邊有刃者也。臿者，刺土之器。《釋器》曰："斛謂之䎽。"斛、䥫、䎽、臿，皆古今字。作臿者，就舂臼之義引伸之，俗作郭衣鍼之鍤，非也。《金部》曰銛、鈂、鍫，皆臿屬。鐅，河内謂臿頭金也。此云

---

[1] 詠章：《釋吳王夫差矛銘文中的器名之字》，《江漢考古》1987年第4期。
[2] 何琳儀：《戰國文字通論》，中華書局，1989年，第151頁。
[3] 王人聰：《江陵出土吳王夫差矛銘新釋》，《文物》1991年第12期。
[4] 董珊：《吳越題銘研究》，第37頁。

兩刃甾，則又與凡甾不同。《方言》曰："甾，燕之東北朝鮮洌水之間謂之斛，宋魏之間謂之鏵，或謂之鐹，江淮南楚之間謂之甾，沅湘之間謂之畚，趙魏之間謂之喿，東齊謂之梩。"按，芣、鏵古今字也。《方言》渾言之。許析言之耳。高注《淮南》曰："甾，鏵也。青州謂之鏵，有刃也。三輔謂之䥥。"《釋名》："鍤，插也，掘地起土也。或曰銷。銷，削也，能有所穿削也。或曰鏵。鏵，刳也，刳地爲坎也。其板曰葉，象木葉也。"高、劉皆作鏵。高云"有刃"，當作"有兩刃"，奪一字耳。芣字亦作鋘。《吳越春秋》："夫差夢兩鋘殖吾宮牆。大宰嚭占之曰：'農夫就成，田夫耕也。'公孫聖占之曰：'越軍入吳國，伐宗廟，掘社禝也。'"《玄應》曰：芣，古文奇字作鋘。"李賢引何承天《纂文》、張揖《字詁》作鋘。鋘，又鋘之俗，承天改吴爲吳，因又改鋘爲鋘耳，非張揖有鋘字也。吴、華皆在古音弟五部。從木，謂柄。丫，象形。從丫者，謂兩刃，如羊兩角之狀。互瓜切。古音在弟五部。宋魏曰芣也。《方言》云"宋魏之間謂之鏵"是也。嘗論《方言》之字，多爲後人以今易古，以俗易正。此其一耑也。

"釪""鋘"即"鏵"字，亦即《説文》"芣"，是一種用於翻土的兩刃器，如下揭：[1]

[1] 圖片采自網絡。

再看《吴越春秋》用例。《吴越春秋》："夫差夢兩鋙殖吾宫牆。"徐天祐注："鋙,音吾,刀名。鋸鋙山出金作刀,可切玉。"似"鋙"有兵器一類的意思,但清人盧文弨已指出徐説之誤:"觀下太宰嚭、公孫聖兩解,則鋙非刀也,乃耟耳,可以起土者。《方言》:'殖,立也。'"《越絶書·外傳記吴王占夢》對應字正作"鏵"。[1]

通過上述材料可知,文獻中"鉏""鋙"一直用爲農具名,以之自名兵器當然不妥,何説不可信。

董珊云:

> 從"於"聲之字"閼"有祭部和元部兩類讀音,祭部字一讀與"遏"相通,是"淤"的同源字;元部字一讀與"安"或"焉"相通,例如《韓非子·十過》有人名"董閼于",在《韓非子·難言》篇作"董安于",漢代稱匈奴單于之妻"閼氏",其讀音與"焉支"同。由此,我懷疑器名"鏾"可以音近讀爲"銛"或"鋔","銛"爲匣母元部字,且"銛"與"鋔"有異文關係,《史記·秦始皇本紀》論贊"非銛於鉤戟長鎩也",裴駰《集解》:"徐廣曰:銛一作銒。如淳曰:'銛,長刃矛。'《方言》卷九:'銛謂之鈹。'"[2]

"於"上古影母魚部,"炎"匣母談部,聲母俱是喉音,魚、談二韻雖有一定距離,但在出土文獻中有相通例證。[3] 故董説不

---

[1] 周生春:《吴越春秋輯校彙考》,上海古籍出版社,1997年,第84頁;張覺:《吴越春秋校證注疏》,知識産權出版社,2014年,第135頁。

[2] 董珊:《吴越題銘研究》,第37頁。

[3] 孟蓬生:《師袁簋"弗叚組"新解》,復旦大學出土文獻研究中心網站,2009年2月25日;《楚簡所見舜父之名音釋——談魚通轉例説之二》,武漢大學簡帛網,2010年9月3日;《〈孟子〉"接淅而行"音釋——談魚通轉例説之三》,武漢大學簡帛網,2010年9月6日;《"出言又(有)丨,利(黎)民所丨(从言)"音釋——談魚通轉例説之四》,武漢大學簡帛網,2010年9月10日,又《簡帛》第7輯,上海古籍出版社,2012年;《"法"字古文音釋——談魚通轉例説之五》,復旦大學出土文獻研究中心網站,2011年9月11日,又《中國文字研究》第16輯;《上博簡"臧罪"音釋——談魚通轉例説之六》,復旦大學出土文獻研究中心網站,2012年10月4日;《"竜"字音釋——談魚通轉例説之八》,復旦大學出土文獻研究中心網站,2012年10月31日,又《歷史語言學研究》2014年第1期。

論從通假，還是文獻證據上都有成立的可能。

【23】

名　　稱：攻敔王夫差劍

收　　藏：舊藏司馬達甫、黄易、許印林、陳介祺，現藏某藏家

尺　　寸：通長48

著　　錄：《山左》2.9，《通藝錄·古銅劍》10，《三代》20.46.1，《積古》10.3.4，《簠齋藏古》43，《攈古》2之1.57.2，《綴遺》29.6.2，《奇觚》10.3.1，《周金》6.95.2—96.1，《簠齋》4.40，《大系》155，《小校》10.100.1，《集成》11636，《通釋》40輯601頁，《總集》7714，《商周》8635，《述編》上3，《集釋》142—146頁，《吳越文》074，《鬱華閣》398.1，《國史金》2797，《吳越題銘》53，《通鑒》17933，《通鑒》31337，《銘圖續》1337

字　　數：脊兩側鑄銘文10字

釋　　文：攻敔（吳）王夫差，自乍（作）其元用

來　　源：摹本a采自《山左》，b采自《積古》，c采自《鬱華閣》，d采自《通藝錄》，照片采自《通鑒》31337

a《山左》	b《積古》	c《鬱華閣》	d《通藝錄》

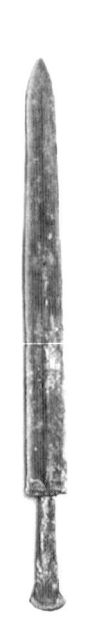

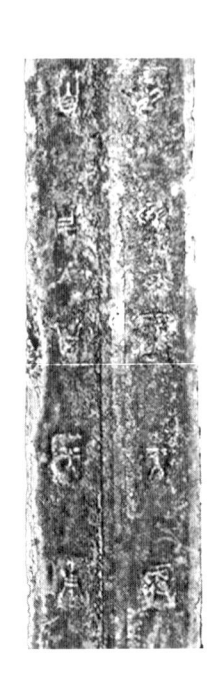

注　釋

是劍最早見錄於畢沅、阮元主編的《山左金石志》（1797年），名"天水劍"：

> 右劍長一尺四寸三分，博一寸四分，與《考工記》所言中制差小，較匕首甚大。銘十字，曰：工□王天調自作其天水。義不可盡解。意者王某乃工之姓名，天水其劍名也。王、自、水字小篆；工、調、作、其等字俱古文；天字近正書。錢唐黃司馬易購于濟寧。定爲西漢器。[1]

不久，阮元在《積古齋鐘鼎彝器款識》（1804年）中對上述考釋做了部分修改：

> 右寶用劍，銘十字，摩滅者二字。黃小松所藏，器據拓本

---

[1]（清）畢沅、阮元：《山左金石志》，嘉慶二年（1797年）小琅嬛仙館刻本。下文簡稱《山左》。

摹入。案，寶用舊釋作天水，誤也。[1]

此後很長的時間裏，學者雖陸續認出銘文中的一些疑難字，但對器主名字一直未得其解。如吳式芬《攈古錄金文》釋文作"攻□王元□自作其寶用"；劉心源《奇觚室吉金文述》作"□□王元□自作其寶用"，王國維認出"攻敔"二字，並定爲吳國器，堪稱卓識。[2] 郭沫若釋爲"攻敔王元，啓自作其元用"，郭先生認爲文獻中的"諸樊"實是"謁樊"之訛，劍銘"元"正是"謁樊"二字之合音。"啓自作"即"肇自作"。[3] 林巳奈夫從郭説。[4] 商承祚不同意郭説，認爲"其言甚辯，至不惜改史以繩其説"。商先生將"元"下一字隸作"訝"，"元訝"爲諸樊之名。[5] 白川静以爲"元"當對應"掩餘"。[6] 直至20世紀80年代，中山大學張振林先生著文考證銘文當釋作"攻（工）敔（吳）王夫差自乍（作）其元用"，[7] 人們方才知曉，原來黃易舊藏的乃是一柄珍貴的吳王夫差劍。

程瑤田《通藝錄·桃氏爲劍考》中著錄了一柄"中士之劍"

---

[1]（清）阮元：《積古齋鐘鼎彝器款識》，嘉慶九年（1804年）阮氏刻本。下文簡稱《積古齋》。
[2] 王國維：《國朝金文著錄表》表五，《王國維全集》卷四，浙江教育出版社、廣東教育出版社，2009年，第630頁。
[3] 郭沫若：《兩周金文辭大系考釋》，科學出版社，2002年，第334—336頁。
[4][日] 林巳奈夫：《中國殷周時代の武器》第五章注釋8，京都大學人文科學研究所，1972年。
[5] 商承祚：《"姑發𦅫反"即吳王"諸樊"別議》，《中山大學學報》1963年第3期。
[6][日] 白川静：《金文通釋》，白鶴美術館，40輯第602頁。
[7] 張振林：《關於兩件吳越寶劍銘文的釋讀問題》，《中國語文研究》第7期，香港中文大學中國文化研究所、吳多泰中國語文研究中心，1985年，第35—36頁。據張先生文中透露，至少1964年之前，容庚已在《兩周金文辭大系圖錄考釋》一書眉批中將器名批改爲"吳王夫差劍"："以攻敔王夫差劍證之，元啓乃人名，細辨乃夫差之泐。"又張政烺在《兩周金文辭大系圖錄考釋》"吳王元劍"旁有夾批"夫差""夫差二字未泐，鏽掩未剔出"，可知張先生也注意到器主實爲夫差，不過張批時間現不可曉，見張政烺著，朱鳳瀚等整理：《張政烺批注〈兩周金文辭大系考釋〉》，中華書局，2011年，第352頁。

（見下圖），[1] 與上文討論的黄易藏劍相較，器形、銘文高度一致（圖d）。尤其值得注意的是，兩者文字周圍都有小方框。這種留有活字印模痕迹的，至今爲止，吴國銅器中也僅此一見。故可肯定《通藝録》中所摹録的正是本器。只不過由於《通藝録》並非金石著録，且在很長時間内劍上銘文不能盡識，百年來一直鮮有措意者。

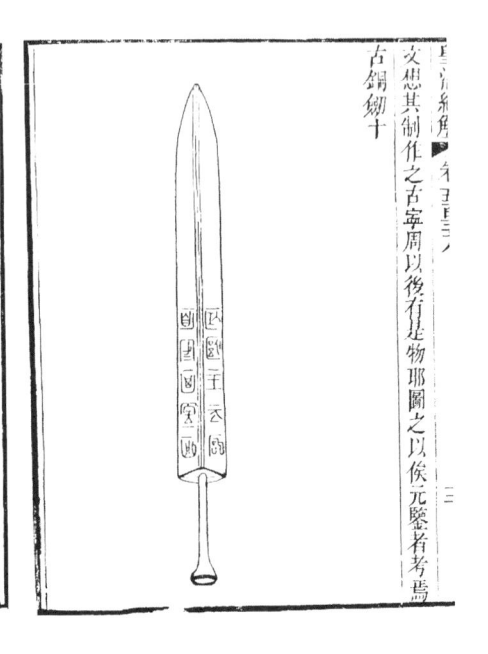

程瑶田文字中有三點值得注意：其一，云"每字爲小長方空以局之"可知程氏已意識到文字周邊的方框並非筆畫，這在早期著録中是非常難得的。其二，以爲文字"筆畫甚古，疑古文之在籀文前者"。其對器物時代的判定，也較《山左》斷爲西漢器更顯合理。其三，透露收藏者爲"江寧司馬達甫"，這一説法未見於其他舊著録。下面我們談談這個問題。

《翁方綱題跋手札集録》中收録了一則翁氏爲司馬達甫藏劍所

---

[1]（清）程瑶田：《通藝録·桃氏爲劍考》，嘉慶八年（1803年）刊刻。本書書影采自學海堂《皇清經解》本。

作的《跋劍銘》:

> 銘文十字,惟"自作其用"四字可讀。未谷以爲"其"字爲"旗",秋史以爲非是,當以秋史説爲是也。餘當詳考之。辛亥七月十七日。[1]

從程、翁二氏的記載來看,這柄夫差劍確實曾藏於司馬達甫,且乾隆辛亥(1791年)劍主是司馬達甫。1791年時,許印林、陳介祺皆未出生,所以接下來需要討論的問題是司馬達甫與黃易的收藏孰先孰後。

司馬達甫,文獻記録不多,以錢泳《履園叢話》最爲詳贍:

> 司馬達甫亶,江寧人,河東河道總督駒之公子,中乾隆癸卯(1783年)副車,以甲辰召試,欽賜中書。坦白無玼,汲古不倦,常收藏漢銅印譜最多,用顧從義集古印譜之例,分爲職官、私印,而私印又分爲四聲,凡十六册。余游京師,嘗寓其家爲定甲乙,後一年,中翰忽病没,年才三十二也。……[2]

根據上述文字可得兩點新知:司馬達甫名亶,其父爲河東河道總督司馬駒。孫星衍爲司馬駒撰寫的墓誌中曾提及該子,檢《故河南山東河道總督提督軍務資政大夫兼都察院右副都御史司馬公駒墓誌》:

> 子亶,副榜貢生,召試舉人,内閣中書。好古有文,早卒。[3]

由是又可得新知:司馬達甫早於其父先卒。司馬駒於《清史稿》有傳,[4] 卒於嘉慶四年(1799年)。目前我們翻檢到文獻中

---

[1](清)翁方綱撰、沈津輯:《翁方綱題跋手札集録》,廣西師範大學出版社,2002年,第468頁。
[2](清)錢泳:《履園叢話》,中華書局,1979年,第588頁。
[3](清)李桓輯:《國朝耆獻類徵初編》卷一百八十六,(臺北)明文書局,1985年影印本,第923—928頁。
[4]趙爾巽等編:《清史稿》,中華書局,1977年,第11367—11368頁。

司馬達甫最晚一次被提及時在乾隆壬子（1792年），見程瑤田《通藝録·樂器三事能言》："乾隆壬子年司馬達甫寄古鐘拓本。"[1]根據上述幾則史料可推斷司馬達甫的卒年一定在1792—1799年之間。

司馬達甫具體卒於何年，其實還可在錢泳的記載中作進一步考索。錢氏游京師後一年，達甫病殁，而《梅溪先生年譜》中，在1791—1798年之間，恰有一則錢氏入京的記載：

> 乾隆五十七年壬子（1792年）……六月抵京，同孫淵如游陶然亭，尋遼壽昌二年石幢。同滄州張桂巖遊圓明園，至虎圈觀虎，至象房觀象。十月出京，十一月回抵錫山。[2]

綜合以上條件，司馬達甫當卒於乾隆五十八年癸丑（1793年），早於黄易9年。司馬達甫應該是目前所知這柄吴王夫差劍的第一個主人，司馬達甫卒後，劍爲黄易所得。

至於此劍司馬達甫與黄易之間的流轉過程，也可推演復原：

據《清史稿》記載，司馬騊：

> （嘉慶）二年，調山東，兼管河務。是年秋，曹州河溢，命騊偕兩江總督李奉翰、南河總督康基田、前山東巡撫伊江阿同任堵塞。冬，擢河東河道總督。

清代河東河道總督分正、副總河，分駐山東濟寧與河南開封。而乾隆五十四年（1789年）黄易始任山東運河同知（駐濟寧），直到嘉慶五年（1800年）返回杭州。清代運河同知爲河道總督及管河道員之屬官，秩正五品。所以在嘉慶二年，河東河道總督司馬騊與山東運河同知黄易在濟寧産生了時空交集。

---

[1]（清）程瑤田：《通藝録·樂器三事能言》，嘉慶八年（1803）刊刻。
[2] 胡源、褚逢春編：《梅溪先生年譜》，本社影印室輯：《乾嘉名儒年譜》第10册，北京圖書館出版社，2006年，第353—426頁。

從以上史料可以推斷：該劍原爲司馬達甫所有，司馬達甫去世後暫歸其父司馬騊。嘉慶二年司馬騊赴任濟寧，同年轉售黃易，這正與《山左金石志》所記"錢塘黃司馬易購於濟寧"契合。

　　《集成》以爲該劍現藏於哈佛大學福格美術博物館，但哈佛所藏夫差劍不管是器形還是文字都與舊拓不類，故《銘圖》另立爲17934號（即《彙編》490）。張光裕、王恩田兩位先生已指出，哈佛夫差劍是據阮元《積古齋》摹本僞造的。[1]《積古》未能辨識出文字外圍的活字模痕迹而誤作了筆畫，而哈佛劍甚至在這類筆畫中錯上黃金，更是錯上加錯。《銘圖》17933、《集成》11636器下舊著錄都應删去《彙編》490，該劍收藏地點不是哈佛大學博物館。

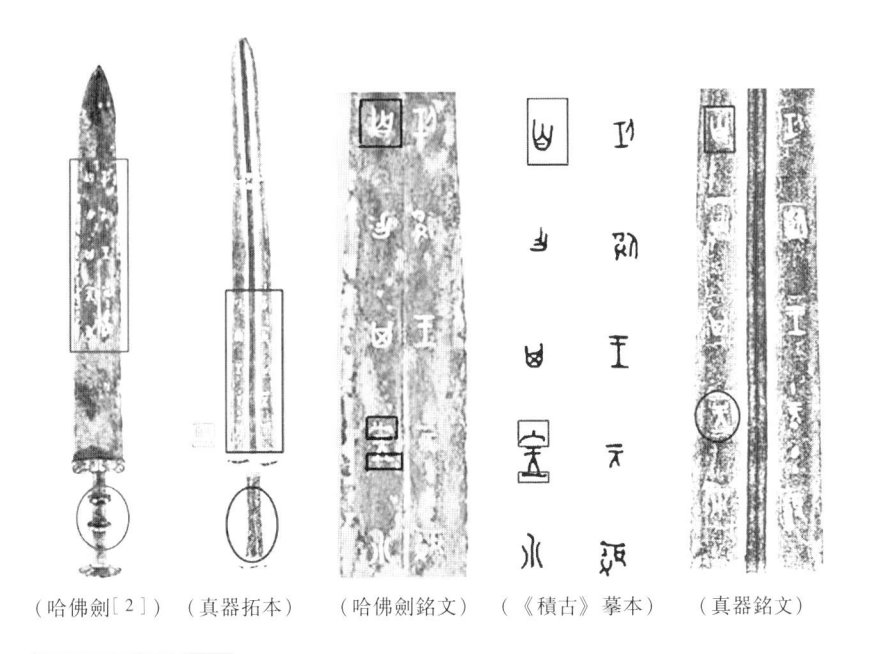

（哈佛劍[2]）　（真器拓本）　（哈佛劍銘文）　（《積古》摹本）　（真器銘文）

---

[1] 王恩田：《吳王夫差劍及其辨僞》，《吳文化研究論文集》，中山大學出版社，1988年，第147—153頁。

[2] 照片采自哈佛大學藝術博物館網站，http://www.harvardartmuseums.org/collections/object/204596?position=10。該器著錄於《通鑒》17934、《彙編》490。

《卷器咸陳——賈文忠、吳立波全形拓作品專場》公布了一件吳王夫差劍拓本，[1] 熊長云跋"此吳王夫差劍出《山左》，銘作'攻敔王夫差自乍其元用'。……"。該器器形與舊拓一致，且文字外依稀可見字模痕迹。

《銘圖續》1337 公布了一柄私人藏劍，從器形、文字等方面考量，應該就是本節討論的夫差劍，可知該劍現藏於某私人藏家。唯一不太一樣的是，舊拓中劍身上三分之一處斷裂，而照片中未見裂痕，不知是否已修復，俟考。

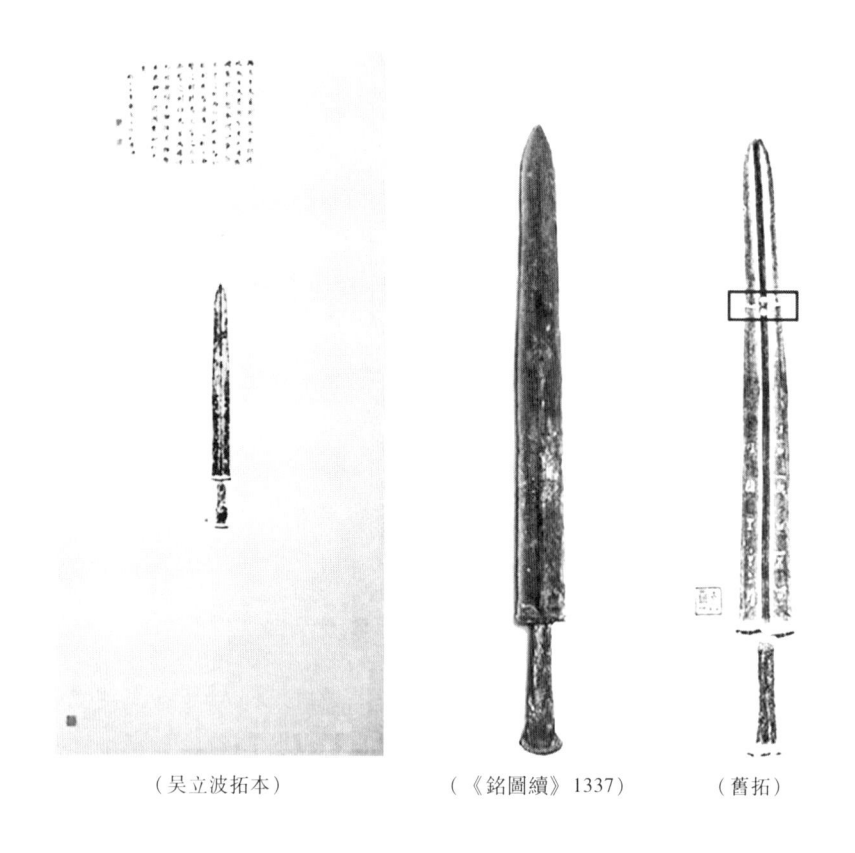

（吳立波拓本）　　　　（《銘圖續》1337）　　（舊拓）

---

[1] 北京卓德：《卷器咸陳——賈文忠、吳立波全形拓拍賣專場》，北京卓德 2014 年秋季藝術品拍賣會圖錄，第 97 頁。

（《銘圖續》1337）　　　　（舊拓）

【24】

名　稱：邗王是埜戈

收　藏：楊寧史舊藏，現藏北京故宮博物院

尺　寸：通高 6.9、通長 14.9、重 0.24 千克

著　錄：《故銅》263，《錄遺》569，《銘文選》536，《集成》11263，《商周》8370，《總集》7500，《集釋》88 頁，《南博集刊》8 期 52 頁圖 2，《吳越文》090，《故宮大典》716，《故銅館》074，《青銅器辭典》1312 頁，《吳越題銘》48，《通鑒》17076，《山右吉金》490（綫圖）

字　數：援兩面有銘文 8 字

釋　文：邗王是埜（野）乍（作）爲元用

來　源：器形采自《大邦之夢》，拓本采自《銘文選》

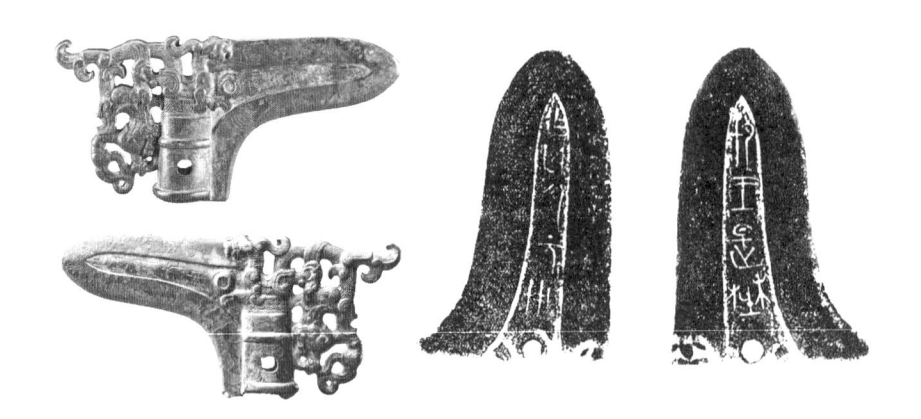

注　釋

郭沫若、施謝捷指出戈銘不少文字與趙孟疥壺同，文字風格亦相近。[1] 如圖：

	邗	王	爲
邗王是埜戈			
趙孟疥壺			

另據李夏廷研究：鳥獸形管銎戈爲晋文化特有，該戈具有晋國新田風格。[2] 所以不管是形制，還是銘文字體，邗王是野戈都有一定的晋文化特徵。

需要注意的是"埜"字的寫法，如下揭：

---

[1] 郭沫若：《吳王壽夢之戈》，《光明日報》1950 年 6 月 7 日，收入氏著：《奴隸制時代》，上海新文藝出版社，1952 年，第 141—146 頁，又收入《郭沫若全集·考古編》第 6 卷，科學出版社，2002 年，第 58—69 頁。施謝捷：《吳越文字彙編》，第 553 頁。

[2] 李夏廷：《"邗王是野戈"雜議》，《故宮博物院院刊》2008 年第 6 期。

左旁"木"形有些奇怪,故有學者認爲釋"野"可疑,[1] 或以爲從"亡"得聲,[2] 或與戰國文字 繋聯,認爲中間所從爲"予"之變形。[3] 細審拓片,該字中間既非從"亡",也與" " 上"才"不類。正如趙平安所云:"土旁左上的弧筆只是左邊木旁右下一筆的變形而已。"[4] 按,此字兩"木"形寫法並不一致,左上、右下作"∧"或"∨"形,而右上、左下作" "或" "。至於"土"上一斜點,當與右"木"旁上斜點一道視爲泐痕爲宜。綜之,該字就是古文字常見的"埜"。

六、吳季子之子逞劍及其僞劍

【25】

名　稱:吳季子之子逞劍

收　藏:歸德袁氏、孫承澤、徐渭仁、陳介祺等舊藏,[5] 現藏不詳

尺　寸:長三尺,臘廣二寸有半,重九鋝

著　録:《積古》8.20,《通藝録·劍銘附》,《攈古》2之1.57.3,《綴遺》29.9,*Bird Script* 圖1,《周金》6.94,《小校》10.99.4,《燕京學報》16期圖4,《中山學報》1964年1期圖19,《鳥蟲書》圖

---

[1] 施謝捷:《吳越文字彙編》,第553頁。
[2] 郭沫若:《吳王壽夢之戈》,《郭沫若全集·考古編》第6卷,第58—69頁。
[3] 吳良寶:《野王方足布幣考》,《江蘇錢幣》2008年第1期。
[4] 趙平安:《談談戰國文字中用爲"野"的"冶"字》,《第十三届古代漢語學術研討會論文集》,石家莊,2016年,第475—479頁;又"2016北京論壇·出土文獻中國古代文明"會議論文,2016年;刊於《嶺南學報》2018年第2期。
[5] 關於陳介祺收藏該劍的信息,目前我們僅知道在《簠齋積古金文》中收録了該劍拓本。陳氏是否確藏過該劍,仍值得繼續研究,故録於此存疑。

27,《鳥篆編》下 135,《兵圖》51 頁圖 16,《述編》上 5,《集釋》98 頁,《集成》11640,《商周》8639,《總集》7717,《書法研究》1996 年 3 期 66 頁圖 14,[1]《吳越文》046,《吳越題銘》15,《通鑒》17950,《國圖全形拓》840 頁

　　字　數：10 字

　　釋　文：吳季子之子逞之元用鐱（劍）

　　來　源：器形采自《周金》,摹本采自《積古》,拓本采自《周金》

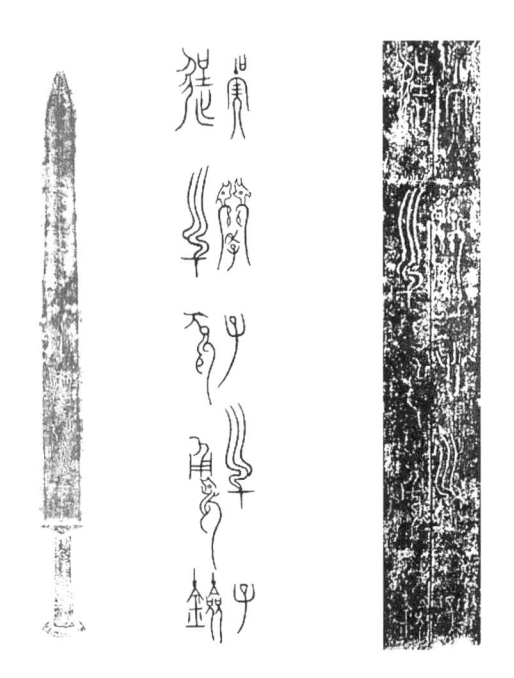

　　注　釋

　　該劍明末清初即已出土。清人詩文、筆記多有論及。如王士禎《精華錄》《池北偶談》卷一四,宋犖《筠廊隨筆》,朱彝尊《曝書亭集》卷四十六《周延陵季子劍銘跋》,陳維崧《看劍歌》,程瑤

---

[1] 叢文俊：《鳥鳳龍蟲書合考》,《書法研究》1996 年第 3 期。

田《通藝録·桃氏爲劍考》等。王士禎《精華録·雙劍行孫退谷侍郎席上作》記："古緑光射人，瓜皮出土争新鮮。錯落黄金書，列星明滅蒼浪天。"宋犖《筠廊隨筆》："又小劍一，上刻'延陵季子之子'。劍以黄金嵌之。"可知原銘當有錯金。

以今日古文字學水平視之，劍銘"吴季子之子逞之元用鐱（劍）"並無難解之處。不過需要特别交代的是左行第三字舊皆釋"永"，直到1934年容庚《鳥書考》才改釋爲"元"。[1]

摹本與摹刻本

《綴遺齋彝器考釋》《小校經閣金石文字》所録版本與之前著録的摹本書字稍有不同，羅福頤以爲《小校經閣金石文字》所拓是僞銘。[2] 其實，方濬益早已指出兩種版本的區别：

> 此銘《積古齋款識》已録。"吴"字中作三横畫，"季"字"永"字（引者按：即"元"字）之鳥爪形均誤摹。余視此拓亦多歧異，蓋所據爲摹本也。[3]

方氏以爲所據爲摹本，這一認識當基於翁方綱《跋吴季子劍銘》中的五點懷疑：

> 牧仲云："以黄金嵌字"，既嵌金矣，即使黄金極薄，亦必不能拓本如此之清晰，一也；不見劍脊之縱痕，二也；後五字之下半太偏向左，不留劍脊中梁之地，三也；八字極繁，而二子字太簡，四也；古器物不應如此清晰如新鑄者，五也。李秋錦詩云："歲久臘就頯，中作黍米缺。"此亦劍鋒已缺之一驗也，而何以其臘銘之字完净如此？豈退谷别摹其文爲一紙歟？[4]

---

[1] 容庚：《鳥書考》，《燕京學報》第16期，1934年，第95—203頁。
[2] 羅福頤：《小校經閣金文僞銘録目（初稿）》，《古文字研究》第11輯，中華書局，1985年。
[3] 方濬益：《綴遺齋彝器考釋》，民國二十四年（1935年）涵芬樓石印本，第29卷第10頁。
[4] 翁方綱：《跋吴季子劍銘》，《翁方綱題跋手札集録》，第468頁。

方濬益據此認爲：

> 退谷當時既矜重此劍，必有摹刻之舉，拓以傳世。而余此本與翁氏所見正同，當即退谷別摹之本。故文字並清晰如新，鎸而不見中脊之縱痕。

比照翁、方二氏的描述和《綴遺齋彝器考釋》所錄摹本，《小校經閣金石文字》的拓本顯然就是所謂的"摹刻本"。需要注意的是，《小校經閣金石文字》所錄只有文字，並無器形，這更加大了該拓來自摹刻的可能性。

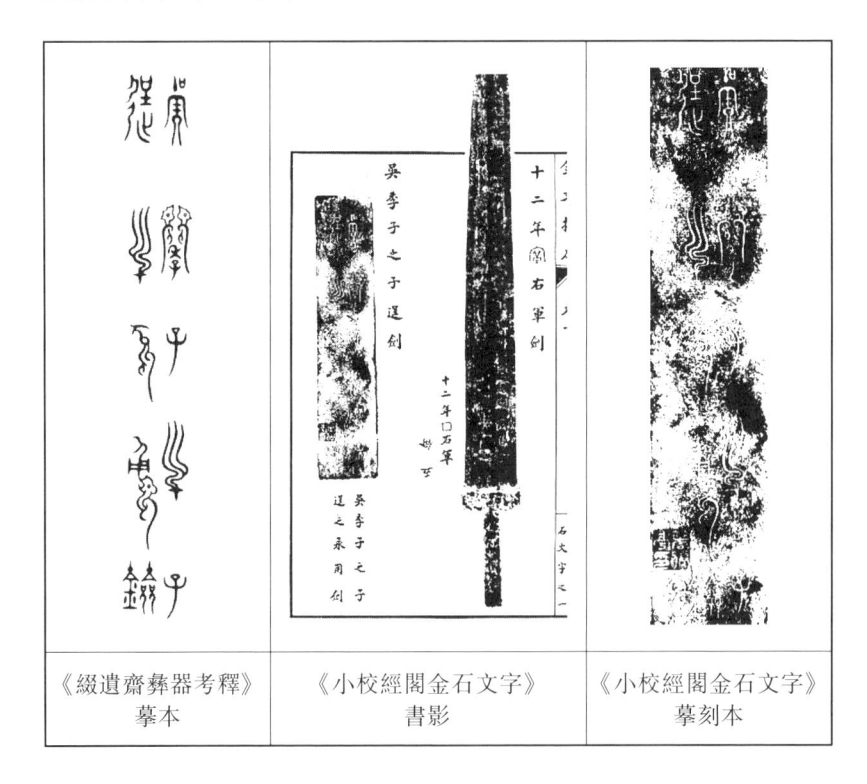

《綴遺齋彝器考釋》摹本	《小校經閣金石文字》書影	《小校經閣金石文字》摹刻本

遞 藏 流 轉

過去都以爲此劍第一位藏家是北平退谷孫承澤。關於遞藏流轉，至少還有兩人可補，"歸德袁氏"才是目前所知的第一位收藏

者。孫退谷題跋云:

> 舊在睢陽袁氏家,曾向余言,收買時一字酬以十金。[1]

又李錦秋《玉劍》自注:

> 又銅劍一,有文曰"吳季子永保用之劍",向藏歸德袁氏,今亦歸少宰。[2]

清歸德府即今河南商丘市睢陽區。

該劍道咸時爲上海徐渭仁庋藏。仲威公布了上海圖書館藏"吳季子之子逞之劍"拓本(A拓[3]),[4] 右側錄王漁洋《雙劍行》,左側錄孫承澤跋文,落款署"退道人記",但未鈐孫氏印章。與程瑤田所錄跋文相較,開頭多出"退谷跋右劍銘吳季子之子保之用劍"數字,且筆迹也與孫承澤書風不一,所以該拓題跋爲後人照錄,不是孫氏手迹。

拓本鈐有印章四枚,其中"上海徐渭仁收藏印""紫珊藏器""上海徐氏寒木春華館道光壬午後所藏"三方爲清代徐渭仁收藏章。徐渭仁,上海人,字文臺,號子山、紫珊、不寐居士,道咸年間著名金石學家、藏書家、書畫家。從印文"道光壬午(1822)後藏"、"紫珊藏器"判斷,徐氏收藏該劍當在陳介祺(1813年生)之先。

此外拓本左下還有一方"淵雷室藏"印。嚴載如(1897—1992),名昌堉,號二民居士,齋名淵雷室,三佩簃,是當代上海著名詞人,藏家。嚴氏是拓本的收藏者,與該劍無關。

---

[1] 孫退谷跋文收錄在程瑤田《通藝録·桃氏爲劍考》一文中。不過黃山書社出版的《程瑤田全集》這句話標點錯誤,以至文義難解。見陳冠明等校點:《程瑤田全集》第2册,黃山書社,2008年,第163頁。

[2] 李良年:《秋錦山房集》第二卷,清康熙刻乾隆續刻《李氏家集四種》本。

[3] A拓本中的劍下文記作A劍,B拓本中的劍記作B劍,以此類推。

[4] 仲威:《金石善本過眼録·〈古劍拓本合軸〉徐子爲藏本》,《藝術品》2016年第1期。下文提到仲先生觀點皆出此文,不再注出。

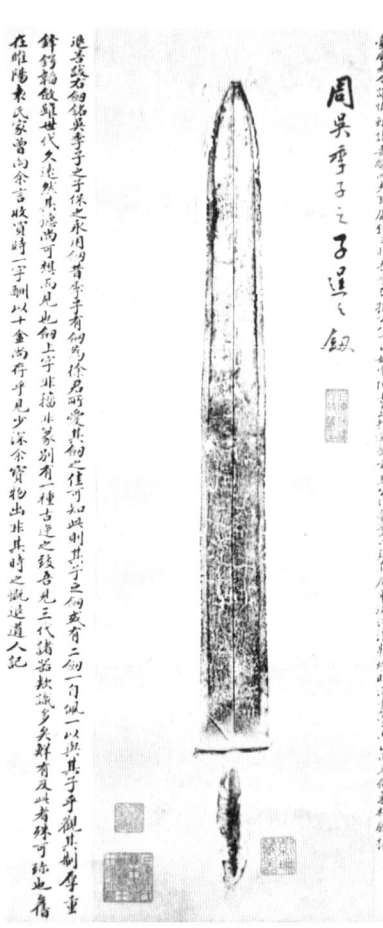

A 拓收藏章：

僞　　劍

仲威在文中還公布了另一件吳季子之子劍的拓本（B 拓）。仲先生將之與 A 拓比較後，認爲 B 拓"劍身明顯中斷，銘文已經完全剔出,字字清晰。諦視之,兩劍之銘文書刻,亦迥然不同。若以金石氣推定,此拓出自摹刻無疑"。A、B兩拓不管在器形還是文字上,都有很大差異。最爲關鍵的是 B 劍左第三字徑作"永",顯然是根據過去錯誤釋文鑄造的,因爲直到 1934 年容庚才第一次認出該字應是"元"字。可以肯定 B 劍是一把根據舊釋文仿造的僞劍。

B 拓右側有民國十九年(1930)費樹蔚題詩,中有自注云:

> 吕曼叔先生得之西安市上,亂後散出,莊思翁後得之,以貽稼農,<u>吕稼農外王父莊稼農之舅</u>。[1]

仲先生據此推斷吳季子之子劍的流傳過程是:

> 舊經孫承澤、陳介祺遞藏。清末民初期間,此劍又經吕曼叔、莊思翁、吕稼農遞藏,後聞一度流入日本,再經吳佩孚將軍重新索回,今藏故宫博物院。

這段文字有不少錯誤。

其一,既然仲先生也承認 B 劍是根據 A 劍僞造的,那最早就不會是經"孫承澤、陳介祺遞藏"的了。

其二,"莊思翁""吕稼農"人名是錯誤的。要説清這個問題,請看下面一則史料。金天羽《題吳季子之子逞之劍拓本爲武進<u>吳稼農大令葭</u>》詩序:

> 此劍已載阮文達《積古齋鐘鼎款識》。清同治中,武進吕曼叔觀察潼商得之長安市,光緒戊申在里門爲人盜去,售之<u>莊思緘</u>,乃貽其甥稼農,築説劍樓藏之。庚午夏,稼農來長吳江,以拓本見贈,且知文達摹本尚有訛字也。[2]

---

[1] 下劃綫爲筆者所加。該句仲先生未斷句,下面我們將會重點討論這句話。
[2] 金天羽著,周録祥校點:《天放樓詩文集》(上),上海古籍出版社,2007 年,第 306—307 頁,其中"吕曼叔",點校本錯爲"吕曼村"。

與費樹蔚題詩自注對讀，可知"莊思翁"本名"莊思緘"，云"翁"者，乃敬稱，其例如近代呼李多奎爲李多爺，趙樸初爲趙樸老。"稼農"是"吳稼農"，武進吳氏乃近代望族。稼農是近代著名文物鑒定家、故宮博物院創建人之一吳瀛之兄，劇作家吳祖光伯父。仲文之所以錯爲"呂稼農"，實源於對費跋的誤讀。呂稼農若爲一人名，則必又有莊稼農，一族之內豈得如此重名？實"<u>呂稼農外王父莊稼農之舅</u>"應斷爲"呂，稼農外王父；莊，稼農之舅"。呂曼叔是稼農的外祖父，[1] 而莊思緘是稼農的舅舅。這樣讀來，根本不存在"呂稼農"其人。

從金天羽的記錄看，吳稼農又名葭，是 B 劍的所有者，這也與 B 拓左上"吳葭"題跋合節。仲文懷疑"吳葭"是吳大澂小女、費樹蔚之妻吳本靜，更是没有道理。

其三，A、B 兩劍都不藏於故宮博物院。據了解，1979 年故宮確收購一柄季子之子劍，但與 A、B 兩劍無涉。[2]

1930 年該劍收藏者吳葭在《東方雜誌》上發表了 B 劍照片（見下圖），[3] 並作了相關説明：

> 此劍爲孫退谷舊物，漁洋、竹垞、牧仲諸老咸有題詠。阮文達載入《積古齋款識》中，吳侃叔釋之曰"吳季子之子逞之永用劍"，所謂一字千金者也。清同治中，余妻祖呂曼叔先生觀察潼商，得之長安市上。光緒戊申爲人竊出，舅氏莊思緘先生得之毘陵，因以見貽。劍已斷爲三截，紅翠斑駁，古澤黝然。
>
> 戊辰夏説劍樓主人吳葭記

---

[1] 從後文所引吳葭自述可知，呂曼叔實爲吳氏妻祖。

[2] 蒙故宮博物院楊安先生見告，故宮藏吳季子劍標注來源爲"收購於 1979 年第一期"，備注"僞價 3 元"。該劍没有任何提用、拍攝的記錄。我們以爲這把劍就是 1971 年出現在陝西三原縣某廢品收購門市部的"季子之子"殘劍，從銘文判斷，顯然是贗品。所謂"僞價 3 元"，猜測很可能就是"僞，購自三原"的傳寫錯誤。

[3] 吳葭：《吳季子之子逞劍》，《東方雜誌》第 27 卷第 1 號，1930 年，第 58 頁。此照片是作爲補白附在陳之佛《中國佛教藝術與印度藝術之關係》一文之後。

第一章 吳國王名資料選釋 77

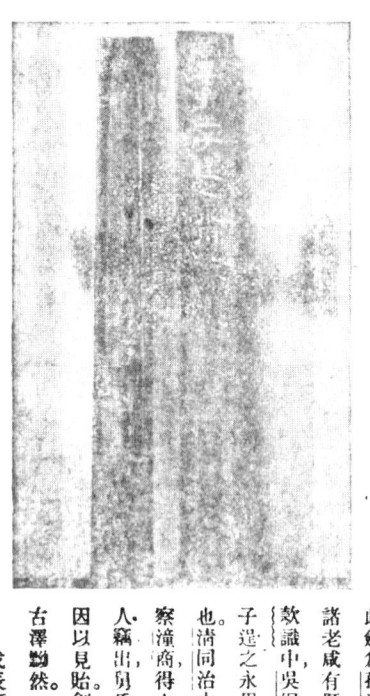

吳季子之子逞劍

此劍為孫退谷舊物,漁洋竹垞牧仲諸老咸有題詠,阮文達載入積古齋款識中,吳侃叔釋之曰「吳季子之子逞之永用劍」,所謂一字千金者也。清同治中,余姜祖呂曼權先生觀察潘商得之長安市上,光緒戊申為人竊出,別氏莊思緘先生得之毘陵,因以見貽,劍已斷為三截,紅翠斑駁,古澤黝然。

戊辰夏說劍樓主人吳廕記

《東方雜誌》書影

　　吳氏所述內容與費樹蔚題跋及金天羽詩序一致,且還透露了至少在民國戊辰年(1928),該劍已斷為三截了。這與庚午年(1930)吳氏題跋的拓本上劍身中間處裂為三段吻合。不過可惜的是,限於當時的印刷條件,我們無法從照片中看到銅劍更多細節。該劍現藏不詳。

　　除了上文討論的 B 劍外,目前我們所知,還有幾把偽"季子之子劍",下面也一併介紹。

1931年《中華畫報》刊布了一張吳季子之子劍照片，除標明"覺民贈刊"外，未透露任何信息。[1] 見下圖C。照片雖漫漶不清，但仍可看出銘文纖細無力，在能看清的幾個字中，"逞"字作"🗌（負片）"，所從"口"字寫法也很奇怪。C劍也應是仿品。

　　1971年陝西三原縣南大街廢品收購門市回收有一柄殘劍，[2] 見圖D，[3] 現存8字，施謝捷認爲屬仿作贋品，[4] 可從。"季"字構形與真器相較，鳥足與身體分離，或釋爲"北孝子"，《新收殷周青銅器銘文暨器影彙編》誤釋爲"北字"。D劍可以肯定是僞造的。

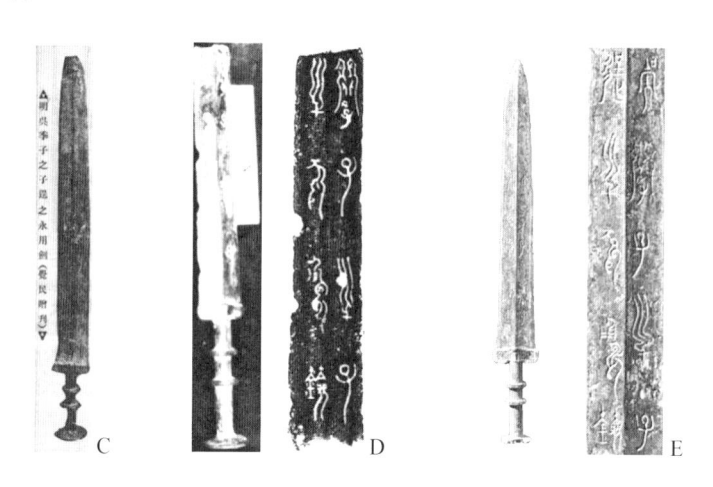

C　　　　　D　　　　　E

　　《銘圖續》1344著録了一件2015年9月日本東京中央拍賣會出現的"季子之子劍"，如圖E所示。我們認爲E劍亦僞。首先，《周金》真劍拓本中銘文首字起於劍身中段處，而E劍銘文占據了

---

[1] 覺民：《明吳季子之子逞之永用劍》，《中華畫報》1931年第1卷第7期。
[2] 著録於《文博》1996年第4期86頁、《新收殷周青銅器銘文暨器影彙編》1741、《吳越題銘》16、《通鑒》17929。
[3] 器形、銘文采自《文博》。
[4] 施謝捷：《吳越文字彙編》，第541頁。

劍身三分之二强，這類字大行疏的行款本身就很可疑。其次，E 劍劍柄有箍，也與真劍不類。其三，銘文未錯金，也不符合文獻的記載（當然也不排除後來脱落的可能）。所以 E 劍銘文雖與《積古》所録摹本高度一致，但仍可以判斷屬於仿品，我們懷疑很可能就是據《積古》摹本所作。

下面我們把諸劍銘文所在位置及劍莖用框綫標識出來：

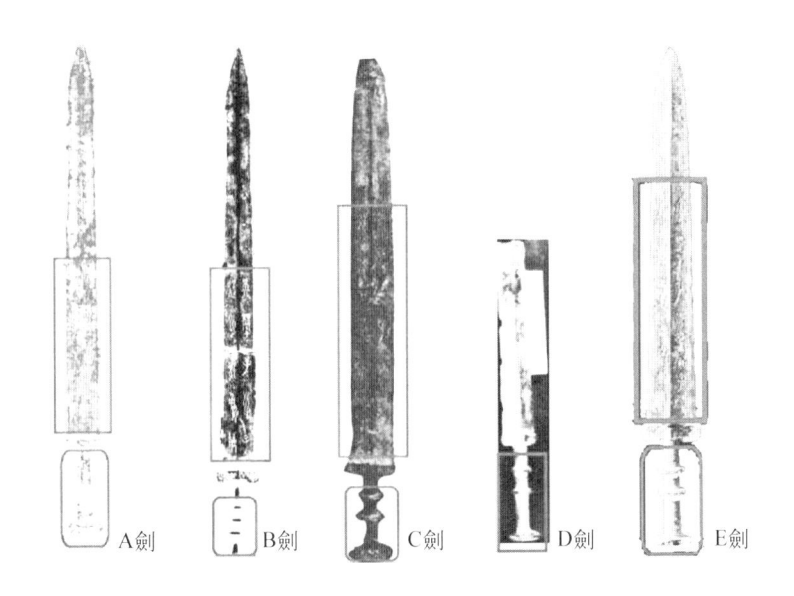

A劍　　B劍　　C劍　　D劍　　E劍

可以看出，A 劍劍格、劍柄與其他四把都不類。B 劍在第二行"季""之"二字下有斷痕，且銘文位置位於劍身的比例也與 C、E 有别。C 劍與 E 劍器形、銘文位置一致，但 C 劍劍鋒殘斷，那麽最近出現的 E 劍會不會是經修復過的 C 劍呢？又，1971 年出現的 D 劍會不會是殘斷後的 C 劍呢？答案是否定的，因爲銘文字迹存在差異。就拿"季子"之"子"來説，C 劍作"■"，與 D 劍"■"、E 劍"■"，三者各不相同。通過以上討論，暫抛開真僞不談，目前至少可以肯定已有五柄不同的"季子之子劍"。

最後，將本節討論的吴季子之子劍及其仿製品用表格展現如下：

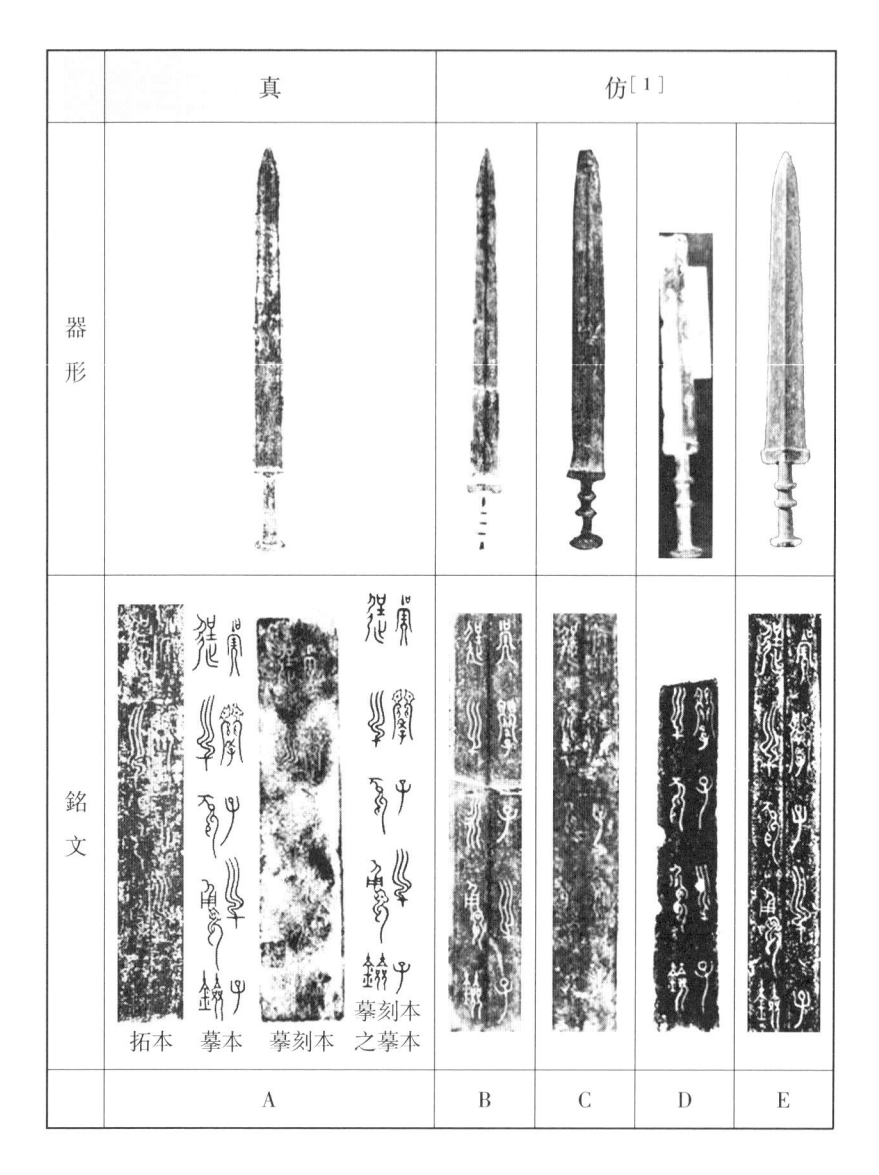

	真	仿[1]			
器形					
銘文	拓本　摹本　摹刻本　摹刻本之摹本				
	A	B	C	D	E

　　B、C、D、E四劍器形相仿：凹形格，莖上有箍。B劍購自西安，D劍於陝西三原縣被發現。此外，《陶齋吉金錄》卷三也收錄

---

[1] 目前可以確定B、D必偽。C、E是仿造品的可能性也是極大的，但限於材料，目前都似乎沒有關鍵的證偽證據。不過可以肯定，這幾把劍都不是孫承澤的舊藏。

一把低仿的"吴季子劍",[1] 其釋文爲"吴季子用元用之劍",文字拙劣,語義不通,歷來都認爲是僞品。李葆恂云:"光緒丁未,陝西回人蘇估持此劍來金陵,售於端忠愍公。"[2] 可見,至少有三柄僞"季子之子"劍都與陝西有關。

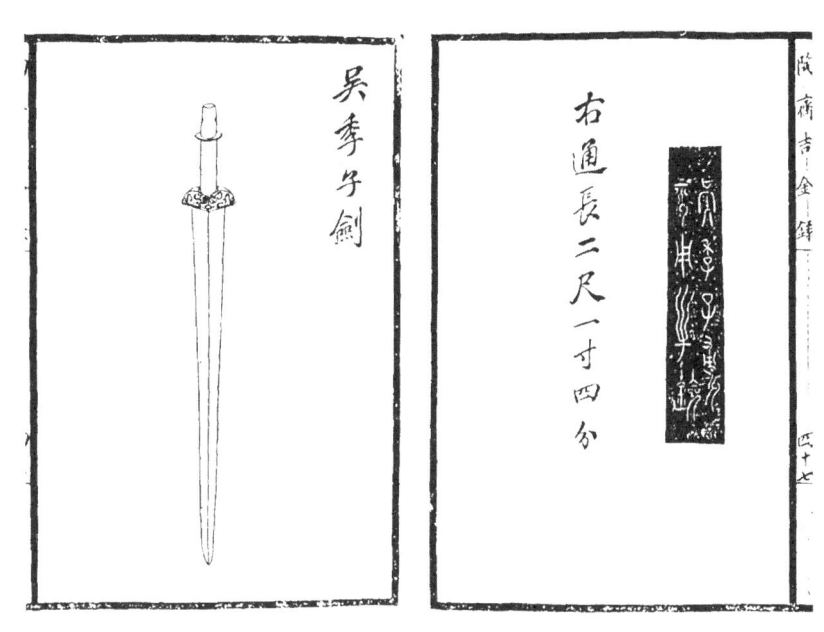

《陶齋吉金録》書影

陳介祺《簠齋尺牘》中,[3] 有多處提及陝西銅器僞作,今揀選幾則如下:

> 1. **陝中**似又有一識字作僞新手,蘇七不知則不能辨,眼力自遜其兄,未必有心。今日爲有力者之利,早就出人才不少,甚難覺察,同好當共審之。[4]

---

[1] (清)端方:《陶齋吉金録》卷三,宣統元年(1909)石印本,第47頁。
[2] (清)李葆恂:《三邕翠墨簃題跋》卷一第5頁,轉引自容庚《鳥書考》。
[3] 陳敬第輯:《簠齋尺牘》,商務印書館涵芬樓影印,1919年。
[4] 致鮑康。

2. 近日**關中**又別出一種通文理人偽作，蘇七或不知或知，未可定，終是無力量無法度，不可不慎也。[1]

3. **陝偽**須防。[2]

4. **長安**來人云，售劍者善作偽。[3]

從以上幾則史料可以想見，清末陝西偽作銅器風氣之盛。我們懷疑當時陝西曾偽造過一批吳季子之子劍，這幾把劍可能都出自陝西，或許將來還能發現更多"季子之子"劍出自"陝西造"。

---

[1] 致鮑康。
[2] 致吳大澂。
[3] 致王懿榮。

第二章　越國王名資料選釋

一、句踐

【1】

名　稱：越王之子勾踐劍

出　土：傳安徽壽縣

收　藏：黃濬、陳仁濤舊藏

尺　寸：膒長47，寬4.5，莖長8.4，首徑3.7

著　錄：《録遺》593.1—2，《金匱》36頁，《中山學報》1964年1期圖8，《鳥蟲書》圖28，《鳥蟲增》圖44，《鳥篆編》下70，

《商周》8611,《集成》11594,《總集》7698,《述編》下 2,《吴越文》121,《尊兵》201 頁,《集釋》200 頁,《銘文選》551,《吴越題銘》71,《通鑒》17875

字　數:劍格鑄銘文 8 字

釋　文:戉(越)王戉(越)王。之子旮(句)嗒(踐)

來　源:器形采自《金匱》,拓片采自《尊兵》

注　釋

銘文舊讀爲"越王句踐之子"。[1] 張振林據越王者旨於賜劍和越王州句劍銘文釋讀順序(如下圖),總結出越王劍劍格銘文釋讀規律:

(一)有"戉王"者爲正面,應先讀;無"戉王"者爲背面,當後讀。

(二)同一面的銘文,右半邊先讀,左半邊後讀。

(三)同一面的兩邊若文字相同,則以中脊爲軸,左右兩邊文字對稱。

所謂"越王句踐之子",實爲"越王之子句踐",該劍製作時代是目前所知越國銅器中最早的。[2]

張説正確可從。[3]

---

[1] 這裏僅舉一些重要的著録。孫稚雛:《金文著録簡目》,中華書局,1981 年,第 400 頁;[日]林巳奈夫:《中國殷周時代の武器》,京都大學人文科學研究所,第 228、576 頁,等等。此外,《鳥書考》著録作"越王之子劍",王名二字未釋,容先生懷疑是句踐,見容庚:《鳥書考》,《中山大學學報》1964 年第 1 期。

[2] 張振林:《關於兩件吴越寶劍銘文的釋讀問題》,《中國語文研究》第 7 期,1985 年,第 35—36 頁。

[3] 張文發表後,大部分學者已信從該觀點,如曹錦炎《鳥蟲書通考》、施謝捷《吴越文字彙編》、董楚平《吴越徐舒金文集釋》,但仍有堅持舊説者,如《殷周金文集成(修訂增補本)》,中華書局,2007 年。孫合肥撰《越王句戔之子劍銘補釋》(《中國文字研究》第 19 輯,上海書店出版社,2014 年,第 50—53 頁)一文,重申了這一看法。

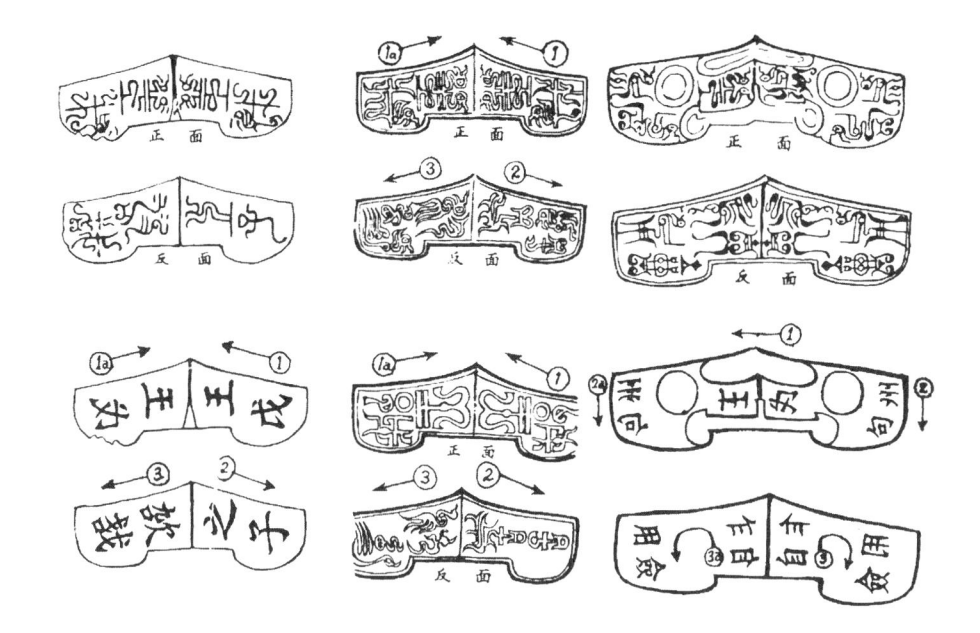

【2】

名　　稱：越王之子句踐劍

收　　藏：黃濬舊藏，現藏哈佛大學賽克勒藝術館

尺　　寸：劍格長 6、寬 2

著　　錄：《鳥蟲書》圖 29，《鳥蟲增》圖 45，《鳥篆編》下 71，《集成》11595，《吳越文》122，《吳越題銘》72，《通鑒》17876

字　　數：劍格鑄銘文 8 字

釋　　文：戉（越）王戉（越）王。之子旮（句）戔（踐）

來　　源：器形、拓片采自《集成》，摹本采自《吳越文》

注　釋

王名首字，施謝捷以爲"似合'旮'、'句'爲一體，或釋欳，不妥"，[1] 可從。其實不但【2】釋"欳"不妥，【1】【3】兩器該字也不應釋作"欳"。

[1] 施謝捷：《吳越文字彙編》，第 570 頁。

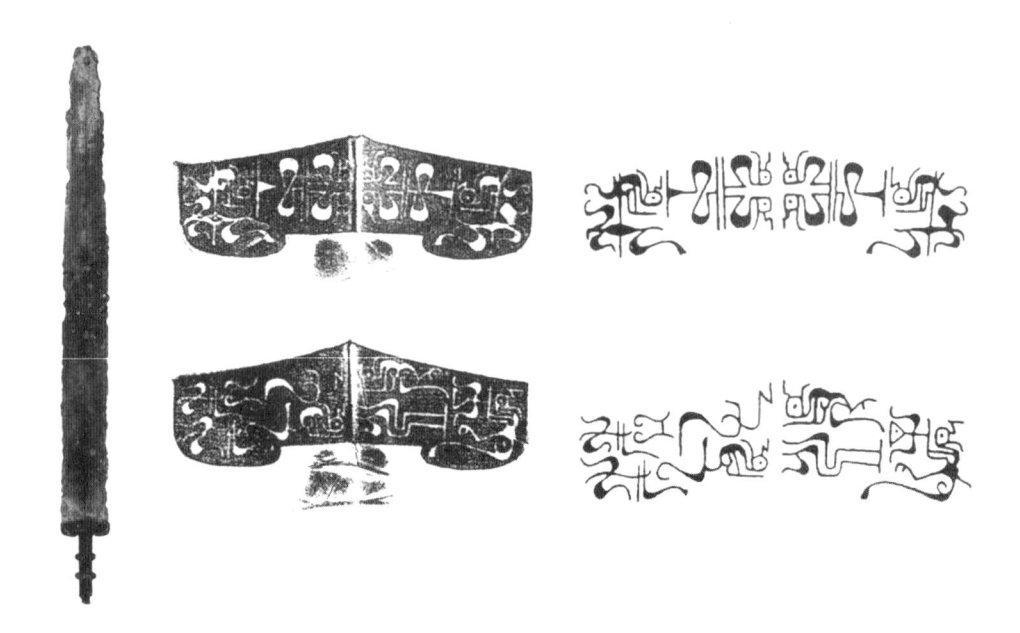

【1】	【2】	【3】
	（摹本）	（負片）

前兩"咠"右旁皆是綴加鳥形。或以爲是"欠"字,[1] 其實右上是裝飾性的鳥首之形,釋作"欨"是不準確的。【3】右旁是鳥形的綫條化減省,也不是"欠"。此字徑釋"咠"即可。

【3】
名　稱：越王句踐劍

---

[1]《殷周金文集成》《鳥蟲書通考》《吳越文字彙編》《商周金文通鑒》《吳越題銘研究》等皆將右旁隸爲"欠"。

出　　土：1965 年秋湖北江陵縣馬山區裁縫店望山 1 號楚墓

收　　藏：湖北省博物館

尺　　寸：通長 55.7、寬 4.6、柄長 8.4，重 0.875 千克

著　　錄：《文物》1966 年 5 期圖版 1.2—3，[1]《文物》1973 年 9 期圖版 1，[2]《書道》26 補遺插圖 12，《文物展補》17，《三十年》圖版 25.3，《三代補》859，《江漢論壇》1980 年 1 期封底，《鳥蟲書》圖 30，《湖北省博》165，《鳥蟲增》圖 46，《銅全》11.100，《鳥篆編》下 72，《集成》11621，《總集》7697，《商周》8609、8620，《吳越文》123，《銘文選》550，《辭典》796，《美全下》48，《集錄》889，《兵圖》54 頁圖 10，《古文字》13 輯 350 頁銘 90，[3]《書法大辭典》1038 頁，《新探》348 頁，《述編》下 1，《金文選》163，《書錄》58，《三百品》161，《輯證》298，《集釋》204 頁，《工藝》111，《望山》51 頁圖 32，《荆州》125 頁，《透過鏡頭》152 頁，《古越遺珍》7 頁，《精粹》74，《吳越文化》48，《江漢湯湯》192—193 頁，《走近大越》82—86 頁，《青銅器辭典》316 頁（拓）、1331 頁（器），《吳越題銘》73，《通鑒》17874，《大邦之夢》11—12 頁，《東方既白》53 頁，《出土全集》13 卷 672 頁 557，《越王時代》166、167 頁

字　　數：銘文 8 字

釋　　文：郞（越）王㐌（句）潛（踐），自乍（作）用鐱（劍）

來　　源：器形、銘文照片采自《精粹》，拓本采自《集成》

注　　釋

該劍出土經過與銘文釋讀過程，譚維四《關於越王句踐劍

---

[1] 湖北省文化局文物工作隊：《湖北江陵三座楚墓出土大批重要文物》，《文物》1966 年第 5 期。

[2] 荆州地區博物館：《湖北江陵藤店一號墓發掘簡報》，《文物》1973 年第 9 期。《通鑒》錯引爲 "1973 年第 6 期"。

[3] 劉彬徽：《湖北出土兩周金文國别年代考述》，《古文字研究》第 13 輯，中華書局，1986 年，第 239—352 頁。

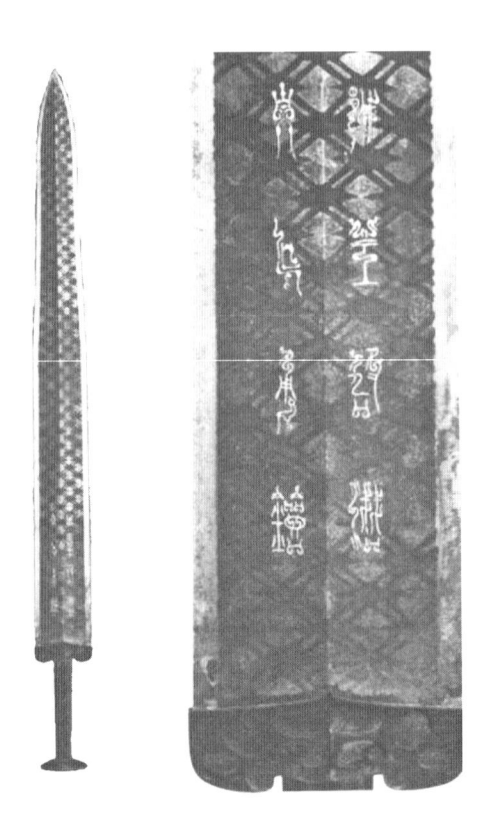

銘文的考釋經過》[1]《奇寶淵源——越王勾踐劍與吳王夫差矛瑣記》,[2] 陳振裕《越王勾踐劍親歷發掘記》[3] 等文有詳細介紹,大致如下:

1965 年 12 月 26 日,保管員在清洗文物時,發現劍身兩行鳥篆銘文。正在發掘現場指導工作的方壯猷帶領工地考古工作者釋讀出了"越王""自乍用鐱"。關於越王的名字,方壯猷以爲是"邵滑",可

---

[1] 譚維四:《關於越王句踐劍銘文的考釋經過》,《江陵望山沙冢楚墓》,文物出版社,1996 年,第 313—318 頁。
[2] 譚維四:《奇寶淵源——越王勾踐劍與吳王夫差矛瑣記》,《文物天地》1986 年第 5 期,又譚維四、白紹芝主編:《文物考古與博物館論叢》,湖北美術出版社,1993 年,第 153—158 頁。
[3] 陳振裕:《越王勾踐劍親歷發掘記》,《光明日報》2016 年 4 月 7 日。

能是越王無疆之子越王玉。工地上其他文物工作者持有不同的看法。

1965年12月28日至1966年1月上旬，方壯猷分別給郭沫若、唐蘭、于省吾、容庚、徐中舒、商承祚、夏鼐、陳夢家、朱芳圃、蘇秉琦、史樹青、顧鐵符、羅福頤、胡厚宣、王振鐸、馬承源等學者去信討論器主名字，收到回信四十餘封。[1] 事後，方先生將各方信件彙輯成册，題爲《楚墓通訊》，現藏湖北省博物館。[2] 較有代表性説法如次：

1966年1月5日，唐蘭：

> 承示江陵西發現越王墓，從寄來劍銘看，應是越王勾踐。原文作"邵王龺淺自乍用鐱"。……"龺"旁作鳥形，……"潜"即淺。"龺"與"勾"音近，"淺"與"踐"只是偏旁不同罷了。越王勾踐至目前爲止，還没有發現過銅器，這是一個大發現，敬以奉賀。

1966年1月6日，唐蘭：

> 昨匆匆奉復，未詳考，隨後又想到"鳩"應釋爲"鳩"，"鳩淺"即"勾踐"無疑，不必釋"鳩"爲"龺"，而以鳥形爲增繁的符號。"鳩""勾"古音都在幽部，聲母都爲見母，是完全可以通假的。

1966年1月6日，郭沫若：

> 元旦來信及附件均收到，"邵滑"確如所釋，此人既爲越王，此劍出於楚墓，可見是楚所扶持的越奸。

1966年1月8日，陳夢家：

> 夏所長轉示元旦來信並劍銘兩件，曾作了初步的研究，認爲

---

[1] 譚維四文記收到回信三十餘封。此從陳振裕説。
[2] 譚維四：《方壯猷先生與湖北的文物考古事業》，《江漢考古》1987年第2期。

劍銘應讀作"越王勼淺","勼"即《説文》"勹"字,"勼淺"疑即越王勾踐。……若所釋不誤,則此次出土是第一把越王勾踐劍。

1966年1月10日,夏鼐回信表示同意陳夢家的看法。

1966年1月12日,陳夢家:

昨晤唐蘭,彼亦釋江陵新出一劍爲"越王勾踐",惟第三字作"鳩",我細看"戉王雄淺之子"兩劍,第三字作雄,從隹甚明,故應改釋爲"鳩",前釋"勹"(《説文》讀爲鳩)有誤,特爲更正。此劍是勾踐所作,已可肯定。……

1966年1月16日,商承祚:

越王劍其名䛐䜌……第一字非䢼,因其右旁不是從弓,考其偏旁與嬰次鑪等之次同,則當譯寫爲俈,從口佚聲,或從人詯聲,抑即詯之異體字。第二字如寫正其筆畫則作淺,可能淺之繁文。……詯淺爲越某王,一時我不敢肯定,從各王名見於史書者無全同之音,但初步我傾向於勾踐。

1966年1月20日,于省吾:

關於劍銘所釋"䢼滑"和"䢼淺"均未確。鄙意摹作䛐䜌應釋作"句䜌",即"句䜌",也即"勾踐"。句字從䘣即從勹,其重勹,古文單雙每無別。䜌從重弋,古文從弋從戈在偏旁中每相混,金文習見。至於其字左側是否從彳或從水,與釋"勾踐"並無影響。因原拓本不清楚,……踐字從彳與從足同義,均爲行動上的表示。

1966年2月17日,徐中舒:

越王䢼淺劍現在細加辨認,䛐䜌上一字從勹、九兩聲,當釋爲句,句從勹從口,此又增九聲乃句之繁文,勹旁增二畫亦繁文,淺從弋,石鼓文從戈之字作弋即與弋同,故此亦可釋淺即踐之異文，是此劍釋爲越王勾踐劍，在文字上實無可疑矣。又攻敔王光戈銘文字體亦與此劍極相似，攻敔王光即吳王闔閭，闔閭與勾踐實同時人，亦可爲旁證。

1966年2月10日，方壯猷綜合各方意見，告知郭沫若，并附上了清晰的拓片和摹本，同時談了自己的看法。

1966年2月28日，郭沫若：

二月十日信接到。……細審確是勾踐之劍。

經過兩個多月的討論，至此，器主爲越王勾踐已成定論。第一個考釋出的是唐蘭，不過需要注意的是，唐先生1月6日的改動並不正確。上文我們已討論過"䧹"的字形，應以1月5日唐蘭看法爲是。

二、者旨於睗

【4】

名　稱：越王者旨於睗戈

出　土：1959年12月安徽淮南市八公山區蔡家崗趙家孤堆2號墓（M2.19.3）

收　藏：安徽博物院

尺　寸：通長18.8、援寬1.5、闌高13.5、內長3、寬3

著　錄：《考古》1963年4期209頁圖4，[1]《中山學報》1964年1期圖7，《總集》7520，《商周》8390，《鳥蟲書》圖37，《鳥蟲增》圖66，《鳥篆編》下77，《集成》11310，《安徽金文》85，《銘文選》556，《新探》355頁，《述編》下4，《集釋》224頁，《書法研究》1996年3期71頁圖27，[2]《吳越文》125，《安徽銘文》44頁圖34.1，《吳越題銘》74，《通鑒》16933

---

[1] 安徽省文化局文物工作隊：《安徽淮南市蔡家崗趙家孤堆戰國墓》，《考古》1963年第4期。

[2] 叢文俊：《鳥鳳龍蟲書合考》，《書法研究》1996年第3期。

字　數：胡的正背面各有錯金銘文 2 行 6 字

釋　文：戉（越）王者旨於睗。或亥郚□之日

來　源：拓本采自《集成》，摹本采自《吳越文》

【5】

名　稱：越王者旨於睗戈

出　土：1959 年 12 月安徽淮南市八公山區蔡家崗趙家孤堆 2 號墓（M2.19.4）

收　藏：安徽博物院

尺　寸：通長 15.9、內長 1.1

著　錄：《考古》1963 年 4 期 208 頁圖 3，《鳥蟲書》圖 37，《鳥蟲增》圖 67，《鳥篆編》下 78，《集成》11311，《商周》8393，《總集》7519，《集釋》223 頁，《吳越文》126，《吳越文化》58，《安徽銘文》46 頁圖 34.2，《吳越題銘》75，《通鑒》16934

字　數：胡的正背面各有錯金銘文 2 行 6 字

釋　文：戉（越）王者旨於睗。哉亥郭□之日

來　源：器形采自《吳越文化》，拓本采自《集成》

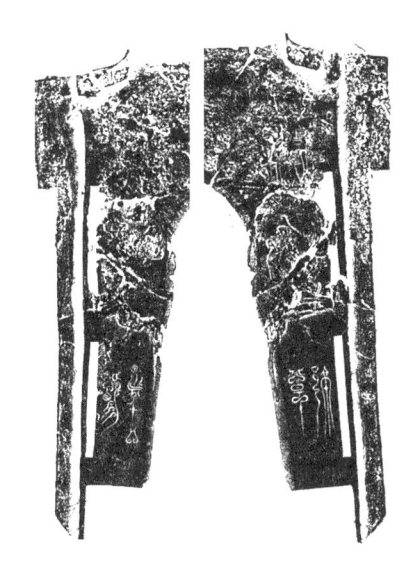

注　釋

上二戈銘文全同，除王名外銘文釋讀爭議較大。陳夢家以王名一面爲反面，釋文作"□□餘□□王，[戉]王者[旨]於睗"。[1] 容庚云："胡正面銘：'戉王者旨於睗'兩行六字，戉、旨二字泐蝕不可辨，背面銘兩行六字，不可識，均錯金，鳥書者三字。"[2]

陳、容二先生對戈正背看法不同。吳振武據形制相近的曾侯乙戟指出應以記"戉王者旨於睗"的一面爲正面，且兩面銘文不應接讀。故應以容說爲是。[3]

殷滌非認爲戈背銘文首字从"戈"得聲，第二字釋"辛"，讀若"愆"。《詩·伐木》"愆""踐"相叶，"愆""踐"同在元部，

---

[1] 陳夢家：《蔡器三記》，《考古》1963年第7期。
[2] 容庚：《鳥書考》，《中山大學學報》1964年第1期。
[3] 吳振武：《蔡家崗越王者旨於睗戈新釋（提要）》，《古文字研究》第23輯，中華書局，2002年，第100—101頁。

古同韻通假。第三字從陳夢家釋"徐",因舊注"徐者,皆、共之辭也",是"徐"通假"俱"的明證,"俱""句"古屬侯部,音近。第二行首字很像是"丸","戈慫俱丸"和"笱趄箕尸"相同,即"句踐"。下二字殷文釋作"之子"。如是全銘"戈慫俱丸之子越王者旨於賜",即"勾踐之子者旨於賜"。[1]

以上文字,形、音考證皆不可信。所謂"笱趄箕尸"也非越王勾踐別名,實是吳王光逗戈銘的誤讀,故釋"戈慫俱丸"爲越王勾踐可謂錯誤之上的錯誤。何琳儀釋戈銘爲"或亥,郤(徐)□至子越王者旨於賜","至子"即"姪子","者旨於賜"自稱是徐國母家的"至子",由此可見,"者旨"很可能本爲徐國古姓氏。江西靖安所出徐國爐盤銘云"徐令尹者旨聾",就是很有利的證據。[2]

董楚平釋作"癸亥,徐侯之皇,越王者旨於賜"。對於"皇"字,董楚平説:

> 原篆作䍿。現行的幾種摹本皆誤作䍿,而原拓爲䍿,與原篆相比,有三點誤差:一、中部的◯,誤作◯;二、中部的◯與下部的𠂤本不連接,現行的摹本都把它們連接成䍿;三、上部原篆作䍿,現行摹本誤作䍿,此字上部的左右兩旁"䍿"爲裝飾,餘下的"𠂤"皆爲本字筆畫,可隸定爲"皇",底下一橫可能因鏽蝕而殘缺。……在古代,皇、王均有君主涵義,……者旨於賜自稱是徐侯之皇、越人之王。[3]

施謝捷接受了釋"皇"的看法,釋文作"或(癸)亥,□侯

---

[1] 殷滌非:《者旨於賜考略》,《古文字研究》第 10 輯,中華書局,1983 年,第 214—220 頁。

[2] 何琳儀:《皖出二兵跋》,《文物研究》第 3 期,1988 年,黃山書社,第 118—121 頁,又收入《安徽大學漢語言文字研究叢書·何琳儀卷》,安徽大學出版社,2013 年,第 201—205 頁。

[3] 董楚平:《吴越徐舒金文集釋》,第 226 頁。

□皇，戉（越）王者旨於賜。"[1]

曹錦炎釋作："戉（越）王者（諸）旨（稽）於賜，戜亥郤（徐）□至（致）王"，並懷疑"徐"下一字爲"州"。《史記·越王句踐世家》："句踐已平吳，乃以兵北渡淮，與齊、晉諸侯會於徐，致貢於周。"戈銘"越王諸稽於賜癸亥徐州致王"，豈句踐故事重演，惜典籍失載。[2]

吳振武釋文作"〔戉（越）〕王者〔旨〕於賜。戜□郤侯（候）之早（造）"。背銘"戜□"爲越國地名，舊釋"郤"之字改釋"郤"。"郤侯"顯係官名，當與《漢官儀》"設十里一亭，亭長、亭候"之"亭候"相類似，掌候望捕盜。第六字去其頂部裝飾性筆畫，明顯是"早"字。以東周兵器銘文習見句式"×××之造"例之，"早"讀爲"造"。"戜□亭候"才是兵器真正的製造人。[3]

董珊釋文爲"戉（越）王者旨於賜，戜（癸）亥郤（徐）侯至（致）王"，背銘可能是記時與記事之辭。[4]

按，背銘首二字"戜亥"，何琳儀讀"癸亥"可能有一定道理。

▨右旁與"余"明顯有別，諸家多從陳夢家釋作"郤"，實誤，吳振武改釋"郤"，趙平安從之。[5]

▨，釋"子"、釋"王"都與原篆不合，董楚平細緻分析該字字形，前兩點都是正確的，唯釋"皇"仍誤。吳振武改釋"早"，辭例上得到了解釋，但字形仍有疑問。

戰國文字晉、楚兩系"早"皆作"棗"形，从"日""棗"聲。如：

---

[1] 施謝捷：《吳越文字彙編》，第571頁。
[2] 曹錦炎：《鳥蟲書通考（增訂版）》，上海辭書出版社，2014年，第84—89頁。
[3] 吳振武：《蔡家崗越王者旨於賜戈新釋（提綱）》，《古文字研究》第23輯，第100—101頁。
[4] 董珊：《吳越題銘研究》，第47頁。
[5] 趙平安：《"京"、"亭"考辨》，《復旦學報（社會科學版）》2013年第4期，收入氏著：《文字·文獻·古史——趙平安自選集》，中西書局，2017年，第261—271頁。

中山王鼎　　　　　郭店《老子》乙1

而秦系文字中，"早"多用"蚤"或"棗"字表示。從現有材料看，六國文字中還沒有寫作從"日"從"十"的"早"形。目前發現最早的這類寫法見於雲夢睡虎地秦簡：

睡律簡五·29　　　　睡雜簡三〇·13

二字在簡文中用爲"皁"。或以爲字形下部是"棗"之省，[1] 這類從"日"從"十"的字很可能是從"曓"形截除簡化而分化出來專門表示"皁"的，其時約已在戰國末年。況且 形下部近似"丁"形，而非"十"形。我們懷疑該字很可能就是"日"，上下都是裝飾筆畫。

字原拓不清楚，摹本或有缺漏，可能是"之"字。

背銘可釋作"䧑亥郶□之日"，可惜由於不少文字殘破，無法從中獲得更多的歷史信息。

【6】
名　　稱：越王者旨於賜矛
收　　藏：上海博物館，孫鼎捐贈
尺　　寸：通長27.1，[2] 重330克
著　　錄：《銘文選》557，《中銅》圖版11.3，《鳥蟲書》圖42，《鳥蟲增》圖73，《鳥篆編》下75，《集成》11512，《集釋》218頁，《吳越文》129，《夏商周》584，Ancient Chinese bronzes 72頁，《青銅器辭典》1325頁，《吳越題銘》79，《通鑒》17619
字　　數：2行6字

---

[1] 見季旭昇：《説文新證》"早"字條，福建人民出版社，2010年，第548頁。
[2]《通鑒》記作21.7釐米，恐是誤記。本書採用《夏商周》的數據。

釋　文：賜旨者於戈（越）王

來　源：器形采自 Ancient Chinese bronzes，拓本采自《銘文選》，摹本采自《吳越文》

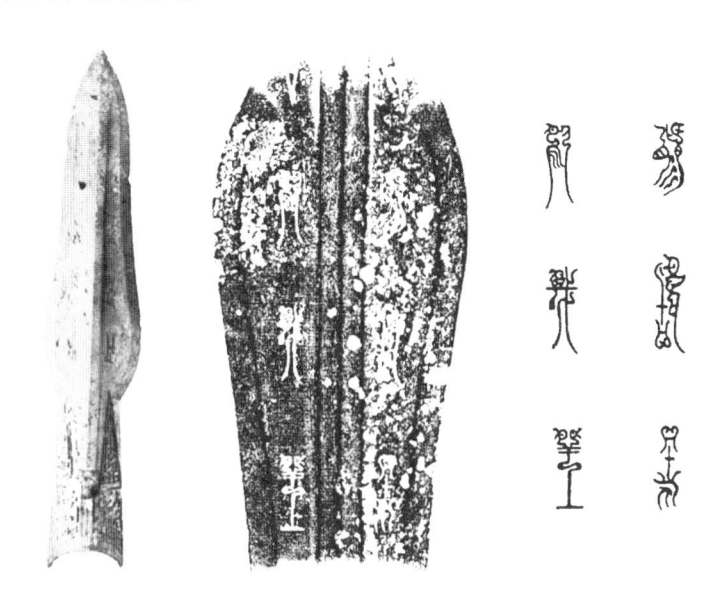

注　釋

銘文次序錯亂。"者"字上下顛倒。

【7】

名　稱：越王者旨於賜矛

出　土：1988 年 1 月河南洛陽市解放路東側洛陽啤酒廠戰國墓葬（M2582.7）

收　藏：河南省洛陽市文物工作隊[1]

尺　寸：通長 27.4、寬 5.2

著　錄：《考古》1989 年 5 期 415 頁圖 3、5，[2]《鳥蟲書》圖

---

[1] 2019 年出版的《越王時代》記爲"洛陽博物館藏"。
[2] 洛陽市文物工作隊：《河南洛陽發掘一座戰國墓》，《考古》1989 年第 5 期。

41,《鳥篆編》下 73,《吳越文》128,《近出》1209,《新收》388,《洛銅》294,《鳥蟲增》圖 70,《吳越題銘》78,《通鑒》17620,《越王時代》183 頁

字　　數：錯金銘文 6 字

釋　　文：戊（越）王者旨於睗

來　　源：器形采自《越王時代》,銘文照片采自《洛銅》,摹本采自《吳越文》

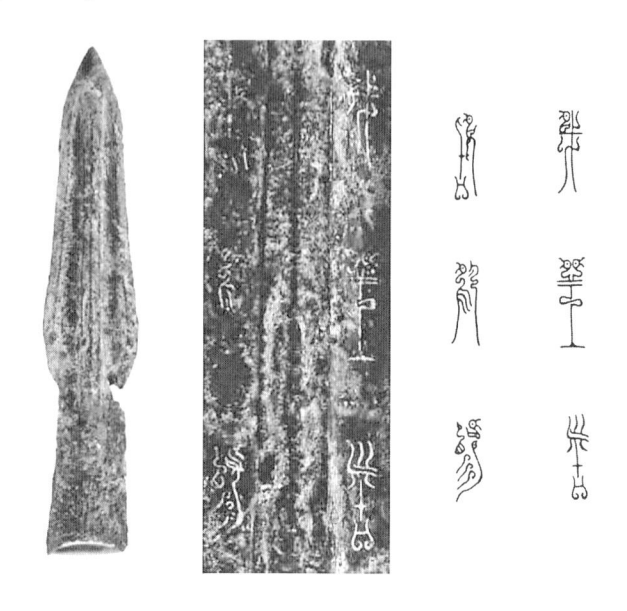

注　　釋

略。

【8】

名　　稱：越王者旨於睗劍

出　　土：傳 20 世紀 30 年代出於安徽壽縣

收　　藏：黃濬舊藏,現藏上海博物館

尺　　寸：通長 56.5、劍格寬 4.8、劍首莖 3.9,重 0.86 千克

著　　録：《上藏》92，《銘文選》555，《鳥蟲書》圖33，《鳥蟲增》圖50，《鳥篆編》下83、157（重出），《集成》11598、11599（重出），《總集》7701，《商周》8613、8616（重出），《書法大辭典》1041，《新探》352頁圖17，《述編》下8、9（重出），《尊兵》200頁，《集釋》213頁，《書法研究》1996年3期圖32，《吳越文》134，《安徽金文》135，《燕京學報》23期圖4越王劍一乙，《中山學報》1964年1期圖5，《夏商周》587.1，《國史金》2788（正面），《安徽銘文》91頁圖64.1、92頁圖66.1（重出），《青銅器辭典》1332頁，《吳越題銘》81，《通鑒》17879、31307（重出），《銘圖續》1307，《越王時代》172頁

字　　數：劍格兩面鳥篆銘文8字

釋　　文：戉（越）王戉（越）王。者旨於睗

來　　源：器形采自《越王時代》，拓片采自《銘文選》。

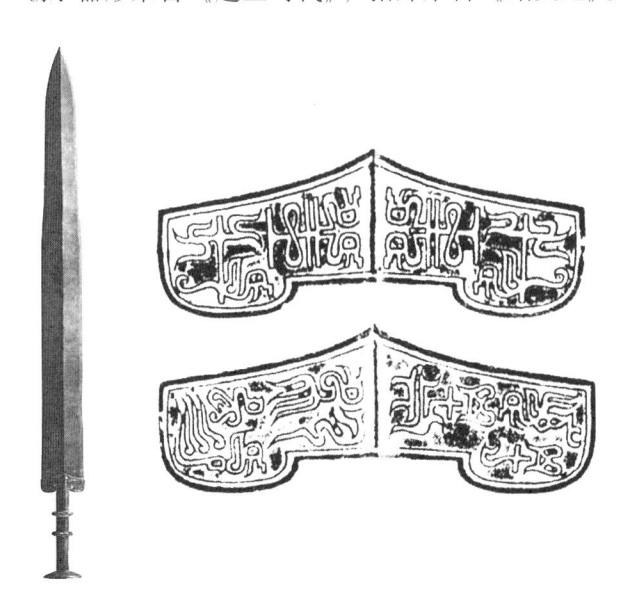

注　釋

施謝捷指出《集成》11598劍格銘文印反。舊多將現藏上海博

物館的一件與《鳥書考》著録的黄濬舊藏的一件（《尊兵》200）視爲同銘二劍，恐不妥。[1]

《集成》（8卷本）采納施説，該書11598器"銘文説明"備注："此器即11599，原收照片印反。"

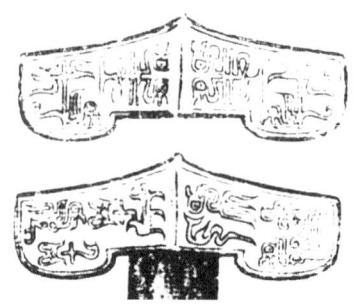

《集成》11598

《集成》11599

【9】

名　　稱：越王者旨於賜劍

出　　土：傳安徽壽縣

收　　藏：原藏黄濬、于省吾，後歸上海博物館，現藏中國國家博物館

尺　　寸：長56.5、劍格寬4.8，重0.86千克

著　　録：《燕京學報》23期圖5越王劍二乙，《中山學報》1964年1期圖6，《録遺》594，《尊兵》199頁，《鳥蟲書》圖35，

---

[1] 施謝捷：《吴越文字彙編》，第574頁。

《鳥蟲增》圖 64,《鳥篆編》下 81、158,《集成》11600,《總集》7699,《商周》8614,《述編》下 6,《集釋》214、215 頁,《辭典》969,《安徽金文》136,《書法研究》1996 年 3 期 71 頁圖 28,《銘文選》554,《吳越文》131、132,《國史金》2789,《法書大觀》121,《安徽銘文》91 頁圖 65.1,《吳越題銘》82、90,《通鑒》17881（17887 重出）

字　　數：劍格兩面鳥篆銘文 8 字

釋　　文：鄧（越）王，鄧（越）王。者旨於睗

來　　源：器形采自《辭典》，拓本采自《集成》

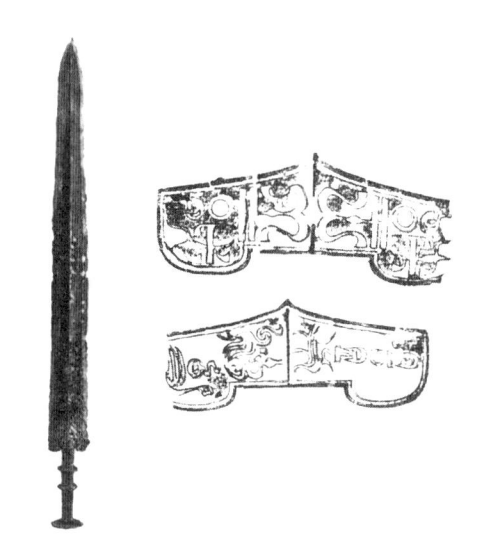

注　釋

下面以《通鑒》號碼爲例，談談重出的問題。

《通鑒》17881，著錄信息爲：

《燕京學報》23 期《鳥書三考》圖 5 越王劍二乙,《中山大學學報》1964 年 1 期《鳥書考》圖 6,《錄遺》594,《鳥蟲書》圖 35,《鳥篆編》下 158,《集成》11600,《銘文選》554,《總集》7699,《辭典》969,《安徽金文》136,《吳越文》

131，《國史金》2789。

收藏信息爲："原在北京尊古齋，原藏黄濬、于省吾，後歸上海博物館，現藏中國國家博物館。"是劍拓本如下揭，下文記作 A。

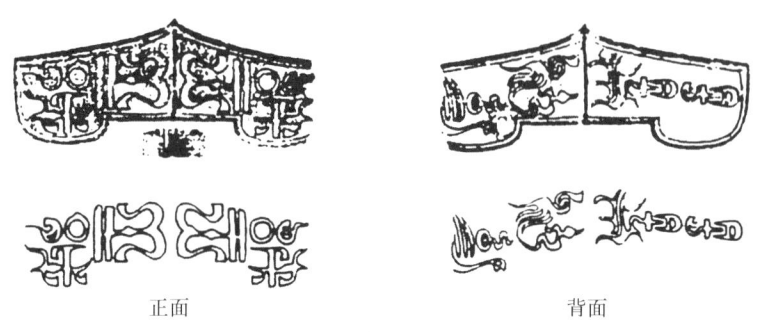

正面　　　　　　　　　背面
A

《通鑒》17887，著録信息爲：

《銘文選》554，《吴越文》132，《鳥篆編》下 81。

現藏地點未交待，拓本如下，記作 B。

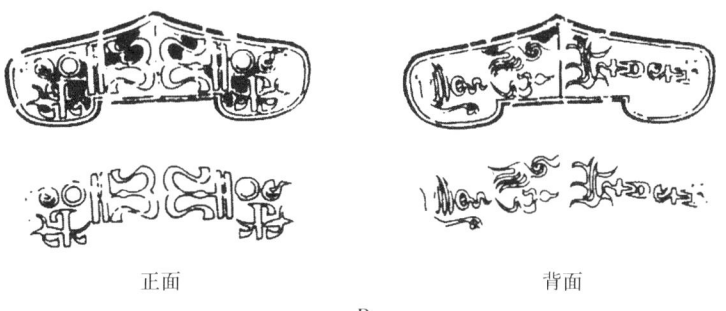

正面　　　　　　　　　背面
B

A、B 兩圖最直觀的差别在於，A 劍格一端殘缺，而 B 劍格完整。

B 圖最早著録於《銘文選（二）》，不過收藏地點却也標爲"中國歷史博物館"，即今"中國國家博物館"。參考書目爲《鳥書三考》《録遺》《鳥書考》。

《鳥篆編》第一次同時收録了 A（158 號）、B（81 號）兩圖。

其中 158 號器著錄信息爲《尊古齋》。從《銘圖》著錄可知，A 劍最早爲黃濬"尊古齋"所有，《尊古齋》一書即爲 20 世紀 90 年代據黃濬拓本影印，其實應是該劍最早的拓本。可以肯定，《鳥篆編》158 號器就是《銘圖》的 A 劍。有意思的是，該書 81 號著錄的拓本爲 B 圖，收藏地却標作"中國歷史博物館"，著錄信息也多與《銘圖》A 劍相重。

施謝捷《吳越文》131、132 號分別收錄了 A、B 兩拓。並云："舊多將越王者旨於賜劍一、二（引者按：即 131、132）兩件視作一器，從劍格銘文拓本觀之，顯然不妥。《鳥篆》（引者按：即《鳥篆編》）分別爲二，當是。"[1]

爲便於理解，我們把上面梳理的內容列表如下：

書目 \ 內容	書內編號及拓本	以往著錄[2]	現藏地點
《銘文選》	554（B 圖）	《鳥書三考》，《錄遺》，《鳥書考》	中國歷史博物館
《鳥篆編》	158（A 圖）	《尊古齋》	中國歷史博物館
	81（B 圖）	《鳥書三考》，《錄遺》，《鳥書考》，《銘文選》554。	中國歷史博物館
《吳越文》	131（A 圖）	《鳥書三考》，《錄遺》，《鳥書考》，《銘文選》554，《尊古齋》199 頁，《鳥篆編》158 等	中國歷史博物館
	132（B 圖）	《銘文選》554，《鳥篆》81	

---

[1]《銘圖》作"從劍格銘文觀之，顯然不妥"與《吳越文》相較，少"拓本"二字。然細審銘文字形，並無明顯差異，二者主要差別應是拓本中的劍格外形。
[2] 原書著錄信息除了表中列舉的，還有一些。我們這裏只選取與本書討論有關的。爲統一計，著錄簡稱作了相應的調整。

续 表

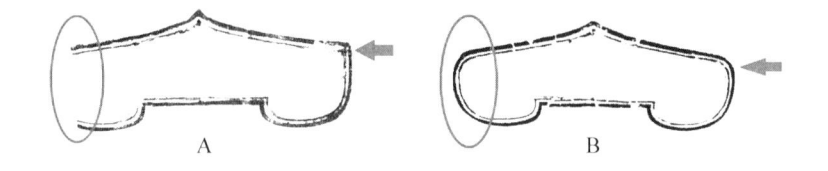

内容 书目	书内编号及拓本	以往著录	现藏地点
《铭图》	17881（A 图）	《鸟书三考》，《录遗》，《鸟书考》，《鸟篆编》158，《铭文选》554，《吴越文》131	中国国家博物馆
	17887（B 图）	《铭文选》554，《吴越文》132，《鸟篆编》81	

可以看出，B 图的著录、收藏等都与 A 图相关信息纠缠不清。A、B 两图的主要差别在于剑格外形：1. A 剑格一端残缺，而 B 完整。2. A 剑格两侧上端边缘为尖角，而 B 剑格呈圆弧形。

A　　　　　　　　　B

我们认为，B 拓本应是在 A 拓本基础上修描而成。理由如次：

其一，从铭文内容看，A、B"越王"二字写法相同而与其他者旨于赐剑有异。A、B"越"作"邲"，不同于一般作"戉"。而"王"字也与越地鸟虫书的通行写法不类，如下表所示：

A、B 拓本写法	
其他越王剑写法[1]	

---

[1] 具体可参看曹锦炎、吴毅强编著：《鸟虫书字汇》，上海辞书出版社，2014 年，第 4—13 页。这里我们略举数例，说明问题。

其二，目前所見全部越王劍劍格左右兩端都沒有作圓弧狀的。也就是説，找不到任何一把類似 B 劍格外形的越王劍。

其三，B 拓本一端放大，還能看到筆畫接續不連貫的痕迹，起筆處正是 A 拓本未能拓出的地方。

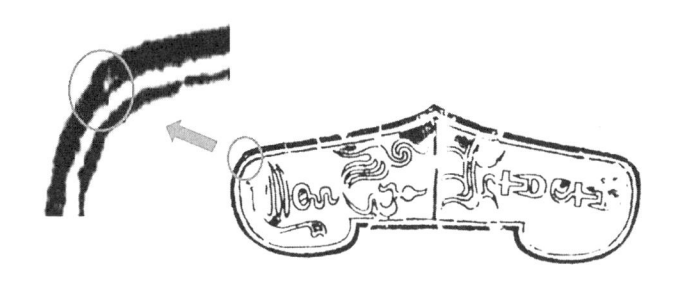

其四，B 拓雖然劍格外形完整，但是兩端銘文都有殘缺。這也恰恰是 A 拓未拓清的地方。

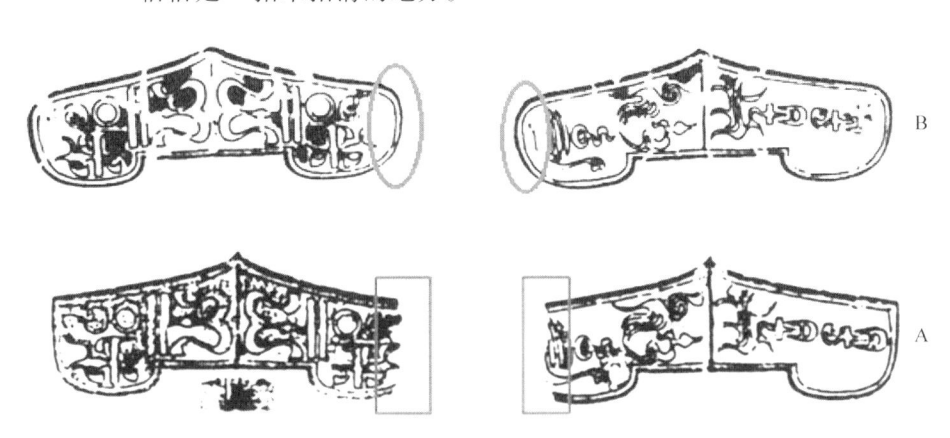

綜合上述四點考慮，我們以爲根本不存在 B 拓的越王劍。B 拓只不過是由 A 拓修描産生的一個"錯誤"拓本。最早應該是《銘文選》作者修描了原拓，致使以後的著録如《鳥篆編》《吳越文》《銘圖》《吳越題銘》都誤以爲是兩把不同的越王劍。綜之，A、B 是同一柄越王劍的兩個不同拓本。該劍現藏中國國家博物館。B 拓是不真實的，今後的金文著録不應再收入。

【10】

名　　稱：越王者旨於賜劍

收　　藏：王振華古越閣舊藏，現藏蘇州博物館

尺　　寸：通長53.8，身寬4.7，格寬5.5，莖長9

著　　錄：《文物》2000年1期71頁圖1.1，《古越閣藏銅兵萃珍》26，《國家人文歷史》2015年3期114頁，[1]《鳥蟲增》圖54，《吳鈎重輝》72、73頁，《榮寶齋》2015年5期45頁，[2]《吳越題銘》91，《通鑒》17888，《大邦之夢》14—16頁

字　　數：劍格兩面鳥篆銘文8字

釋　　文：戉（越）王戉（越）王。者旨於賜

來　　源：劍格照片采自《榮寶齋》，器形、拓片采自《吳鈎重輝》

---

[1] 解宏乾：《吳王夫差劍亮相蘇博·上古神兵怎樣鑄成》，《國家人文歷史》2015年第3期。

[2] 姚晨辰、王振：《吳鈎重輝——蘇州博物館藏吳越青銅劍集萃》，《榮寶齋》2015年第5期。

注　釋

《古越遺珍》誤記此劍爲龔欽龍藏。[1]

【11】

名　稱：越王者旨於賜鐘

收　藏：原藏宗室仲爰家，後歸宋内府，現佚

著　錄：《薛氏》1.2（商鐘一），《燕京學報》16 期圖一乙，《通釋》40 輯 610 頁，《中山學報》1964 年 1 期圖三，《銘文選》553,[2]《新探》344 頁圖 16,《述編》下 3,《集釋》163 頁,《吴越文》098,《鳥蟲書》圖 88.1,《鳥蟲增》圖 246.1,《吴越題銘》94A 一,《通鑒》15417

字　數：正背面鉦間鼓部鑄銘文 54 字

釋　文：隹（唯）正月旁（孟）𦱑（春）吉日丁亥，戊（越）

a

[1] 王結華、毛穎、劉麗文：《古越遺珍研究》，科學出版社，2010 年，第 12 頁。
[2]《銘文選》所錄與本書所選摹刻本小異。

王者旨於賜擇氒（厥）吉金，自乍（作）龢（龢）童（鐘）。我台（以）樂吳（娛）康戩（祖）、夫（大夫）、賓各（客），日日台（以）馭（鼓）之，夙（夙）莫（暮）不貳（忒），順（訓）余子孫，萬葉（世）亡（無）疆，用之勿相（喪）

　　來　源：摹刻本 a 采自《薛氏》（維揚石本）
　　注　釋
　　詳見【14】。

【12】

　　名　稱：越王者旨於賜鐘
　　收　藏：宋內府，現佚
　　著　録：《薛氏》1.3（商鐘二），《鳥蟲增》圖 246.3，《集釋》164 頁，《吳越文》099，《吳越題銘》94A 二，《銘文選》553，《通鑒》15418
　　字　數：正背面鉦間鼓部鑄銘文 54 字
　　釋　文：隹（唯）正月旁（孟）萅（春）吉日丁亥，戉（越）

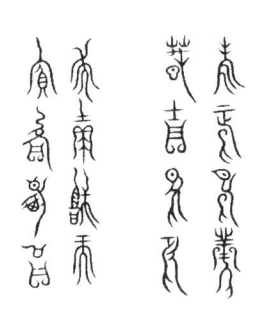

王者旨於賜擇氒（厥）吉金，自乍（作）禾（龢）童（鐘）。我台（以）樂吳（娛）康戠（祖）、夫（大夫）、賓各（客），日日台（以）鼓（鼓）之，夙（夙）莫（暮）不貳（忒），順（訓）余子孫，萬枼（世）亡（無）疆，用之勿相（喪）

來　源：摹刻本 b 采自《薛氏》（《古器物銘》本）

注　釋

詳見【14】。

【13】

名　稱：越王者旨於賜鐘

收　藏：原藏宗室仲爰家，後歸宋內府，現佚

尺　寸：高 7 寸 6 分、甬長 4 寸 9 分、舞橫 4 寸 8 分、舞縱 3 寸 7 分、銑間 5 寸 5 分、鼓間 4 寸 3 分，重 15 斤

著　録：《薛氏》1.4（商鐘三），《博古》22.16，《嘯堂》82，《鳥蟲書》圖 88.2，《鳥蟲增》圖 246.2、246.4，《鳥篆編》下 104，《集釋》164—166 頁，《集成》00144，《吳越文》100，《吳越題銘》94B、94C，《通鑒》15419

字　數：正背面鉦間鼓部鑄銘文 54 字

釋　文：隹（唯）正月旁（孟）嗇（春）吉日丁亥，戉（越）王者旨於賜擇氒（厥）吉金，自乍（作）禾（龢）童（鐘）。我台（以）樂吳（娛）康戠（祖）、夫（大夫）、賓各（客），日日台（以）鼓（鼓）之，夙（夙）莫（暮）不貳（忒），順（訓）余子孫，萬枼（世）亡（無）疆，用之勿相（喪）

來　源：器形采自《博古》，摹刻本 c 采自《博古》，[1] d 采自《薛氏》，e 采自《嘯堂》

---

[1] 施謝捷《吳越文字彙編》、董珊《吳越題銘研究》收錄的《博古》本皆爲此圖，該圖出自文淵閣四庫全書，是一個較差的本子。我們選取該圖是爲下文討論釋文的便利，蔣暘本、泊如齋本的質量都要好過該本。

注　釋

詳見【14】。

【14】

名　稱：越王者旨於賜鐘

著　錄：《嘯堂》下 95,《吳越文》101,《鳥蟲增》圖 246.5,《通鑒》15420,《吳越題銘》94D

字　數：正背面鉦間鼓部鑄銘文 54 字

釋　文：佳（唯）正月旁（孟）萅（春）吉日丁亥，戉（越）王者旨於賜擇氒（厥）吉金，自乍（作）禾（龢）童（鐘）。我台（以）樂吴（娛）康戠（祖）、夫（大夫）、賓各（客），日日台（以）鼓（鼓）之，夙（夙）莫（暮）不貳（忒），順（訓）余子孫，萬枼（世）亡（無）疆，用之勿相（喪）

來　源：摹刻本 f 采自《嘯堂》

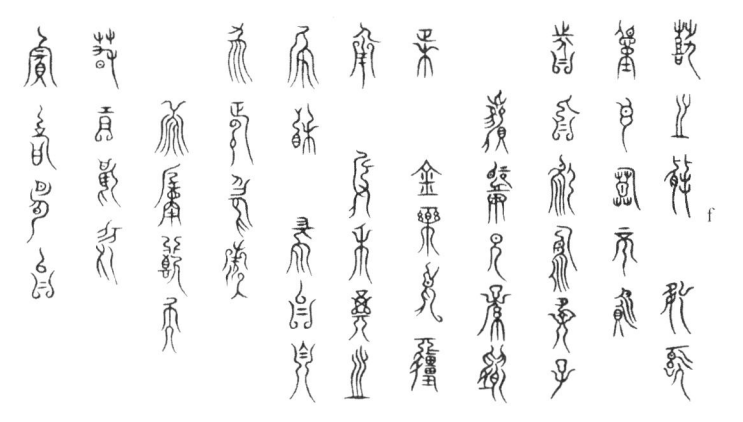

注　釋

以上諸本，内容相同，唯文字略有差異。《嘯堂》收録另一本（即 f），銘文順序錯亂，過去著録未收，實際也是此鐘摹本。[1]《嘯堂集古録》第 82 頁所録銘文摹寫絶精，實爲諸本之冠（即圖 d）。[2] 下面先將各本書字列在表中以便比較：

---

[1] 曹錦炎：《越王鐘補釋》，浙江省社會科學院國際百越文化研究中心、中國百越民族史研究會編：《國際百越文化研究》，中國社會科學出版社，1994 年。又氏著：《吴越歷史與考古論叢》，文物出版社，2007 年，第 52—60 頁。

[2] 曹錦炎：《鳥蟲書通考（增訂版）》，第 265 頁。

續　表

[表格：古文字對照表，含行標 c[1], d, e, f, a, b, c, d, e, f, a, b, c]

---

[1] 我們對圖片做了負片處理。

[2] "吉"或因前"乎"字而誤。

續　表

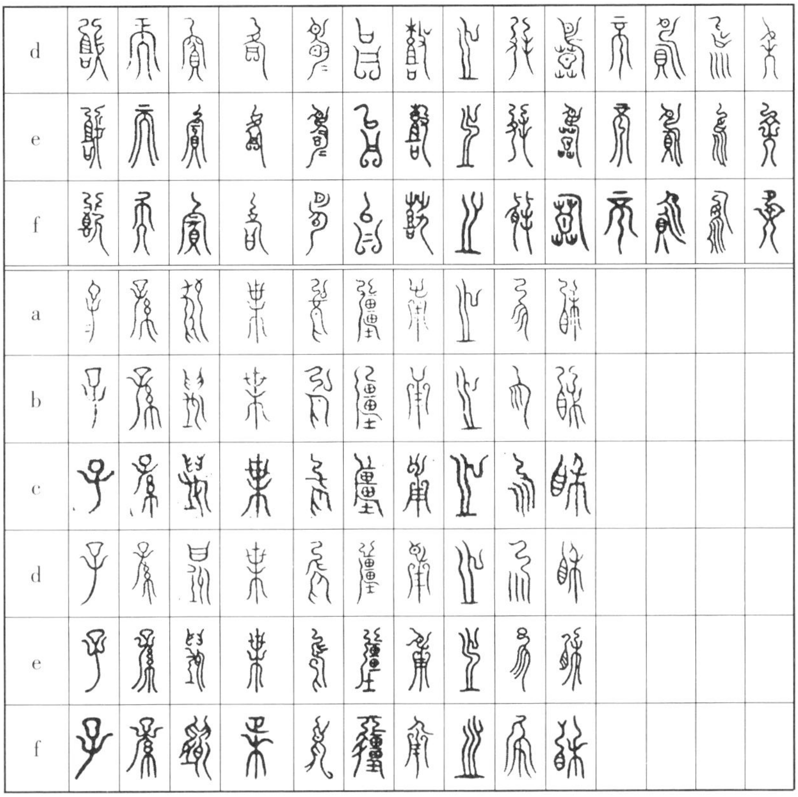

宋代以降，不少學者對鐘銘做過研究，下面也用表格列出諸家釋文，[1] 然後對一些有爭議的問題作出評議。

出　處	釋　　　文	時間
《博古圖》	惟正月仲春，吉日丁亥既望，分召純鳌擇乃吉金，自欣和其安，以樂娱奉，喜而賓客，其怡鼓之，夙慕不忘。烏余子孫，萬葉無疆，用之協相。	北宋宣和

[1] 本書所録釋文主要是研究過該器的學者文章或著作中的釋文，一般著録中的釋文不收。

續 表

出　處	釋　　文	時間
容　庚[1]	隹正月王春吉日丁亥，戉（越）王□夷□□睪（擇）伾（厥）吉金，自爲禾（和）□（以文義測之，當爲鐘字）。□以樂□□□而賓各（客）。□以鼓之，□莫不□□。余子孫﹦萬枼無疆，用之永保。	1934
郭沫若[2]	隹正月孟萅（春）吉日丁亥，戉（越）王者召於賹睪（擇）伾吉金，自祝（鑄）禾（和）萫□（鐘），台（以）樂虞（吾）家，猷（喜）而（爾）賓各（客），旬（恬）台（怡）鼓之，凤莫（暮）不貣（忒），順（訓）余子孫，萬枼（世）无疆，用之勿相（喪）。	1935
張政烺[3]	隹正月仲萅（春）吉日丁亥，戉（越）王者弓又賹睪（擇）伾吉金，自乍禾（和）樂□（鐘），台（以）樂而康，猷而賓各（客），旬﹦台鼓之，凤莫（暮）不貣（忒），烏余子孫，萬枼（世）无疆，用之隹相。	？
容　庚[4]	隹（惟）正月王春吉日丁亥，戉（越）王者旨於賜睪（擇）伾（厥）吉金，自爲禾（和）□□。以樂□□，□而賓各（客）。日以鼓之，凤莫（暮）不貣。□余子孫，萬枼（世）亡疆，用之勿相。	1964

---

[1] 容庚：《鳥書考》，《燕京學報》第 16 期，1934 年，第 196—197 頁。

[2] 郭沫若：《兩周金文辭大系考釋》，文求堂書店，1935 年 8 月 20 日，補錄第 1—2 頁。

[3] 張政烺著，朱鳳瀚等整理：《張政烺批注兩周金文辭大系考釋》，中華書局，2011 年。張先生釋文是將不同看法夾注在郭文旁的，其批注時間不詳。從張先生釋王名爲"者弓又賹"，眉批又提及林澐《越王者旨於賜考》（載《考古》1963 年第 8 期），據此推測張先生的批注有可能早於 1963 年。

[4] 容庚：《鳥書考》，《中山大學學報》1964 年第 1 期。

續　表

出　處	釋　　文	時間
董楚平[1]	隹正月仲春吉日丁亥，戉（越）王者旨於賜罘（擇）乓（厥）吉金，自乍禾（和）鐘，我台（以）樂考帝，戠（喜）而（爾）賓各（客），田（陳）台（以）鼓之，夙暮不貣（忒），順余子孫，萬枼（世）亡（無）疆，用之勿相（喪）。	1992
曹錦炎[2]	隹（唯）正月季春吉日丁亥，戉（越）王者旨於賜擇乓（厥）吉金，自乍（作）禾（龢）童（鐘）。我台（以）樂丂（考）、帝（嫡）（祖）、夫（大夫）、賓客，日台（以）鼓之，夙暮不貣（忒），順余子孫，萬枼（世）亡疆，用之勿相（喪）。	1994
施謝捷[3]	隹正月旁（方）春吉日丁亥，戉（越）王者旨於賜罘（擇）乓（厥）吉金自乍禾（龢）向（林），我台（以）樂丂（考）帝，□而（爾）賓各（客），日台（以）鼓之，夙暮不寶（忒），順（訓）余子孫，萬枼（世）亡（無）疆，用之勿相（喪）。	1998
王　寧[4]	隹（惟）正月中（仲）春，吉日丁亥，戉（越）王者旨於賜擇乓（厥）吉金，自乍（作）禾（和）其律，台（以）樂虞（娛）康，嘉而賓各（客），旬（均）台（以）鼓之，夙莫（暮）不貣（忒），永余子孫，萬枼（世）亡（無）疆，用之永相（享）。	1999

---

[1] 董楚平：《吴越徐舒金文集釋》，第163頁。
[2] 曹錦炎：《越王鐘補釋》，浙江省社會科學院國際百越文化研究中心、中國百越民族史研究會編：《國際百越文化研究》。又氏著：《吴越歷史與考古論叢》，第52—60頁。
[3] 施謝捷：《吴越文字彙編》，第557—559頁。
[4] 王寧：《者旨於賜鐘銘釋讀》，《文物研究》第12輯，黄山書社，2000年，第216—217頁。

續 表

出　處	釋　　文	時間
王　寧[1]	隹正月方（孟）春，吉日丁亥，戉王者旨於賢擇氒（厥）吉金，自祝（鑄）禾（龢）重（鐘），我台（以）樂吴（娱）康，嘉而賓各（客）。其台（以）鼓之，夙莫（暮）不貣（忒）。永余子孫，萬枼（世）亡（無）疆，用之勿相（喪）。	2012
董　珊[2]	隹（唯）正月季蓔（春）吉日丁亥，戉（越）王者旨於賜擇氒（厥）吉金，自乍（作）禾（龢）童（鐘）。我台（以）樂丂（考）、帝（嫡）戠（祖）、夫（大夫）、賓各（客），日日台（以）鼓（鼓）之，夙莫（暮）不貣（忒），順余子孫，萬枼（世）亡（無）疆，用之勿相（喪）。	2014

關於王名的考證，郭沫若定王名爲"者召於賢"，並與文獻中的"諸咎粤滑"相牽合。然此説至少有三處與文獻不合，郭沫若都試圖作了解釋：一、"賢""滑"音遠難通，郭先生認爲文獻中"滑"是"賢"之誤。二、《竹書紀年》云："（翳三十六年）七月，於粤大子諸咎弑其君翳。十月，粤殺諸咎。"諸咎爲王，只在該年七月至十月間，並無正月，郭先生解釋爲諸咎弑父之前已僭稱王號，《紀年》書法注重名分，有所與奪。三、諸咎已晚至戰國中期，此時不應再有甬鐘。郭先生以爲是《博古圖》所録器形乃仿製之贋品。

按，以上所論三點皆錯。《竹書紀年》原文如次：

（魏武侯二十年）七月，於粤大子諸咎弑其君翳。十月，<u>粤殺諸咎粤滑吴人立孚錯枝爲君</u>。

---

[1] 王寧：《越王者旨於賜鐘銘文補釋》，武漢大學簡帛網，2012年9月23日。
[2] 董珊：《吴越題銘研究》，第50頁。

（魏武侯二十一年）於粵大夫寺區定粵亂，立無余之。

郭先生以爲"諸咎"又號"粵滑"，源於對此句斷句有誤。"滑"有亂義，《國語·周語下》："今吾執政無乃實有所避，而滑夫二川之神，使至於爭明，以妨王宮，王而飾之，無乃不可乎。"韋昭注"滑，亂也。"[1] 所謂"粵滑"正與下句"大夫寺區定粵亂"呼應。"粵滑"既非人名，更非地名。[2]

關於形制，曹錦炎根據浙江出土文物情況，指出戰國時期仍有甬鐘存在。非中原地區的青銅器無論在形制及種類上，或者在使用和流行的時限上，都有其自身的特點，不能一概與中原地區青銅器相提並論。[3]

最爲關鍵的是，鐘銘第二字，諸本所作基本相同，與"召"明顯不類，當是"者"字。容庚最初雖然未能認出王名，但懷疑應是勾踐之子，是很正確的。林澐《越王者旨於賜考》一文提及"越王者旨於賜之器先此已著錄者凡一鐘、一矛、二劍、一戈"，[4] 所謂"一鐘"應即此鐘。如是，林先生當是較早將鐘銘器主定爲"者旨於賜"的學者，次年容庚《鳥書考》則明確將王名寫作"者旨於賜"。

"春"前一字，或釋"王""孟""季""旁"等，該字與下文

---

[1] 楊寬、何琳儀等都提到此處的"滑"當是"亂"一類的意思，楊寬讀爲"汩"，訓"亂"，何琳儀讀"猾"，亦訓爲"亂"，二位先生的理解都是很正確的。楊說見《戰國史料編年輯證》，上海人民出版社，2016年，第270頁；何說見《者汈鐘銘校注》，《古文字研究》第17輯，1989年，第158頁注釋31；又《安徽大學漢語言文字研究叢書·何琳儀卷》，第193頁注2。

[2] 清人陳逢衡即懷疑"粵滑"爲"諸咎"另一名，方詩銘《古本竹書紀年輯證》亦從郭說，見方詩銘、王修齡：《古本竹書紀年輯證》，上海古籍出版社，1981年，第101頁。范祥雍以爲"滑吳"當爲地名，李民等編著《古本竹書紀年譯注》從之。詳見范祥雍：《古本竹書紀年輯校訂補》，上海古籍出版社，2011年，第64頁；李民等：《古本竹書紀年譯注》，中州古籍出版社，1990年，第144頁。

[3] 曹錦炎：《越王鐘補釋》，浙江省社會科學院國際百越文化研究中心、中國百越民族史研究會編：《國際百越文化研究》。又氏著：《吳越歷史與考古論叢》，第52—60頁。

[4] 林澐：《越王者旨於賜考》，《考古》1963年第8期，收入《林澐學術文集》，科學出版社，1998年，第190頁。

"越王"之"王"明顯不類,下部所從也非"子"形,所以"王""季"二說恐不可信。

四庫本《博古圖》作"⿱⿳丙",下部從"中",似是釋"仲"之有利證據,但其實四庫本字形存在很大問題。泊如齋本作"⿳",蔣暘本作"⿳",下部所從與《薛氏》《嘯堂》並無太大差別。由於《博古圖》釋該字爲仲,清人依照宋人釋文,將該字下部改造成了"中"形。"⿳"是清人修改篆形以遷就釋文的產物,不能據此立論,且仲春與正月也難相符合。

綜合來看,施謝捷釋"旁"當最爲可信,"旁"或應按王寧讀作"孟"。

明萬曆泊如齋重修《宣和博古圖錄》

"自乍禾鐘",所謂"乍"字,唯維揚石本作"⿳",郭沫若據此釋"祝",讀爲"鑄",王寧從之。即使右旁可視爲"兄",左旁也與"示"不類。該字就是越國鳥篆文字常見的"乍"形之變:⿳、⿳,[1] 並無特別之處,釋"祝"不可信。

"禾"下一字,容庚初疑"鐘",後又放棄。諸本中當以《嘯

---

[1] 詳參曹錦炎、吳毅強:《鳥蟲書字彙》,第91—94頁。

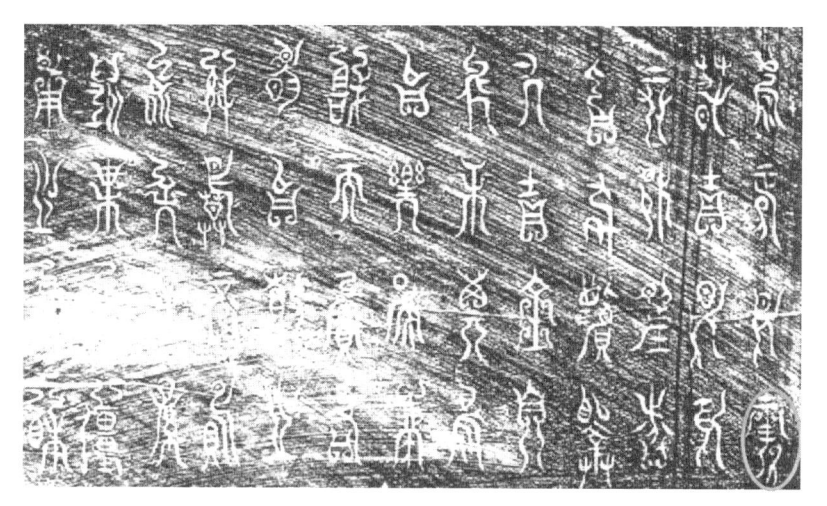

明嘉靖蔣暘翻刻《元至大重修博古圖》

堂》"![字]"最肖原篆，越者差徐戟"鐘"作"![字]"，左旁與之相似。我們懷疑"![字]"下或未除鏽，以至"士"形不顯。或釋"亯""樂"等，於形、義皆難說通，不可信從。

"台樂"下二字，郭沫若釋爲"虞家"，董楚平釋"考帝"，曹錦炎更將"帝"屬下讀爲"嫡祖"。從字形判斷，還應以王寧釋"吳（娛）康"爲上。該句斷爲："我以樂娛康祖、大夫、賓客，日日以鼓之。夙暮不忒。"

三、丌北古

【15】

名　　稱：越王丌北古劍

收　　藏：上海博物館

尺　　寸：殘長 60.8、劍格寬 5.1、劍首直徑 4，重 0.85 千克

著　　錄：《文物》1962 年 12 期 51 頁圖 2—4，[1]《中山學報》

---

[1] 馬承源：《越王劍、永康元年群神禽獸鏡》，《文物》1962 年第 12 期。

1964 年 1 期圖 9，《通釋》52 輯 605 頁，《銘文選》558，《鳥蟲書》圖 62，《鳥蟲增》圖 135，《鳥篆編》下 118，《集成》11703，《商周》8662，《總集》7743，《述編》下 10，《史語所集刊》61 本 1 分 64 頁圖 12，《集釋》228 頁，《書法研究》1996 年 3 期 72 頁圖 31，《吳越文》142，《夏商周》588，《古越遺珍》24 頁，《青銅器辭典》1333 頁，《吳越題銘》96，《通鑒》18025

字　　數：劍首 12 字，劍格兩面 20 字

釋　　文：戉（越）王丌北古，戉（越）王丌北古

　　　　　自乍（作）用〖旨自〗，自乍（作）用〖旨自〗

　　　　　戉（越）王丌北，自乍（作）元〖之〗用〖之〗僉（劍）

來　　源：器形、拓片采自《夏商周》

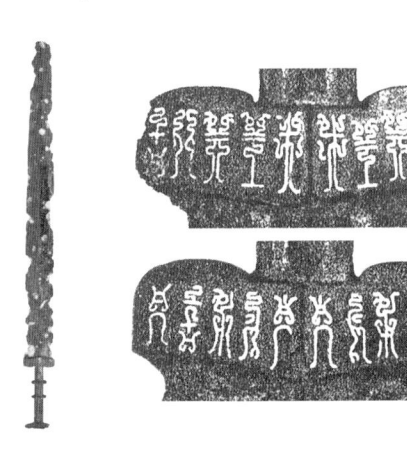

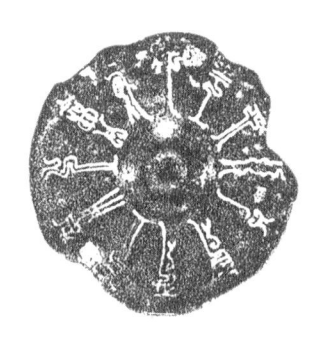

注　釋

劍格"▨"當釋"旨"，施謝捷釋"僉"。[1] 董珊認爲"旨自"或"自"或是工官名。其實劍格正反兩面文字皆以劍脊爲軸對稱，背銘"旨自"當是爲湊足字數的襯字。曹錦炎解釋說：

　　本劍銘文，增字爲飾，並求對稱。按常例，劍格背面銘文

---

[1] 施謝捷：《吳越文字彙編》，第 576 頁。

應作"自作元用劍",現爲"自作用旨自",遂使文句不通。劍首兩"之"字亦爲贅字。[1]

曹説正確可從。

劍首"[鳥]"諸家皆釋"隹"讀"唯",此字不是"隹",而是一鳥形"襯符",不必釋出。該字形我們將在討論州句劍時詳論。

劍首王名"丌北"當是"丌北古"之省。

【16】

名　稱：越王丌北古劍

出　土：1987 年 6 月安徽省安慶市迎江寺東王家山第二自來水廠戰國墓（M1）

收　藏：安徽博物院

尺　寸：通長約 64、莖長 9.6、格寬 5.2

著　錄：《文物》2000 年 8 期 87 頁圖 9,[2]《精華》（1992）108,《吳越文》143,《新收》1317,《安徽銘文》306 頁 208.1,《安徽館》46,《安徽文明史》155 頁,《故宮文物》1992 年總 119 期 116 頁,[3]《古越遺珍》25 頁,《鳥蟲增》圖 136,《吳越題銘》97,《通鑒》18026,《近出二編》1300

字　數：劍首 12 字，劍格兩面 20 字

釋　文：戉（越）王丌北古，戉（越）王丌北古
　　　　自乍（作）用僉（劍）〖自〗，自乍（作）用僉（劍）〖自〗
　　　　戉（越）王丌北，自乍（作）元〖之〗用〖之〗僉（劍）

來　源：器形、劍格（正面）、劍首照片采自《安徽文明史》，劍格（背面）照片采自《文物》

---

[1] 曹錦炎：《鳥蟲書通考（增訂本）》,第 148 頁。

[2] 黄光新：《安慶王家山戰國墓出土越王丌北古劍等器物》,《文物》2000 年第 8 期。

[3] 朱世力：《安慶出土之越王丌北古劍》,《故宮文物》總 119 期,1992 年。

注　釋

劍格"丌"字寫法稍有訛變，省去上部短橫。

【17】

名　　稱：越王丌北古劍

收　　藏：原藏臺北古越閣，2007年中國文物信息咨詢中心利用國家重點文物徵集專項資金購回。2008年起長期借藏海南省，現藏海南省博物館。

尺　　寸：通長65.2、劍格寬5

著　　錄：《鳥蟲增》圖138，《吳越題銘》98，《通鑒》18027、31333（重出），《銘圖續》1333（重出）

字　　數：劍首12字，劍格兩面20字

釋　　文：戉（越）王丌北古，戉（越）王丌北古
　　　　　自乍（作）元用之，自乍（作）元用之
　　　　　台（嗣）戉（越）王丌北，自乍（作）元〔之〕用〔之〕
　　　　　僉（劍）

來　　源：器形采自海南省博物館網站。[1] 劍格銘文照片、拓片采自《通鑒》，劍首照片、摹本采自《吳越題銘》

---

[1] http://www.hainanmuseum.org/gcjp/view/?classid=4。

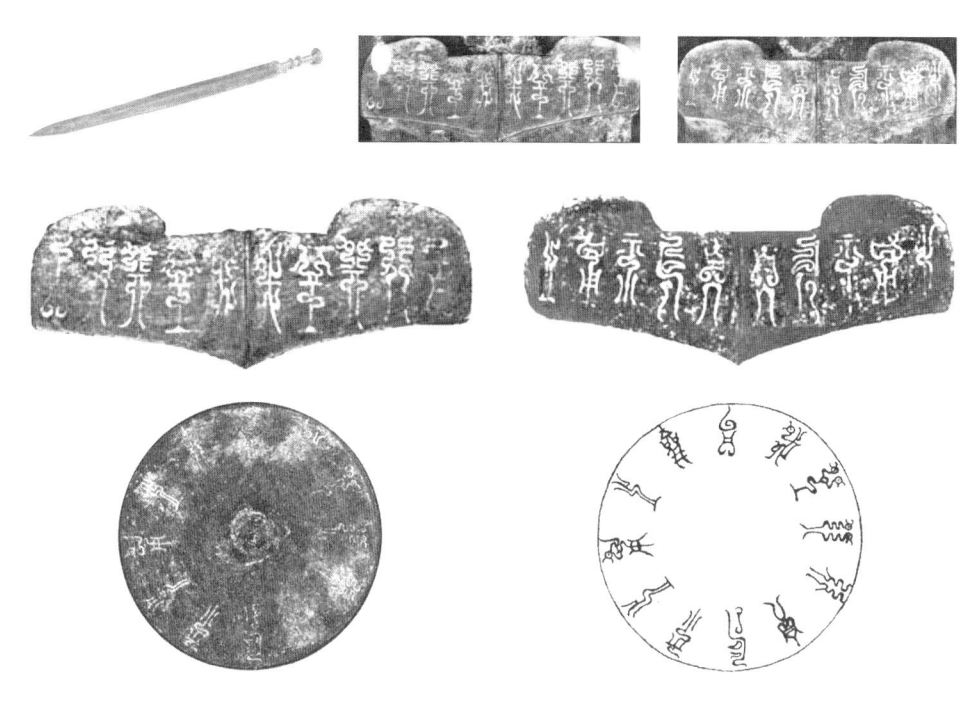

注 釋

劍格"㕚",曹錦炎釋"元",[1] 董珊釋"永"。[2] 當以釋"元"爲是。其一,吳越題銘中未見"永用"的説法,而多見"元用"。其二,該字與"永"差異略大,當是 㕚、㕚、㕚 一類"元"字省去鳥翅、足形後又綴加對稱飾筆而成。

"㕚",曹錦炎讀"嗣","嗣王"即嗣立之王,即法定繼位者,[3] 可從。《禮記·曲禮下》:"踐阼,臨祭祀,内事曰孝王某,外事曰嗣王某。"孔穎達疏:"云嗣王某,言此王繼嗣前王而立也。"

---

[1] 曹錦炎、吳毅强:《鳥蟲書字彙》,第1頁。
[2] 董珊:《吳越題銘研究》,第51頁。
[3] 曹錦炎:《越王大子矛考釋》,《1992年吳越地區青銅器研究座談會論文》,1992年;後收入《吳越地區青銅器研究文集》,兩木出版社,1997年,第279—282頁;又收入氏著:《吳越歷史與考古論叢》,第65—70頁。

【18】

名　　稱：越王丌殳居劍

收　　藏：紹興某收藏家

著　　錄：《吳越題銘》100，《鳥蟲增》圖 137，《通鑒》31332，《銘圖續》1332

字　　數：劍格正面 10 字、背面 20 字，劍首 12 字，共 42 字

釋　　文：越王丌殳居，公子鐯旨墨，亥京旨翏疋矩昜疋疋金，乍睗卯乍□尹甚亥昏柏

　　　　　戈（越）王丌殳自乍（作）元〖之〗用〖之〗僉（劍）

來　　源：照片采自《鳥蟲字彙》、摹本采自《吳越題銘》

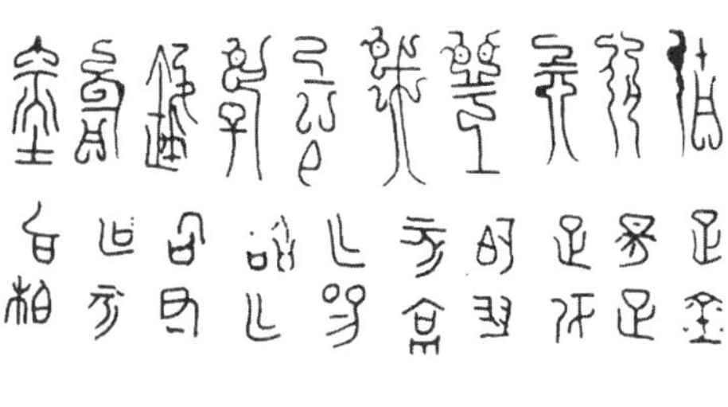

注　釋

此劍器主爲越王公子。王名第二字曹錦炎釋"北"，董珊釋

"戉",當以董說爲是。

背銘二十字,其義不得而知。曹錦炎以爲當起裝飾作用。[1] 董珊猜測或許是用漢字記錄正面文字之越語讀音,即背面以每兩個漢字記音表示一個越語讀音,對應一個正面的漢字的意義。[2]

值得注意的是"公"字寫法,去除上部裝飾性筆畫後作" "。齊系"公"字或作" "(《陶文圖錄》2·6·3)、" "(《陶文圖錄》2·176·3)等,這種在下部曳出一長斜筆的"公"字僅見於齊地,本劍文字顯然是受其影響。

四、州句

【19】

名　稱:越州丩劍格

收　藏:原藏臺北古越閣,現藏臺北龔欽龍

尺　寸:劍格寬 4.8、高 2,厚 2.2

著　錄:《鳥篆編》下 80,《兵器》82,《中國文物世界》112 期 89 頁圖 7,[3]《文物》1995 年 8 期 95 頁圖 4,[4]《吳越文》144,《龔藏》77、78 頁,《古越遺珍》61 頁,《鳥蟲增》圖 103,《吳越題銘》101,《通鑒》17891

字　數:劍格正面 6 字,背面 8 字

釋　文:戉(越)州丩(句),戉(越)州丩(句)
　　　　自乍(作)用僉(劍),自乍(作)用僉(劍)

來　源:照片采自《龔藏》

---

[1] 曹錦炎:《鳥蟲書通考(增訂本)》,第 151 頁。
[2] 董珊:《吳越題銘研究》,第 53 頁。
[3] 李學勤:《新出現的十二字越王州句複合劍》,《中國文物世界》總 112 期,1994 年;又收入氏著:《四海尋珍》,清華大學出版社,1998 年,第 153—157 頁。
[4] 古劍:《〈臺灣古越閣藏商周青銅兵器精粹展〉巡禮》,《文物》1995 年第 8 期。

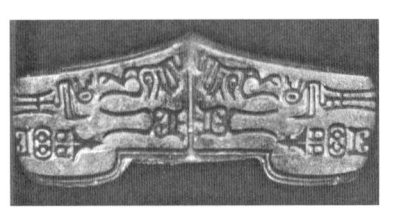

注　釋

略。

【20】

名　　稱：越州ㄐ劍格

收　　藏：澳門珍秦齋

尺　　寸：殘長 4.9、寬 3.85、格寬 4.9

著　　錄：《珍秦齋吳》36—41 頁，《鳥蟲增》圖 104，《吳越題銘》102，《通鑒》17890

字　　數：劍格正面 6 字，背面 8 字

釋　　文：戉（越）州ㄐ（句），戉（越）州ㄐ（句）
　　　　　自乍（作）用㓎（劍），自乍（作）用㓎（劍）

來　　源：照片、摹本采自《珍秦齋吳》

注　釋

以上兩劍"越州句"，不言"越王"，應作於州句稱王之前。

【21】

名　　稱：越王州句劍

出　　土：1973年3月湖北江陵縣藤店1號楚墓

收　　藏：荆州博物館

尺　　寸：通長56.2，寬4.3

著　　録：《文物》1973年9期圖版2.1、2.3，[1]《鳥蟲書》圖46，《鳥蟲增》圖77，《鳥篆編》下86，《集成》11625，《總集》7702，《集録》890，《兵圖》54頁圖9，《新探》356頁，《述編》下12，《金文選》164，《古文字》10輯147頁，《史語所集刊》61本1分63頁圖10，《輯證》304，《集釋》236、237頁，《書法研究》1996年3期73頁圖33，《吳越文》146，《荆州》133頁，《荆州博物館》20，《楚風漢韻》36頁，《長江》146頁，《古越遺珍》

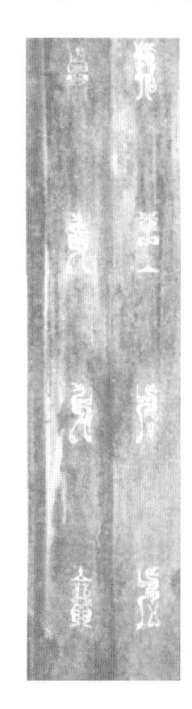

---

[1] 荆州地區博物館：《湖北江陵藤店一號墓發掘簡報》，《文物》1973年第9期。

14 頁,《吳越題銘》103,《通鑒》17892,《出土全集》13 卷 673 頁 558,《越王時代》173 頁

　　字　　數:銘文位於劍身近格處,錯金 2 行 8 字

　　釋　　文:戉(越)王州句,自乍(作)用僉(劍)

　　來　　源:器形采自《長江》,銘文照片采自《荊州》,拓片采自《吳越文》

　　注　　釋

　　略。

【22】

　　名　　稱:越王州句劍

　　收　　藏:浙江省博物館。[1]

---

[1] 此劍爲采集品,見《走近大越》相關介紹。

尺　寸：通長 57，格寬 4.5，首徑 3.7

著　錄：《越地範金》71 頁、《走近大越》96、97 頁，《大邦之夢》20、21 頁，《通鑒》41589，《銘圖三》1589

字　數：銘文位於劍身近格處，錯金 2 行 8 字

釋　文：戉（越）王州句，自乍（作）用僉（劍）

來　源：采自《越地範金》71 頁

注　釋

略。

【23】

名　稱：越王州句劍

收　藏：原藏美國溫士洛（G.L.Winthrop），1943 年入藏哈佛大學美術博物館

尺　寸：長一尺三寸七分，刃長一尺二寸三分，劍格廣一寸五分

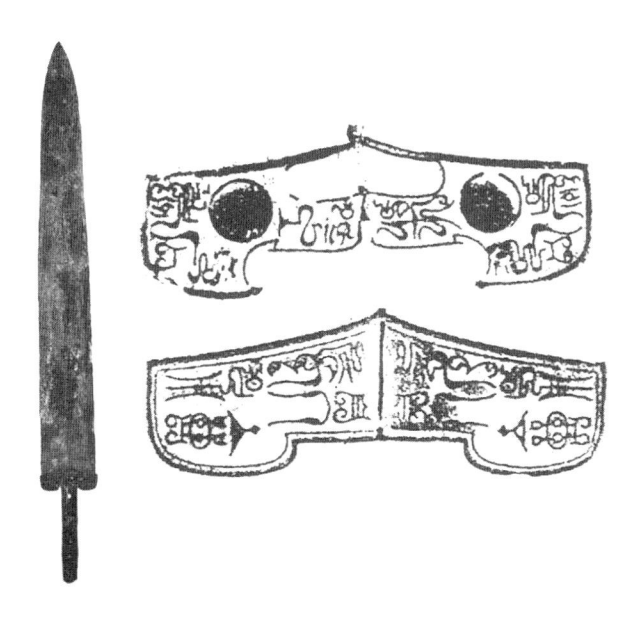

著　　錄：《燕京學報》17 期圖 23,《中山學報》1964 年 1 期圖 13,《書道》109,《三代補》847,《鳥蟲書》圖 54,[1]《鳥篆編》下 96,《集釋》243 頁,《商周》8623,《述編》下 16,《集釋》244 頁,《集成》11624,《總集》7705,《吳越文》149,《鳥蟲增圖》81,《吳越題銘》105,《通鑒》17901

字　　數：劍格正面 6 字,背面 8 字

釋　　文：戉（越）[王] 州句,[戉（越）] 王州句
　　　　　自乍（作）用僉（劍）,自乍（作）用僉（劍）

來　　源：器形采自《鳥蟲字彙》,拓片采自《集成》

注　　釋
略。

【24】

名　　稱：越王州句劍[2]

收　　藏：原藏美國溫士洛（G.L.Winthrop）,現藏美國哈佛大學藝術博物館

尺　　寸：長一尺五寸五分,劍格廣一寸七分

著　　錄：《中山學報》1964 年 1 期圖 14,《錄遺》598,《書道》108,《三代補》846,《鳥蟲書》圖 48,《鳥篆編》下 87,《集成》11623,《總集》7707,《商周》8625,《述編》下 18,《吳越文》150,《鳥蟲增》圖 82,《吳越題銘》106,《通鑒》17897

字　　數：劍格正面 6 字,背面 8 字

釋　　文：戉（越）[王] 州句,[戉（越）] 王州句
　　　　　自乍（作）用僉（劍）,自乍（作）用僉（劍）

---

[1]《通鑒》錯引爲圖 27。

[2] 該劍出土信息不詳。《吳越題銘研究》以爲"1936 年湖南長沙小吳門外楚墓出土"是沿襲了《吳越文字彙編》的錯誤。施謝捷先生後來修正了該信息,見《〈吳越文字彙編〉補正》,《考古與文物》1999 年第 1 期。

来　源：器形采自《通鑒》，[1] 拓片采自《録遺》

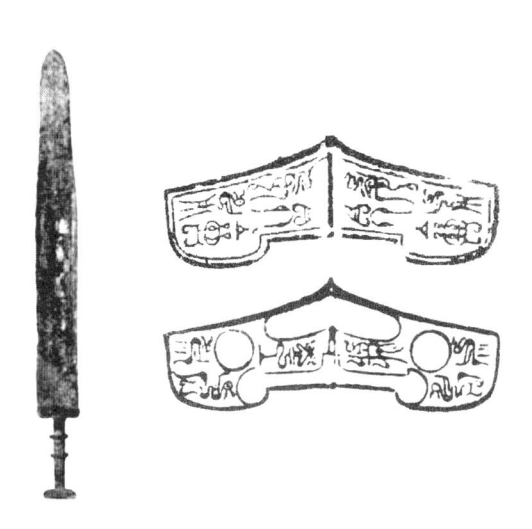

注　釋

《集成》云："《書道》以爲該劍藏於巴黎。"然檢索《書道》（1965）108 並未交待現藏地。《集成》引述錯誤。

《鳥蟲書》云"1936 年湖南省長沙小吴門外楚墓出土，現已流入海外，曾爲瑞典卡白克藏。"《鳥篆編》著録信息有《集釋》244 頁，[2] 現藏瑞典 O.Karlbook。二書皆將該劍與《集成》11629（即【25】）另一把越王劍收藏信息相混。《通鑒》吸收了這一錯誤，在流傳次序中加入了卡白克，云"原藏美國紐约温士洛氏、瑞典卡白克，現藏美國哈佛大學福格美術博物館"。實際上瑞典人卡白克從未收藏過該劍。

新版《鳥蟲增》、施謝捷《〈吴越文字彙編〉補正》都改從《集成》的意見，認爲該劍與上器【23】相同，皆舊藏温士洛，現藏美國哈佛大學藝術博物館，但我們在哈佛大學藝術博物館網站藏

---

[1] 之前著録皆未見該劍器形，不知《通鑒》采自何處。
[2]《集釋》244 頁其八爲《集成》11629。

品信息中只檢索到了一把越王州句劍。[1] 值得注意的是早期著錄該劍的《鳥書考》(《中山學報》1964 年 1 期) 並未交待藏於何處,與【23】明確標注溫士洛藏不同。哈佛大學是否確藏有兩把州句劍,【23】與【24】二者是何關係,仍需今後進一步核實。

【25】

名　　稱:越王州句劍

出　　土:1936 年湖南長沙市小吳門外

收　　藏:原藏蔡季襄、陳仁濤、瑞典卡白克(O.Karlbook)

尺　　寸:通長 62.9、臘長 54.5、寬 4.8、莖長 8.4

著　　錄:《金匱》第 37 頁 4.06—07,《鳥蟲書》圖 56,《鳥篆編》下 89,《集成》11629,《吳越文》151,《鳥蟲增》圖 84,《吳越題銘》107,《通鑒》17903

字　　數:劍格正面 6 字,背面 8 字

釋　　文:戉(越)[王]州句,[戉(越)]王州句
　　　　　自乍(作)用僉(劍),自乍(作)用僉(劍)

來　　源:器形采自《金匱》,拓片采自《集成》

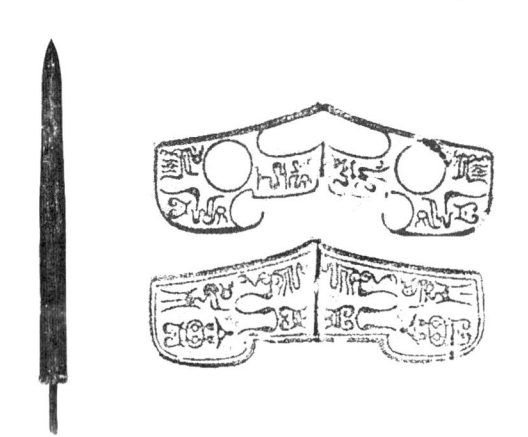

---

[1] http://www.harvardartmuseums.org/。

注　釋

略。

【26】

名　　稱：越王州句劍

收　　藏：香港中文大學文物館，利榮森捐贈

尺　　寸：通長50.8、莖長9、寬4.8釐米[1]

著　　錄：《鳥蟲書》圖58，《鳥篆編》下100，《吳越文》156，《黄八秩》308頁圖2，《新收》1736，《鳥蟲增》圖91，《銘刻文物》6，《古越遺珍》18頁，《吳越題銘》118（112重出），《通鑒》17895（17908重出），《近出二編》1285（1288重出）

字　　數：劍格正面鑄銘文6字，背面8字

釋　　文：戉（越）[王] 州句，[戉（越）] 王州句
　　　　　自乍（作）用僉（劍），自乍（作）用僉（劍）

來　　源：器形、銘文照片采自《銘刻文物》，摹本 a 采自《鳥蟲書》，拓片 b 采自《黄八秩》

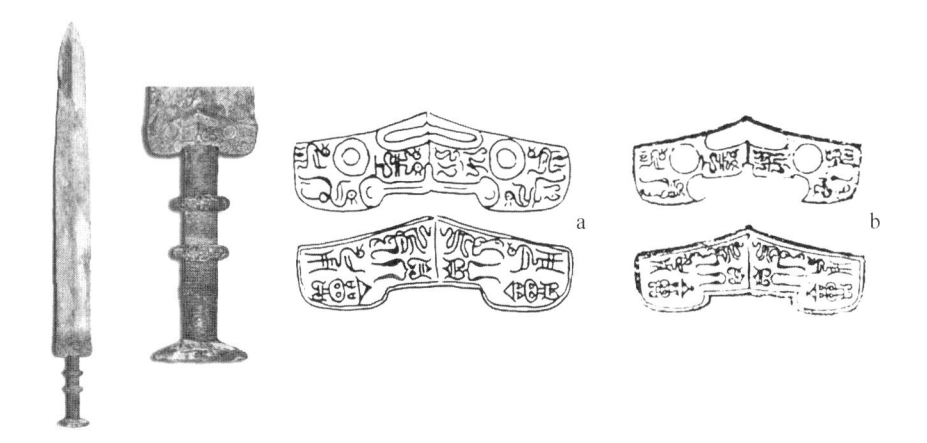

---

[1] 數據采自《銘刻文物》，《黄八秩》記作"通長50.7、莖長9、寬4.5釐米"，略有誤差。

注　釋

收録圖 a 摹本的有：《鳥蟲書圖》58，《鳥篆編下》100，《吴越文》156，《吴越題銘》112，《通鑒》17908，皆標明收藏者爲香港某私人。

收録圖 b 拓片的有：《黄八秩》308 頁圖 2，《鳥蟲增圖》91，《銘刻文物》6，《吴越題銘》118，《通鑒》17895，皆説明該劍現藏香港中文大學文物館。需要注意的是《新收》1736 雖然收録的是圖 a 摹本，但現藏地却標爲香港中文大學文物館。《鳥蟲書》收録摹本 a，但在增訂版《鳥蟲增》中却未收 a，而徑收拓片 b。由此判斷，a、b 當爲一器。《銘刻文物》云該劍由香港北山堂捐贈，可知原收藏者"香港某私人"就是北山堂利榮森。《通鑒》《吴越題銘》列爲兩器是不正確的。

【27】

名　稱：越王州句劍

收　藏：原藏臺北古越閣，現藏蘇州博物館

尺　寸：通長 51.7，格寬 5，莖長 9.5

著　録：《文物》1993 年 4 期 19 頁圖 1、2，[1]《鳥蟲書》圖 51，《鳥篆編》下 90，《中國文物世界》112 期 86 頁圖五 A、87 頁圖五 B，[2]《收藏家》1995 年 11 期 16 頁，[3]《吴越文》157，《近出》1223，《兵器》81 頁，《鳥蟲增》圖 96，《榮寶齋》2015 年 5 期 45 頁，[4]《吴越題銘》119，《通鑒》17894，《吴鈎重輝》74—77，《大邦之夢》186、187 頁

---

[1] 李學勤：《古越閣所藏青銅兵器選粹》，《文物》1993 年第 4 期。

[2] 李學勤：《新出現的十二字越王州句複合劍》，《中國文物世界》總 112 期，1994 年。

[3] 楊泓：《從古越閣藏品談中國古銅兵器收藏》，《收藏家》1995 年第 11 期。

[4] 姚晨辰、王振：《吴鈎重輝——蘇州博物館藏吴越青銅劍集萃》，《榮寶齋》2015 年第 5 期。

字　　數：劍格正面鑄銘文6字，背面8字

釋　　文：戉（越）［王］州句，［戉（越）］王州句
　　　　　自乍（作）用僉（劍），自乍（作）用僉（劍）

來　　源：采自《吳鈎重輝》

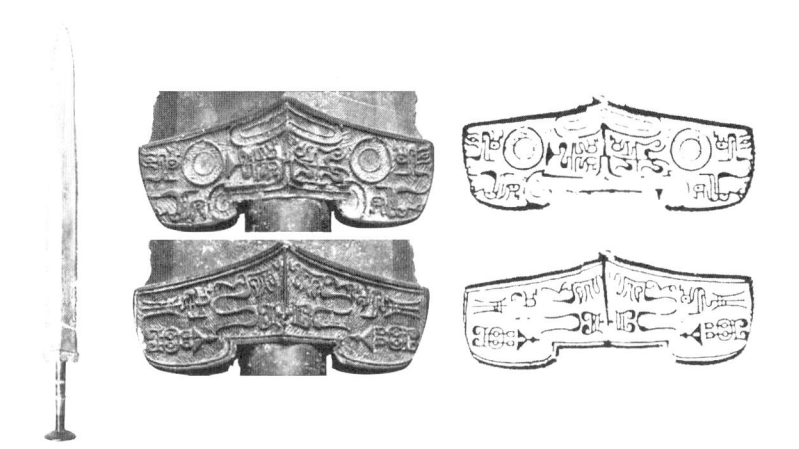

注　　釋

略。

【28】

名　　稱：越王州句劍

出　　土：傳20世紀90年代浙江某地出土

收　　藏：臺北龔欽龍藏，原藏臺北古越閣

尺　　寸：通長53.5、身寬5、格橫5.5、莖長9，重745克

著　　錄：《文物》2000年1期71頁圖1.3，《三屆古》395頁圖1，《古越閣藏銅兵萃珍》28，《中國文物世界》112期84頁圖1、86頁圖3、87頁圖4，[1]《吳越文》160，《龔藏》69—72頁，《新收》1870，《古越遺珍》17、49、56頁，《鳥蟲增》圖100，《吳越

---

[1] 李學勤：《新出現的十二字越王州句複合劍》，《中國文物世界》總112期，1994年。

題銘》125，《通鑒》17912，《近出二編》1296

  字　　數：劍格正背兩面鑄鳥篆銘文 14 字

  釋　　文：戊（越）［王］州句，［戊（越）］王州句

      之用僉（劍），余土㑶（捲）邗

  來　　源：器形、銘文照片采自《古越閣藏銅兵萃珍》，摹本采自《吳越文》

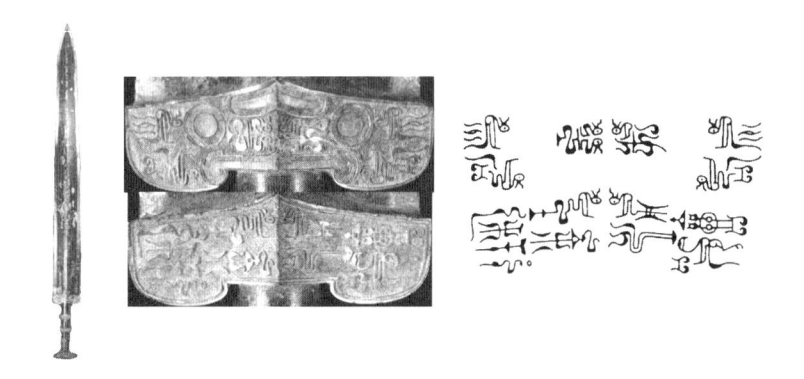

注　釋

  在釋讀銘文內容之前，先回顧一下州句劍格文字釋讀的幾種順序。

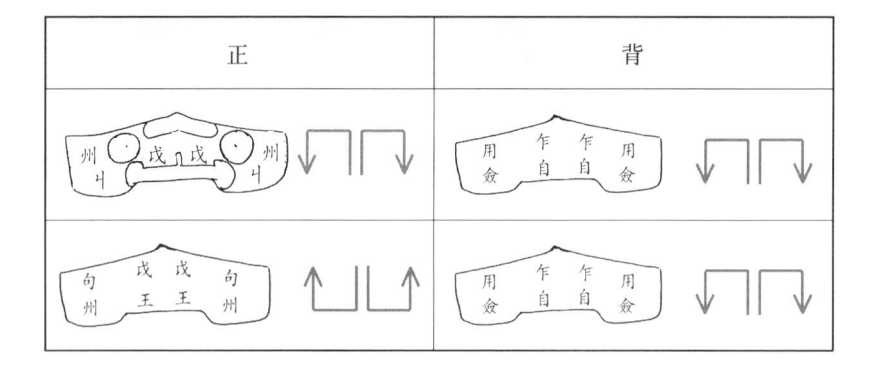

正	背
州 戊 戊 州 句　　　句	用 乍 乍 用 僉 自 自 僉
戊 戊 句 王 王 句 州　　　州	用 乍 乍 用 僉 自 自 僉

  兩種順序的差異僅在於正面的不同，而背銘的順序都是一樣的。接下來討論本劍銘文釋讀。正面劍格中左右對稱的"戊""王"二字在

閱讀時互相借文，應從右至左讀爲：戊［王］州句，［戊］王州句。

以往研究者對正面文字的釋讀意見完全相同，分歧主要集中於背銘。下面將諸家背銘釋文和閱讀順序以表格列出，並將主要觀點撮述其後：

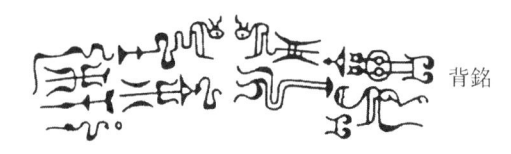

學者	釋文	閱讀順序	主要觀點
李學勤[1]	之唯用劍，余邘工利。	←⑥ ④→ ←⑤ ③→	"唯"訓爲獨，"唯用劍"即專用之劍。"余邘工利"就是余邘地方的工匠，名字叫利。
曹錦炎[2]	之用劍。唯余土利邘。	↓ ↓ ④ ③	"余土"，我的土地。"唯余土利邘"即"唯余土邘利"。正因吳被越滅，所以州句才會把吳地作爲"余土"稱頌吉利。[3]

---

[1] 李學勤：《新出現的十二字越王州句複合劍》，《中國文物世界》總112期，1994年。
[2] 曹錦炎：《跋古越閣新藏之州句劍銘文》，《第三屆國際中國古文字學研討會論文集》，香港中文大學，1997年，第389—395頁，又收入氏著：《吳越歷史與考古論叢》，第82—85頁。
[3] 曹錦炎在《鳥蟲書通考》中的解釋與之略有不同："唯余土利邘"，越王州句認爲只有成爲越國國土才會對邘地（即吳地）有利，這實際上是越滅吳的一種藉口，換種説法而已。曹錦炎：《鳥蟲書通考（增訂版）》，第117頁。2000年，曹錦炎在《新見越王兵器及其相關問題》（《文物》2000年1期，又收入《吳越歷史與考古論叢》，第99—107頁）一文中放棄了釋"利"的看法，改從李家浩釋爲厎，但不必再假爲"卷"，"委"有累積之意，"唯余土委邘"，是説我的疆土與邘（故吳地）相重疊，也就是説吳國之疆土已盡入我越國版圖。

續　表

學者	釋　文	閱讀順序	主　要　觀　點
馬承源[1]	余邗壬厎，之唯用劍。	←④⑥→ ←③⑤→	"邗"讀爲"捍"；"壬厎"讀"廷厎"，"余捍廷厎"義即"捍衛官廷和倉廩"。
施謝捷[2]	之用僉，唯余土厎邗。	↓④③↓	"厎"即"委"。"唯余土委邗"大概是說越國自句踐滅吳以後，越之疆土與吳之故地連爲一體。
李家浩[3]	之用僉，唯余土困邗。	↓④③↓	"困"讀"捲"，訓爲收取相連的土地。"唯余土捲邗"，即我的土地擴張到邗。
董楚平[4]	余邗王利，之唯用劍。	←④⑥→ ←③⑤→	"邗"讀爲"捍"。因爲"之利"、"利"多次出現在越國金文中，應是一個重要的人物，可能就是句踐的字。"捍王利"即"捍衛句踐（的霸業）。"
李學勤[5]	之唯用僉，余邗工困。	←⑥④→ ←⑤③→	接受了馬承源、施謝捷、李家浩等釋"困"的看法，"困"仍視爲工匠之名。

---

[1] 馬承源：《吳、越王劍——人間瑰寶》，《古越閣藏銅兵萃珍·銅劍篇》，古越閣，1998年，第15—16頁。

[2] 施謝捷：《吳越文字彙編》，第581頁。

[3] 李家浩：《越王州句複合劍銘文及其所反映的歷史》，《北京大學學報（哲學社會科學版）》1998年第2期。

[4] 董楚平：《越王州句複合劍銘文新釋》，《歷史文物》第90期，2001年；又收入蔣炳釗主編：《百越文化研究》，廈門大學出版社，2005年，第67—71頁；又收入《黃盛璋先生八秩華誕紀念文集》，中國教育文化出版社，2005年，第309—312頁，相同文字又見《臺北"古越閣"所藏吳越具銘器述論》，蔣炳釗等主編：《龍虎山崖葬與百越民族文化》，吉林人民出版社，2001年，第249—259頁。

[5] 李學勤：《十二字越王州句劍讀釋》，南京博物院編：《臺灣䜌欽龍藏越王劍暨商周青銅兵器》，南京出版社，2003年，第3—4頁；又收入李學勤：《文物中的古文明》，第328—329頁。

續 表

學者	釋 文	閱讀順序	主 要 觀 點
黃盛璋[1]	之用劍,唯余土廷邛。	↓④③↓	"廷"表輸禾於積處,而引申爲道路較遠,邪行而達。"唯余土廷邛"就是要越國土地邪行以達於邛。

先説閲讀順序。劍格銘文以劍脊對稱,從無先左後右之例,因此馬承源、董楚平意見應首先排除。剩下諸説,釋讀順序只有兩種:

序號	讀 法	代 表 學 者
a	←⑥ ④→ ←⑤ ③→	李學勤
b	↓④③↓	曹錦炎、施謝捷、李家浩、黃盛璋

李學勤堅持讀法 a 的主要依據是 1993 年江蘇盱眙發現的一柄蔡侯劍,[2] 其背銘如下:

李先生説:

  這柄劍形制、紋飾"很接近州句劍",格上的銘文也是鳥書,兩面兩側"字相同而互爲反向。格正面是'蔡侯□'三字,

---

[1] 黃盛璋:《關於越王州句複合劍銘文研究》,南京博物院編:《臺灣龔欽龍藏越王劍暨商周青銅兵器》,第 5—11 頁。
[2] 秦士芝:《江蘇盱眙出土的蔡侯劍》,《文物》2003 年第 4 期。

背面是'之佳（唯）用僉（劍）'四字"。特別要指出的，是其"佳"字和十二字越王州句劍的"佳"字所從全然相同。

盱眙蔡侯劍銘連起來讀，是："蔡侯□之佳（唯）用劍"，這證明十二字州句劍銘肯定要讀爲"越王州句之唯用劍"，十二字劍銘的連讀問題便澄清了。[1]

我們認爲這一看法並不正確。究其原因在於對"🐦"形的認識。李學勤信從原發表者意見，將之釋作"唯"。越國鳥篆中的"佳"作"🐦"（者旨於賜鐘），該形雖出自宋人摹本，但也可看出與正常"佳"形差異不大，又舊謂奇字鎛"唯"作"🐦"，以上二例與"🐦""🐦"諸形判然有別，足以説明二者絕非一字。

曹錦炎認爲該鳥形是"僉"字右側附加的裝飾。[2] 我們的看法是，"🐦"就是一個純粹的鳥形，在銘文中起到湊足字數的作用，不能看作文字。鳥形除了可以附加在文字筆畫之外，也可獨立使用，用於填充銘文的空白。除了上文提到的蔡侯劍與州句劍劍格，這種用法也見於越王之子句踐劍與不光劍劍首。下面以越王之子劍爲例：

越王之子句踐劍

如果將越王之子劍中的鳥形釋爲"佳"，恐怕任何一種順序也無法講通銘文。至於爲何州句劍鳥形上還綴有"口"形，很可能是因其占據一字的空間，鳥形"文字化"了，又在空白處增添了飾符。綜之，我們認爲背銘右側只有三字"之用劍"，背銘的閱讀順序也與之前所有州句劍一樣，並無不同。

---

[1] 李學勤：《十二字越王州句劍讀釋》，南京博物院編：《臺灣龔欽龍藏越王劍暨商周青銅兵器》，第3—4頁；又收入李學勤：《文物中的古文明》，第328—329頁。

[2] 曹錦炎：《鳥蟲書通考（增訂版）》，第306頁。

再説字形。󰀀並不從"刀",釋"利"不確,應隸定爲厎,古文字中"匚""匸"作爲形旁義近可換用。[1] "厎"即中山王鼎"厎任"之"厎"。黄盛璋在《中山國銘刻在古文字、語言上若干研究》一文專節論證"厎"即"委",非常正確。[2] "厎"從禾,禾亦聲,應該就是"委積"之"委"的本字。《説文》:"委,委隨也,從女,從禾。"《説文繫傳》作"從禾聲",段玉裁《説文解字注》亦作"從禾聲"。

黄盛璋雖然釋出"委"字,但他對銘文的解釋並不正確。李家浩讀"捲"雖然建立在將"厎"釋作"困"的基礎上,但對銘文的讀法却比較可取。因爲"厎"從"禾"聲,禾,古音匣母歌部,捲,見母元部,古音很近。"厎"可直接讀爲"捲"。[3]《淮南子·兵略》"昔楚人地南捲沅、湘",許慎注:"捲,屈取也。"

董珊説:"從字形上説,徑釋爲'委'似乎更加直接。從音義上説,'委'可以讀'卷','卷'有收義。"[4] 董先生的看法是正確的。

【29】

名　稱:越王州句矛

出　土:原藏英國威廉·沃森(William Waston),現藏不列顛博物館

收　藏:不列顛博物館

---

[1] 施謝捷:《吴越文字彙編》,第581頁。
[2] 黄盛璋:《中山國銘刻在古文字、語言上若干研究》,《古文字研究》第7輯,中華書局,1982年,第71—85頁。
[3] 2018年,李家浩在《新見越王者旨於賜劍和越王州句劍》一文中重申了這一意見。李説見《中國文字研究》第27輯,上海書店出版社,2018年;此外何琳儀認爲讀"圍"也可通,從文意考慮,讀"圍"遠不如"捲"貼切。何説見《戰國文字通論(訂補)》,江蘇教育出版社,2003年,第169頁。
[4] 董珊:《吴越題銘研究》,第58頁。

尺　　寸：通長 28.6

著　　録：*Ancient Chinese Bronzes*（William）76 頁圖 8,[1]《中山學報》1964 年 1 期圖 10,《書道》104,《三代補》843, *Chinese Bronze* 36,《鳥蟲書》圖 45,《鳥篆編》下 102,《集成》11535,《總集》7650,《商周》8553,《新探》360 頁,《古文字》10 輯 147 頁,《述編》下 11,《集釋》247 頁,《書法研究》1996 年 3 期 72 頁圖 32,《吳越文》145,《鳥蟲增》圖 106,《吳越題銘》126,《通鑒》17667

字　　數：脊兩側有錯金銘文 8 字

釋　　文：戉（越）王州句,自乍（作）用矛

來　　源：器形、摹本采自 *Ancient Chinese Bronzes*,照片采自《書道》

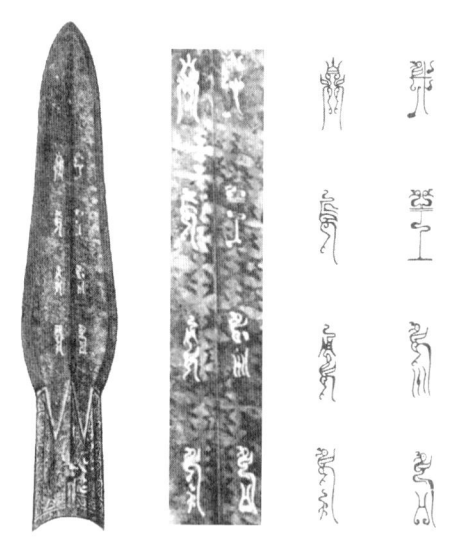

注　　釋

略。

---

[1]《通鑒》《集成》《吳越文》記作圖 8,《鳥書考》《總集》《鳥篆編》記作圖 10。檢原書當爲圖 8。

【30】

名　　稱：戉王者旨矛

收　　藏：香港中文大學文物館，1992 年購藏

尺　　寸：全長 16.2、骹長 5.7、銎徑 2.2[1]

著　　錄：《大公報》1992 年 6 月 12 日，《中國文物報》1992 年 6 月 21 日，[2]《鳥蟲書》圖 43，《鳥蟲增》圖 74，《鳥篆編》下 76，《銘刻文物》4，《吳越題銘》138，《吳越文》130，《新收》1735，《通鑒》17623（31281 重出[3]），《近出二編》1273，《銘圖續》1281（重出）

字　　數：脊兩側錯金銘文 8 字

釋　　文：戉（越）王者旨自乍（作）用矛

來　　源：器形照片、拓本采自《銘刻文物》

[1] 數據采自《銘刻文物》。《通鑒》記作"全長 16.1、骹長 5.5、銎徑 1.9"。
[2] 游學華：《記中文大學藏越王者旨於賜矛》，《大公報》1992 年 6 月 12 日；又《中國文物報》1992 年 6 月 21 日。
[3] 疑惑的是《通鑒》31281 云通長 12.8，與實際長度存在較大差異，不知何據。

注　釋

略。

【31】

名　　稱：戈王者句劍

收　　藏：中國國家博物館

著　　錄：《吳越題銘》139

字　　數：鑄銘文 14 字

釋　　文：戈（越）王者句，戈（越）王者句
　　　　　自乍（作）用僉（劍），自乍（作）用僉（劍）

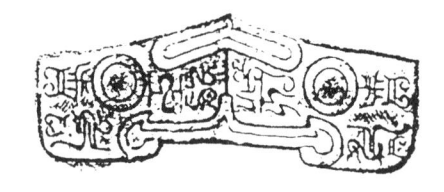

來　　源：《吳越題銘》

注　釋

略。

五、翳

【32】

名　　稱：越王者旨不光劍

出　　土：1974 年湖北江陵西門外張家山戰國墓葬

收　　藏：荆州博物館

尺　　寸：長 65.4、寬 4.3

著　　錄：《文物》1995 年 8 期 73 頁圖 1，[1]《鳥蟲書》圖 63，

---

[1] 曹錦炎：《越王嗣旨不光劍銘文考》，《文物》1995 年第 8 期，收入氏著：《吳越歷史與考古論叢》，第 71—75 頁。

《三十年》301 頁,《鳥篆編》下 107,《集成》11704,《集釋》229 頁,《吳越文》163,《荊州》135 頁,《荊州博物館》21,《古越遺珍》19 頁,《吳越題銘》135,《鳥蟲增》圖 107,《通鑒》17952,《越王時代》176、177 頁

  字 數：劍格、劍首有錯金銘文 24 字

  釋 文：戉（越）王戉（越）王

     者旨不光，自乍（作）用

     台（嗣）戉（越）不光昏可句於元用僉（劍）

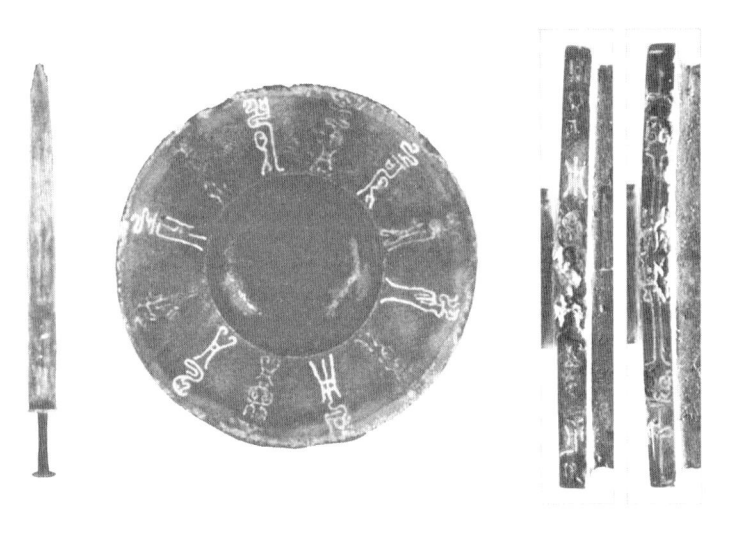

來　源：器形、劍首照片采自《荆州》，劍格銘文采自《越王時代》，摹本采自《文物》1995 年 8 期

注　釋

劍格王名"不光"由曹錦炎釋出：

> 劍首"光"字，頗不好認。"光"字構形，吳王光戈作"〇"，吳王光劍作"〇"，吳王光鑒作"〇"，中山王鼎作"〇"，最後兩例於"儿"旁兩側分別添加"八"和"〇"爲飾筆。本劍銘文"光"字寫法除上部"火"旁兩點做彎曲外，幾乎和中山王鼎銘"光"字構形一致。"不光"二字，卡爾貝克氏舊藏劍銘沒有作鳥蟲書，"光"字所从之"火"旁已成"〇"形。按望山楚簡"光"字作"〇"，可見火旁的這種構形並非孤例。[1]

曹先生對"光"字的考證是正確的。不過他將"〇"讀爲"嗣"，認爲"越王嗣"即越王的法定繼承人的看法並不正確。"〇"就是"者"字，應徑釋爲"者"。

下面談談背銘的釋讀。

左	右

劍格左側"用"下一字，曹錦炎釋"攻"，於字形不合，且無義可說。我們認爲"用"下並非文字，而是填補空間的筆畫，與丌北古

---

[1] 曹錦炎：《越王嗣旨不光劍銘文考》，《文物》1995 年第 8 期，收入氏著：《吳越歷史與考古論叢》，第 71—75 頁。

劍銘末常見的"自"或"旨自"性質類似。此處或許會有疑問，"自作用"後還有一字空隙，爲何不用"劍"，而使用了無意義的筆畫？這可能是因爲右側劍格"光"字下部爲三豎筆，爲了對稱，左側末端也相應變成了三豎筆。在鳥蟲書文字系統中，文字記錄語言的屬性常常屈從於裝飾美化的功用。

嗣越不光"昏可句於"，劍【33】作"越王大子可句於"，"昏可句於"與"可句於"當爲一人，當是越王不光之大子。"昏"施謝捷引《汗簡》"厥"作"昏"證"昏"讀爲"厥"。[1]

【33】
 名 稱：越王者旨不光劍
 收 藏：北京某私人藏

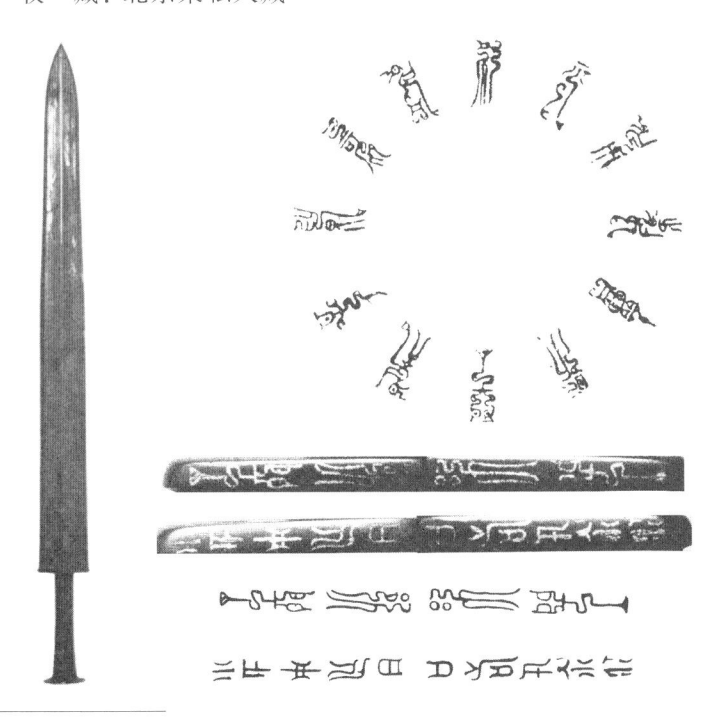

---
[1] 施謝捷：《吳越文字彙編》，第 582 頁。

著　　錄：《吳越題銘》136
字　　數：劍格、劍首鑄 24 字
釋　　文：戉（越）王戉（越）王
　　　　　者旨不光，自乍（作）用
　　　　　越王大（太）子可句於元用之僉（劍）
來　　源：《吳越題銘》
注　　釋
略。

【34】
名　　稱：越王旨医劍
出　　土：1994 年春見於香港市肆，現藏臺灣高雄某氏
收　　藏：高雄某藏家
尺　　寸：劍格長 5.5、寬 1.6
著　　錄：《鳥蟲書》圖 66，《鳥篆編》下 148，《文物》2000 年 1 期 71 頁圖 1.4，[1]《吳越文》171，《新收》1881，《鳥蟲增》圖 116，《古越遺珍》20 頁，[2]《吳越題銘》127，《通鑒》17873

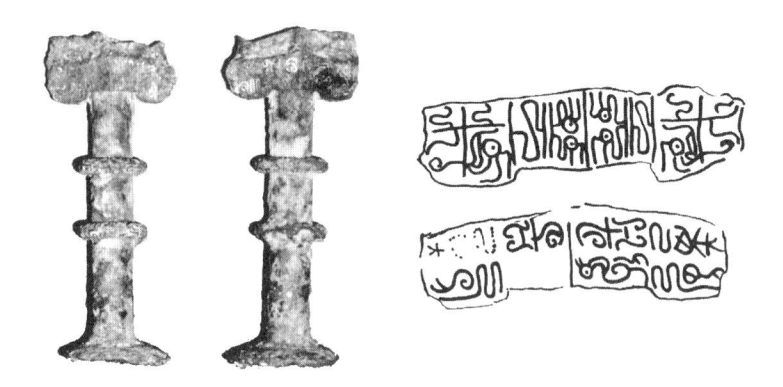

---

[1] 曹錦炎：《新見越王兵器及其相關問題》，《文物》2000 年第 1 期，收入氏著：《吳越歷史與考古論叢》，第 71—75 頁。

[2]《古越遺珍》釋文有誤。

字　數：劍格鑄鳥篆銘文 8 字

釋　文：戉（越）王，戉（越）王
　　　　旨医，旨医

來　源：照片采自《鳥蟲字彙》，摹本采自《鳥蟲書》

注　釋

寬格，形制同於者旨於睗劍、州句劍，而與其他者翳劍不同。"旨医"應即越王不光。

【35】

名　稱：越王旨医劍

收　藏：1998 年 6 月見於香港

著　錄：《吳越歷史》103 頁，《鳥蟲增》圖 114，《古越遺珍》23 頁，《吳越題銘》128，《通鑒》17954，[1]《通鑒》31330，《銘圖續》1330

字　數：劍格正面 4 字，背面 8 字，劍首環列 12 字

---

[1]《通鑒》17954 器銘文圖片實爲 17873 之誤植，但出土時地等信息與本劍同。

釋　文：戉（越）王戉（越）王
　　　　者旨不光，自乍（作）用僉（劍）
　　　　戉（越）王旨殹（翳）自乍（作）用僉（劍），居
　　　　（固）䓊（茅）旨（稽）吴。

來　源：采自《鳥蟲增》

注　釋

居䓊旨吳，曹錦炎釋"尸（夷）邦旨（稽）大"，"稽"有考核之義。意思是説夷邦中數我爲大。[1] 董珊釋作"居䓊旨㰟"：

"㰟"即"虞"字，可讀爲"吳"，此語與《紀年》記載越王翳遷於吳有關。"䓊"可讀爲"茅"，指茅山，即會稽山。《史記·封禪書》："禹封泰山，禪會稽。"《索隱》："晉灼云：本名茅山。《吳越春秋》云：禹巡天下，登茅山，群臣乃大會計，更名茅山爲會稽。亦曰苗山也。"越都會稽即今紹興，因會稽山得名。"旨"可讀爲"稽"，《書·梓材》："若稽田，既勤敷菑。"蔡沈《集傳》："稽，治也。""稽"可訓爲"考治"，"居䓊（茅）旨（稽）㰟（吳）"即居茅山而考治吳，實即居越都會稽而兼領吳都姑蘇的意思，這正反映了越王翳遷吳前後的史實。[2]

，又見於之乘辰鐘"　"，董珊釋"䓊"無誤。董先生將此句聯繫越王翳遷都史實，也是正確可取的。不過我們的讀法與董先生略有不同。"旨"或讀爲"耆"，《廣雅·釋詁一》："駁、勁、堅、剛、耆……强也。"《國語·晉語九》"下邑之役董安于多"章，記董安之言曰："及臣之壯也，耆其股肱，以從司徒，苟慝不産。"裘錫圭訓"耆"爲"强"，"耆其股肱"即使其股肱

---

[1] 曹錦炎：《新見越王兵器及其相關問題》，《文物》2001年第1期，收入氏著：《吳越歷史與考古論叢》，第99—107頁。

[2] 董珊：《吳越題銘研究》，第60頁。

強健。[1]"吳"即"吳地",吳國滅邗可稱爲邗,越滅吳後,越國自然也可稱作吳。"耆吳"意爲使吳地强大。"居"可讀爲"固","固茅耆吳"即"鞏固强大越國"之意。越國至翳時已無力争霸諸侯。《吳越春秋》載:

> (越)親衆皆失,而去瑯琊,徙於吳矣。

《吕氏春秋·順民》有一段對話也形象地説明了此時的情況:

> 齊莊子請攻越,問於和子。和子曰:"先君有遺令曰:'無攻越。越,猛虎也。'"莊子曰:"<u>雖猛虎也,而今已死矣</u>。"和子曰:"以告鴞子。"鴞子曰:"已死矣,以爲生。"

田和子與越王翳時代相近,齊視越如同"死虎",可見是時越國國勢衰頹,風光不再。故劍首"固茅耆吳"頗有重振旗鼓之意味。

【36】

名　　稱:旨医戟

出　　土:江西樟樹國字山戰國墓地 M1

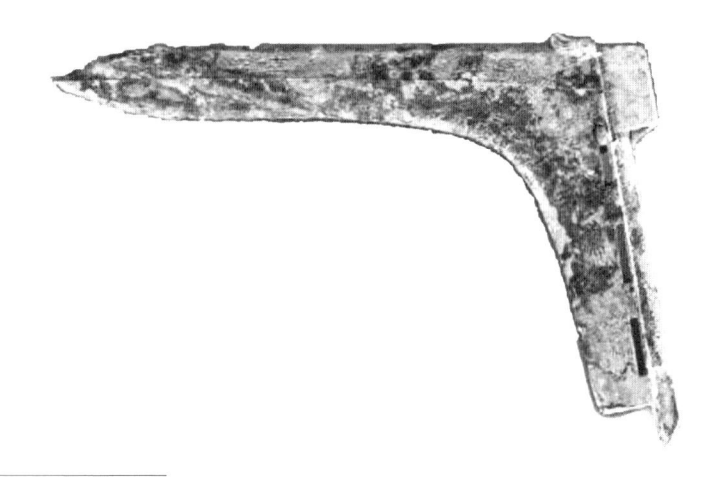

---

[1] 裘錫圭:《讀書札記四則》,《裘錫圭學術文集·語言文字與古文字卷》,復旦大學出版社,2012年,第475頁。

著　　録：《考古》2022年7期43頁

字　　數：戈上鑄鳥蟲書6字

釋　　文：□医（翳）自乍（作）用戟

來　　源：《考古》

注　　釋

首字不識，董珊釋"茚"。[1]

【37】

名　　稱：越王者旨不光劍

收　　藏：劉體智舊藏，後由中央博物院購得，現藏臺北故宫博物院

尺　　寸：長40.9、厚4.3、寬5，重0.505千克

著　　録：《善齋》11.9，《小校》10.100.3，《故圖》下下496，《中華》95，《鳥蟲書》圖77，《鳥篆編》下120、121，[2]《集成》11656，《商周》8643，《總集》7720，《述編》附5，《吴越文》167，《故宫文物》8卷9期90頁圖8a，[3]《故宫文物》8卷12期13頁，[4]《集釋》232頁，《國史金》2801頁，《吴越題銘》145，《鳥蟲增》圖112，《通鑒》17865

字　　數：劍首環列12字，每隔一字錯金

釋　　文：尸言之居旨卲亥蕾亓卲僉（劍）

來　　源：器形采自《故圖》，銘文采自《善齋》，摹本采自《吴越文》

---

[1] 董珊：《江西樟樹發現的兩件越式銘文戈》，《紀念李學勤先生90誕辰學術座談會論文集》，2023年，第112—117頁。

[2]《鳥篆編》誤分爲120、121兩器。

[3] 陳芳妹：《商周青銅兵器的發展——商周青銅兵器特展介紹之三》，《故宫文物》第8卷第9期，1990年。

[4] 蘇瑩輝：《院藏東周銅劍析論》，《故宫文物》第8卷第12期，1991年。

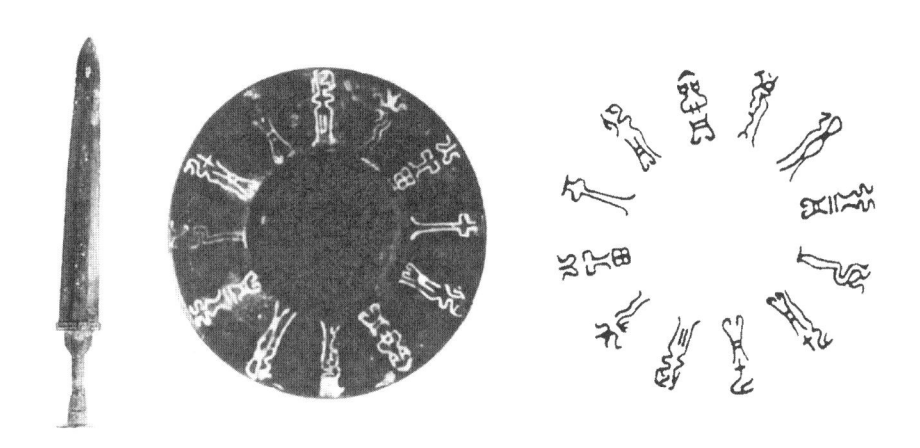

注 釋

陳芳妹指出可按銘文隔字錯金跳讀，嵌金文字或爲"亓北古之劍"。[1] 此説不確。曹錦炎已指出隔字錯金還是出於裝飾效果的需要，江陵張家山越王劍劍首銘文也是隔字錯金，但銘文不能跳讀。[2] 曹説甚是，尤其對照其他同銘劍劍格文字，器主當爲越王不光，與亓北古無涉。

董珊隸作"旨卲豖䈞亓（之）卲（造）僉（劍），唯尻（處）分（舜）之居"。董先生認爲"旨卲豖䈞"就是王之侯，也就是無顓。"旨"是越王姓氏"者旨"的省略，"卲豖䈞"是無顓另一名"菼蠋卯"對音。上古音"分"爲喻母元部字，"舜"爲書母文部字。從"分"聲之字與文部字關係密切。《史記·五帝本紀》"虞舜者"之《正義》引《括地志》列舉虞舜四處地望，其中有一處位於越州餘姚縣。董先生認爲"處舜之居"當與此有關。[3]

---

[1] 陳芳妹:《故宫的蔡國戈與越王劍》,《1992年吴越地區青銅器研究座談會論文集》, 1992年。
[2] 曹錦炎:《鳥蟲書通考》, 第124頁。
[3] 董珊:《吴越題銘研究》, 第73—74頁。

按，此説不確。󰀀，除去上部簡化之鳥形，當作"󰀁"，釋"谷"無據。所謂"豖"字原篆作"󰀂""󰀃""󰀄"等，應是越國的"亥"字，然則劍首銘文也就很難與"舜之居""邵豖茞"有關聯了。

六、旨翳太子

【38】

名　稱：越王太子矛

收　藏：上海博物館，孫鼎舊藏

尺　寸：通長30.5、銎徑4.5、重0.56千克

著　錄：《銘文選》561，《鳥蟲書》圖44，《鳥篆編》下146，《集成》11544，《書法研究》1996年3期73頁圖34，《吳越文》162，《夏商周》585，《集釋》220頁，《吳越題銘》137，《通鑒》17678，《鳥書增》圖75，《大邦之夢》56—57頁，《越王時代》182頁

字　數：脊兩側鑄銘文16字

釋　文：於戉（越）呂王旨医（翳）之大（太）子囗申，自乍（作）元用矛

來　源：器形采自《夏商周》，拓片采自《銘文選》，照片采自《越王時代》

注　釋

《銘文選（四）》首次著錄，釋作"於戉（越）󰀅王弋郶之大子勾𨛭自乍元用矛"，並認爲"弋郶即越王翳，翳是弋郶短音，實即弋郶是翳的越音；勾𨛭應是諸咎對音，諸、剢爲音變；𨛭、咎同幽部"。[1]

---

[1] 上海博物館商周青銅器銘文選編寫組：《商周青銅器銘文選（四）》，文物出版社，1990年，第379頁。

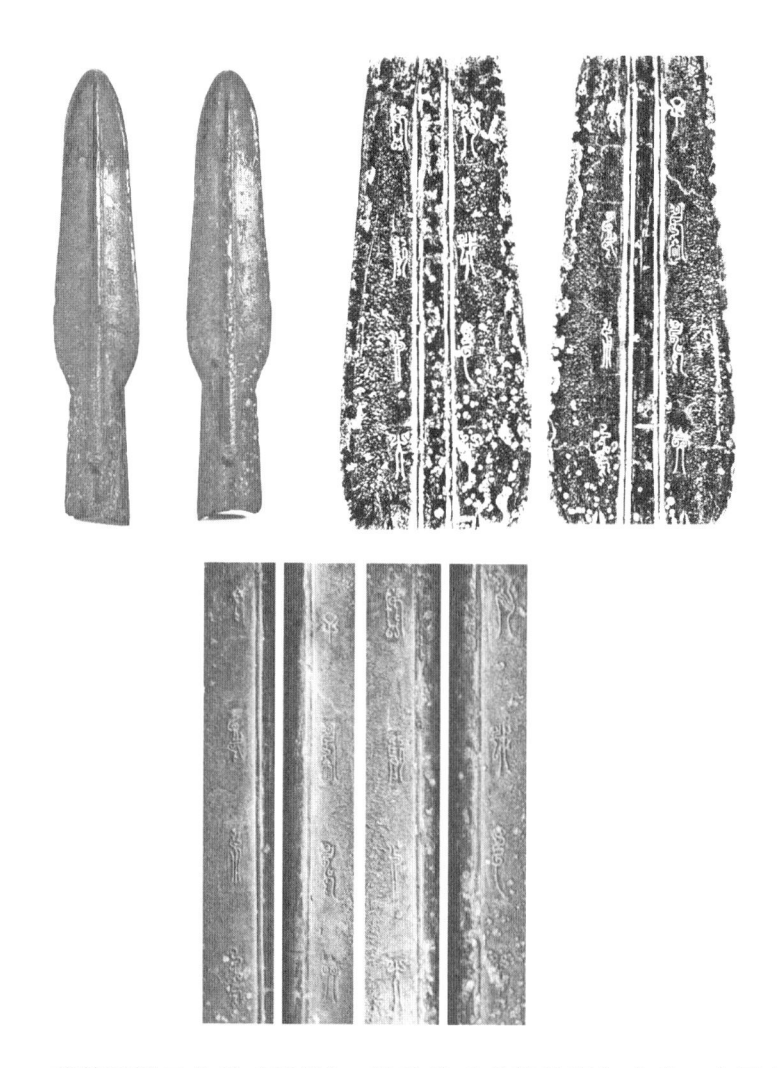

董楚平釋王名爲"旨於",認爲是"者旨於賜"之省,大子名釋作"凇壽",讀作"不壽",即盲姑。[1] 曹錦炎觀點與之類似,唯釋大子名爲"勹(伏)壽",亦讀爲"不壽"。[2]

---

[1] 董楚平:《吴越徐舒金文集釋》,第221頁。
[2] 曹錦炎:《越王大子矛考釋》,《1992年吴越地區青銅器研究座談會論文集》,後收入《吴越地區青銅器研究文集》,兩木出版社,1997年,第279—282頁;又收入氏著:《吴越歷史與考古論文集》,第65—70頁。

施謝捷釋王名爲"昷壽"。器主"昷邕"即諸咎，其父"旨医"即翳，冠以嗣王，知此矛當作於州句末年。諸咎在者汈鎛鐘銘作"者汈"，當爲其以後的別稱，音近字異。

　　此外董珊讀"昷壽"爲"不壽"，認爲其偶與曾祖父同名。香港中文大學藏"越王者旨"矛、國家博物館藏"越王者旬"劍器主才是"諸咎"。[1]

　　諸咎爲越王翳太子合乎文獻記載，所以之前不少學者都將大子名與"諸咎"趨同。不過除了印證傳世文獻的記載外，出土材料也往往逸出已知史料的範疇。郭理遠指出後一字當釋作"申"，[2]很可能是對的。其實"申"前一字恐也不是"昷"。況且"昷"在先秦時期也不能讀作"圖"，自然不能與"諸"通。這樣看來，該太子名與"諸咎"是沒有關係的，是出土文獻中新見的越國大子名。

【39】

名　　稱：者医太子戈

出　　土：江西樟樹國字山戰國墓地 M1

著　　錄：《考古》2022 年 7 期 43 頁

---

[1] 董珊：《吳越題銘研究》，第 64 頁。
[2] 郭理遠：《楚系文字研究》，復旦大學博士學位論文，2020 年，第 98 頁注 2。

字　數：戈兩面鑄銘文 16 字

釋　文：於戉（越）呂王旨医（翳）之大（太）子□申自乍（作）元用矛

來　源：《考古》

注　釋

戈銘與上海博物館藏越王矛銘全同。上博越王矛爲孫鼎舊藏，購諸賈肆。新出的越王戈，證明上博越王矛是真品無疑。越王"旨医"即文獻所記"翳"。王名與這種帶翼形扉飾戈的流行年代是吻合的。

有兩點值得注意，一是戈銘閱讀順序罕見（如下圖所示），二是戈自名爲"矛"。這很可能是將矛銘整體移寫在戈上產生的。

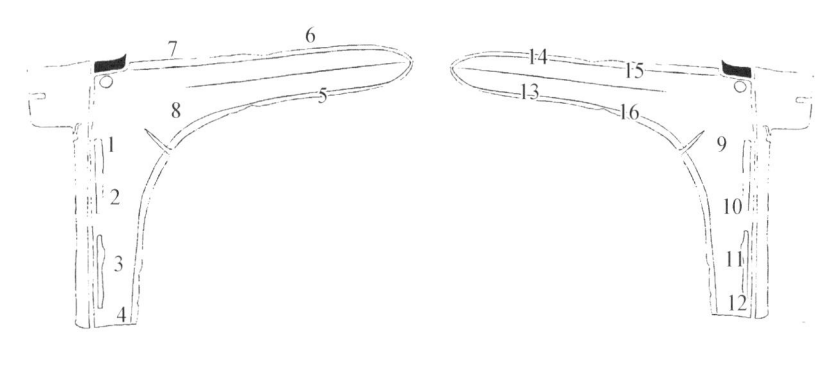

背銘

閱讀順序	1	2	3	4	5	6	7	8
樟樹戟銘								
上博矛銘								
釋文	於	戉	呂	王	旨	医	之	大

正銘

閱讀順序	9	10	11	12	13	14	15	16
樟樹戟銘								
上博矛銘								
釋文	子	?	申	自	年	元	用	矛

七、存疑

【40】

名　　稱：越王不光劍

出　　土：河南淮陽縣劉振屯鄉大朱村平糧臺徵集

收　　藏：河南博物院

尺　　寸：通長 61

著　　錄：《河南文博》1980 年 1 期 35 頁圖 3,[1]《河南省博物館》152，《述編》下 26，《集釋》231 頁中，《鳥蟲書》圖 67，《鳥篆編》下 110，《集成》11649，《吳越文》179，《古越遺珍》21 頁，《鳥蟲增》圖 118，《吳越題銘》157，《通鑒》17961

字　　數：劍格正背面各 4 字，劍首 12 字

釋　　文：戉（越）王戉（越）王，不光不光

　　　　　□□□□□□，□□□□□□

來　　源：器形照片采自《河南省博物館》，銘文摹本采自《河南文博》

---

[1] 曹桂岑、駱崇禮、張志華：《淮陽縣平糧臺四號墓發掘簡報》，《河南文博》1980 年第 1 期。

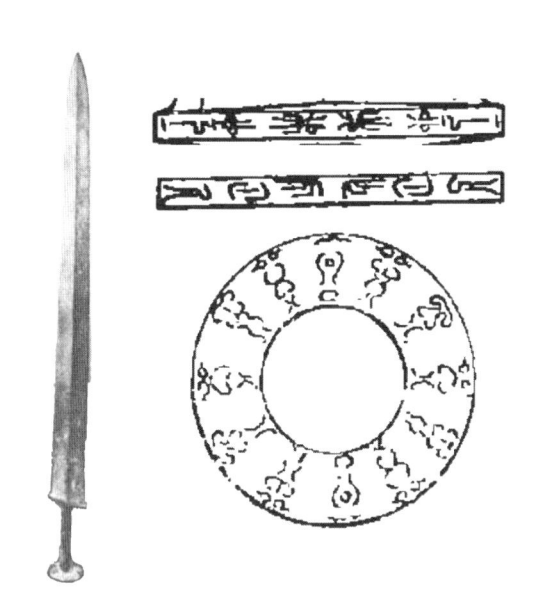

注　釋

王名並非"不光"二字，命名爲"不光"劍只是按過去習慣的權宜之策。劍格、劍首除"越王"二字外，餘皆不能確釋。

【41】

名　　稱：越王不光劍

收　　藏：原藏劉體智，現藏上海博物館

尺　　寸：長57，身寬4.8，格寬5.5

著　　錄：《善齋》11.11，《小校》10.101.3，《鳥蟲書》圖69，《鳥篆編》下112，《集成》11645，《總集》7741，《商周》8660，《述編》下24，《集釋》234頁，《吳越文》173，《國史金》2814，《吳越題銘》151，《通鑒》17960，《鳥蟲增》圖120，《大邦之夢》24—25，《越王時代》179頁

字　　數：劍格兩面錯銀銘文8字，劍首12字

釋　　文：戉（越）王戉（越）王，不光不光
　　　　　□□□□□□□□

來　源：器形綫圖采自《善齋》，器形照片采自《大邦之夢》，拓片采自《小校》，銘文照片采自《大邦之夢》

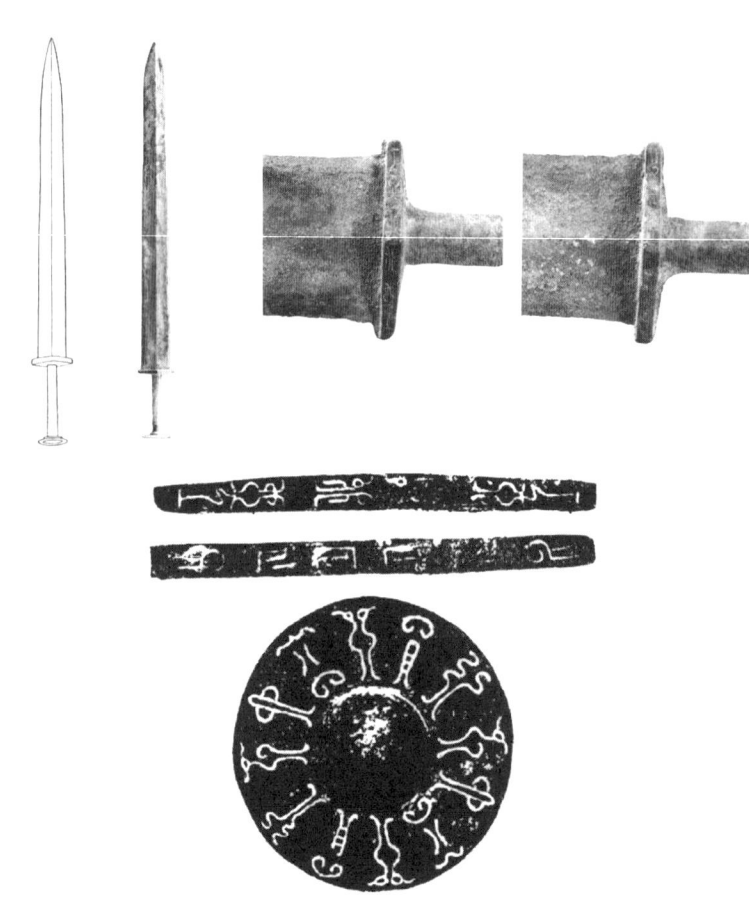

注　釋

略。

八、者差其余

【42】

名　稱：者差其余劍

收　藏：蘇州博物館

尺　寸：通長 39.8、格寬 4，重 0.375 千克

著　錄：《兵器》77，《古越閣藏銅兵萃珍》21，《中國文物世界》99 期 89 頁圖 12，[1]《吳越文》089，《新收》1869，《吳鈎重輝》78、79 頁，《榮寶齋》2015 年 5 期 47 頁，[2]《通鑒》17949，《吳越題銘》142，《大邦之夢》28—29 頁

字　數：劍脊鑄銘文 10 字

釋　文：者差其余擇吉金，鑄甬（用）劍

來　源：器形采自《吳鈎重輝》，銘文照片采自《榮寶齋》，摹本采自《吳越文》

---

[1] 李學勤：《青銅兵器的發展高峰——以古越閣藏品爲中心》，《中國文物世界》總 99 期，1993 年。

[2] 姚晨辰、王振：《吳鈎重輝——蘇州博物館藏吳越青銅劍集萃》，《榮寶齋》2015 年第 5 期。

注　釋

《古越閣藏銅兵萃珍》曹錦炎釋文作："者差其余則吉金□甬（用）僉（劍）。"闕釋之字施謝捷釋爲"鑄"，[1] 非常正確。董珊詳細比較了者差其余劍與差徐戈字體，其中"余""其""用"三字都有很强的相似性。董先生説："寫法不一致的'差'（似加'口'旁）、'金'、'鑄'三字，就不好比較了。"[2] 其實 （劍銘）與 （戈銘）構形也相同，只不過劍銘"鑄"字下部稍有訛變。

這類圓柱形莖寬格平脊劍，目前所見已有不少。[3] 其中福建大田曹昆侖所出銅劍與者差其余劍最爲相似（見下圖）。[4]

【43】

名　稱：越王差邾戈

---

[1] 施謝捷：《吴越文字彙編》，第559頁。
[2] 董珊：《吴越題銘研究》，第70頁。
[3] 毛波：《吴越系銅劍研究》，《考古學報》2016年第4期。
[4] 陳存洗、楊琮：《福建青銅文化初探》，《考古學報》1990年第4期，圖版貳：7。

出　　土：20 世紀 90 年代中葉浙江紹興

收　　藏：澳門蕭春源珍秦齋

尺　　寸：通長 25、内長 7.3、闌高 10.4

著　　錄：《故宫博物院院刊》2008 年 4 期 26 頁圖 2,《珍秦齋吴》48—71 頁,《珍秦琳琅》60—65 頁,《通鑒》17362,《吴越題銘》141

字　　數：胡部鑄銘文約 34 字

釋　　文：戉（越）邦之先王未遻（得）居（姑）乍（蘇）金，就差邹（徐）之爲王，石（庶）遻（得）居（姑）乍（蘇）金。差邹（徐）吕（以）鑄其元甬（用）戈，吕（以）攸（修）弖（强）鄥（邊）土

來　　源：器形、摹本采自《珍秦琳琅》，銘文照片采自《珍秦齋吴》

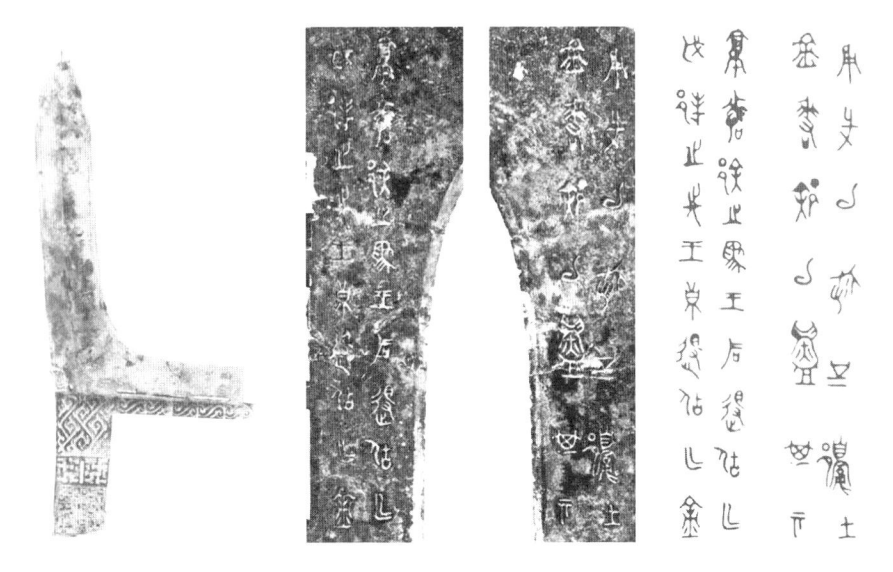

注　釋

背銘文字反書，翻轉後銘文如下所示：

戈銘自曹錦炎率先公布釋文至今，研究者甚多。銘文不少地方還有些分歧，不過也有一些問題隨着討論的深入，已逐漸釐清。熊

賢品曾對銘文中的幾個問題予以評騭，[1] 不少意見較爲允當，類似的觀點就不再重複了。下面我們先列出諸家釋文和主要看法，[2] 再對銘文中的幾個關鍵問題作些補充說明。需要說明的是，一些分歧屬於見仁見智，以現有材料和認知水平也無法作出最終裁決，這類問題目前只能諸説並存。

曹錦炎[3]	越邦先王……得居作鑄金豪（就），差（佐）郯（徐）之爲王后。……（得居）以乍（作）其元用戈，以守（？）其鄾（邊）土。

[1] 熊賢品：《〈越王差徐戈〉銘文與越國徙都"姑蘇"補論》，《蘇州教育學院學報》2014年第6期。
[2] 學者姓名後的文字是其對銘文的主要觀點，我們對原文考釋過程作了提煉，並非原文。
[3] 曹錦炎：《越王得居戈考釋》，《古文字研究》第25輯，中華書局，第208—212頁；又收入《黃盛璋先生八秩華誕紀念文集》，第300—304頁；又連曉鳴、李永鑫主編：《2002·紹興越文化國際學術研討會論文集》，浙江古籍出版社，2006年，第239—242頁；又《吳越歷史與考古論叢》，第92—98頁。曹錦炎：《越得居戈銘文考釋》，蕭春源：《珍秦齋藏金——吳越三晉篇》，澳門基金會，2008年，第272—277頁。

續　表

李學勤[1]	戉（越）邦之先王豪逞（得）居乍（作）金，亭差郤之爲王，司逞（得）居乍（作）金。差郤吕（以）鑄其元用戈，吕（以）伐旦鄔（邊）土。
吴振武[2]	戉（越）邦之先王翁（?）退居乍（作）金，亭差（佐）郤之爲；工後退居乍（作）金，差（佐）郤吕（以）鑄其元甬（用）戈，吕（以）攸（脩）強（?）鄔（邊）土。
董　珊[3]	戉（越）邦之先王未得居乍（胥—蘇）金（陰），就（由）差郤（徐）之爲王，司（始）得居乍（胥、蘇）金（陰）。差郤（徐）以鑄其元甬（用）戈，以攸（修）□鄔（邊）土。
孟蓬生[4]	戉（越）邦之先王未得居（姑）乍（胥~蘇）金，豪（造~俶）差郤（徐）之爲王，司（始）得居（姑）乍（胥~蘇）金。差郤（徐）以鑄其元甬（用）戈，以攸（修）□鄔（邊）土。
趙平安[5]	戉邦之先王未得居乍金，豪差郤之爲王，司得居乍金，差郤以鑄其元甬戈，以攻□鄔土
孔令遠[6]	戉（越）邦之先王某（謀），趣（州）居（句）作金豪（戚），差（佐）郐（徐）之爲王后，趣（州）居（句）作金差（佐）郐（徐），以鑄其元用戈，以攸其鄔（邊）土。

---

[1] 李學勤：《〈珍秦齋藏金——吴越三晋篇〉前言》，蕭春源：《珍秦齋藏金——吴越三晋篇》，第10—12頁；收入《通向文明之路》，商務印書館，2010年，第206—208頁。

[2] 吴振武：《記珍秦齋藏越國長銘青銅戈》，蕭春源：《珍秦齋藏金——吴越三晋篇》，第266—271頁；又吴振武：《談珍秦齋藏越國長銘青銅戈》，《古文字研究》第27輯，中華書局，2008年，第311—317頁。

[3] 董珊：《論珍秦齋藏越王差徐戈》，蕭春源：《珍秦齋藏金——吴越三晋篇》，第278—289頁；董珊：《越王差徐戈考》，《故宫博物院院刊》2008年第4期。

[4] 孟蓬生：《越王差徐戈銘文補釋》，《中國文字研究》2009年第1輯（總第12輯），大象出版社，2009年。

[5] 趙平安：《紹興新出兩件越王戈研究》，《中國古代文明研究與學術史——李學勤教授伉儷七十壽慶紀念文集》，河北大學出版社，2006年，第89—91頁；又收入氏著：《金文釋讀與文明探索》，上海古籍出版社，2011年，第50—57頁。

[6] 孔令遠：《越王州句戈銘文考釋》，《考古》2010年第8期。

續表

周運中[1]	戊（越）邦之先王未得居乍（祚）金，就（由）差郤（徐）之爲王，司（始）得居乍（祚）金。差郤（徐）以鑄其元甬（用）戈，以攸（修）□鄡（邊）土。
李家浩[2]	戊（越）邦之先王未得居亡金，就（俶）差郤之爲王，石（適）得居亡金。差郤吕（以）鑄其元甬（用）戈，吕（以）攸（脩）囗（徇）鄡（邊）土。
彭裕商[3]	越邦之先王𩢼得居作金𩡘（戚）。差徐之爲王后，得居作金，差徐以鑄其元用戈，以修其邊土。

曹錦炎斷爲"得居乍（作）鑄金𩡘（就）"。"得居"，作器者名，是新出現的越王名，即越王得居，當即越王句踐之父允常無疑。居，有止息、停留之義，常有恒久、經常之義，引申爲不動、不變之義，與"居"之義相近。"得居"與"允常"同義相訓，一名一字，意義呼應。釋"𩡘"爲"𩡘"，即"就"字初文，此處當讀爲"戚"。古稱銅爲"金"，"金就"即"金戚"，也就是銅斧鉞，可用來作爲建邦封侯（王）時權力的象徵物。"差"讀爲"佐"。后，"君后"之后，"王后"即"后王"之意，同義並列。"佐徐之爲王后"，即佐助徐國稱王之意。

李學勤將"𩢼"釋爲"𩡘"，從曹錦炎文說。[4]"𩡘"在三體石經爲"戚"字古文，古音清母覺部，於此讀爲心母覺部之"宿"，《小爾雅·廣詁》："久也。""居"即居處，"得居"當指遷居而言，是不是徙都尚待考證。釋"𩡘"爲"亭"，讀作"丁"，

---

[1] 周運中：《越王差徐所遷乍金考》，復旦大學出土文獻與古文字研究中心網站，2008年12月6日。
[2] 李家浩：《〈越王差郤戈〉銘文新研》，李宗焜主編：《第四屆國際漢學會議論文集·出土材料與新視野》，"中研院"歷史語言研究所，2013年，第311—340頁。
[3] 彭裕商：《越王差徐戈銘文釋讀》，《考古》2012年第12期。
[4] 李先生此處有誤解。曹錦炎釋文作"得居乍（作）鑄金𩡘（就），差（佐）郤（徐）之爲王后"，應該是將"𩡘"釋爲"𩡘"，與"𩢼"無關。

當也。"差邾",作器越王名。"司"字原反書,在此以音近讀爲"台",訓爲代名詞我。"戊"疑讀作戮力的戮,意爲並。"呈"應爲"弬"即"强"字之省。戈銘大意是説:越國先王久有遷居時製作青銅器的傳統,今當差邾爲王,也於遷居時製造青銅器。差邾因此鑄作自用之戈,以鞏固國境。"差邾"就是《史記·越世家》索隱引《紀年》的初無余之,《路史·後紀》注引作"初無余",更與"差邾"接近。可以設想,初無余之即差邾之立可能不在吳,而在會稽即今紹興,從而戈銘稱"得居",且戈即發現在該地。

吴振武斷作"戉(越)邦之先王翁(?)退居乍(作)金"。"翁",奇詭難釋,應釋爲"翁",本義指鳥頭、頸上的毛,"翁"所從之日象徵頭頸,上下五豎畫即用來表示頭頸上的毛。先秦古文字中未見"从羽公聲"的"翁"字,殆"从羽公聲"的"翁"字是後起的形聲字。翁,即越王朱句,越國兵器多作"州句","州(朱)句"是夷式名,"翁"是華化名。朱句自己作器用夷名,他人作器提及他時用華名,應該也是不矛盾的。"退"作"𢓊",从"辵",同於《説文》古文;所從"艮"旁的寫法,則與西周金文"退"字作𢓊、𢓇者略近,惟其下部所從的"夂"旁已訛變成"又"形。"退居"本是退位家居得意思,此處實是去世的隱語。"乍(作)金"自是指製作銅器。銘中兩"乍"字皆有省筆,然其必爲"乍"字無疑。王或王后"退居乍(作)金",不能理解爲王或王后退位家居製作銅器,而應該是王或王后去世而製作銅器,顯然具有紀念性質。"亭差(佐)邾之"是作器者,銘中又簡稱爲"差(佐)邾","亭差(佐)"是官名,即亭長的副手。製作此戈也是爲了"攸(修)强(?)鄥(邊)土",知銘中所説的亭是設於邊境上的亭。人名以"之"字煞尾,古書及楚銘刻中多見。先秦銘刻中的"邾"字多用作舒徐或徐氏之"徐",但本銘中的"邾"字與國名、姓氏無關,作爲人名也可讀爲"徐"。此戈可定名爲"亭佐邾之戈"。"邾"字所從的"余",中間豎畫均不下拽，這種寫法的"余"字，亦見於浙江紹興坡塘所出的一件徐國銅鼎銘文中。"爲"當製作講。攸，讀爲"修"，訓爲"治理"。"強"原作"⿱亞工"，疑是"弜"（強）字的省寫。"向""強"二字古音極近，戰國時"向"字又作⿱亞口、⿱亞⿰口口者，大概就是以這種省寫的"強"字爲聲符的。修強邊土，即治理強固邊境的意思。戈銘的大意是說：過去越國先王翁去世時製作銅器，是亭佐邻之鑄造的；而今王后去世製作銅器，亭佐邻之鑄造了這把上好的戈，將用來治理強固邊境。

董珊讀作"戉（越）邦之先王未得居乍（胥—蘇）金（陰）"。董先生聯繫仳子受編鐘"眛"（𣑥）所從的"未"旁，證明𣑥是"𣑥"所從"未"形中間短橫拉長的寫法，但戈銘"未"字缺少上半部分的中豎，這可能是當時所習慣的一種簡省寫法。又據春秋晚期吳越文字的"乍"字作⿱丨⿱匕、⿱匕⿱一、⿱匕⿱一、⿱匕⿱一、⿱匕⿱一諸形，及"乍"字的簡化軌跡，將戈銘中的"⿱匕"釋爲"乍"。古書凡講君王"居"某地，"居"的後面常是國都名稱。"居"的意義，有時與"遷"或"徙"相同。"乍金"是越國都之名，當讀爲"蘇陰"，指姑蘇山之北的都邑，此地曾先後作爲吳、越都城。"司"作"⿱丂口"，"攸"作"⿱攵丨"，皆反書。銘文"未得居"與"司（始）得居"互相照應，"司"應讀爲"始"。可見"未""司"二字釋讀均不誤。"得"是語氣助詞，詞義比較虛，或可譯爲今語"能"。戈銘"就"古書常訓爲"至""到""逮至"，此處"就"可讀爲"由"，"由……始……"是古漢語常見的結構。"差徐之爲王"句的"之"是結構助詞，其作用是使主謂結構成爲一個名詞性短語，作介詞"就（由）"的介詞賓語，介詞結構"就差徐之爲王"，充當"（差徐）司（始）得居乍金"的時間狀語成分。

"差徐"是越王名，乃是《紀年》所見名"初無余"的越王，"初""差"都屬正齒音初紐，"初"是魚部字，"差"是歌部字，據古書及古文字材料所見，"差"聲之字常常與魚部字相通。"差徐"可與"初無余"古音相對。至於"無"字也是魚部字，應該是次要音節，在急讀時可省略不記。此戈當定名爲"越王差徐戈"，銘文記載了越王差徐遷都乍金之事。"差郄（徐）以鑄其元甬（用）戈，以攸（修）□鄡（邊）土"是承上文"始居乍金"而言，爲了紀念徙都之事，越王差徐鑄造了這件戈，並用這件戈治理邊疆，意思是永遠保守邦土。

銘文是説：越邦之先王不曾（未嘗）居"乍金"這個地方，由"差徐"爲王之世，開始能居於"乍金"，"差徐"因此鑄造了這件元用戈，以修邊疆。

孟蓬生贊成董珊説，將"![未]"釋爲"未"，並舉"![差徐]"（差徐戈）等例，説明"未"字末端歧出的筆畫可以作兩歧。"居乍"當爲一詞，即傳世典籍中之"姑胥（蘇）"，"金"字可讀如字，而不煩改讀。"居乍金"即"姑胥（蘇）金"，義爲"産自姑蘇的銅"。"得"，是一個實義動詞，義爲"得到"。但不贊成董珊將"鄡"讀爲"由"，認爲"鄡（就）"實際上表示時間的終點，正取"逮至"義。在"至"或"到"的意義上，"鄡"和"撼"應當看作假借字，而"遼""造""敊"均可以看作本字，只不過時間有先後而已。[1] "差郄曰（以）鑄其元用戈"，處於主語（差郄）和謂語（鑄）之間的"以"字，只能理解爲"介詞"，作"用"字講。而介詞"以"的賓語一般是指某種金屬原料，只有在上文出現過情況下才可以省略（即大家所熟知的承前省）。此處"以"的賓語是"居乍金"即"産自姑蘇的銅"。

翻譯成白話，大意是：越國先王沒有得到過姑蘇的銅，到了差郄（徐）做國王時才得到姑蘇的銅。差郄（徐）用姑蘇的銅鑄成

---

[1] 此處表述可能有誤。前文説"出土文獻中的'𢕕'、'遼'與傳世文獻中的'造'、'敊'、'撼'等字記錄的實際是一個詞"。

了自己使用的戈，用它來修治邊疆。

趙平安贊同董珊釋"未"說，但以爲應按吳振武理解爲先王名。"未"就是史書中的翳。翳爲脂部影母字，未在物部明母，聲近可通。"居作"理解爲地名，孟蓬生以爲居通姑，董珊以爲乍通蘇，合二位先生的意見，居乍讀作姑蘇。"戊邦之先王未得居乍金"是説越國先王翳得到姑蘇的銅。[1] "臺"，從曹錦炎釋，讀爲就，當至講，表示時間。"差郤"爲人名，當如李學勤、董珊兩位先生所説，就是"初無余之"，或作"初無余"，是該戈的主人。董珊考證"者差其余"和"差郤"是同一人，極是。司應讀爲嗣，表示繼承的意思。"臺差郤之爲王，司得居乍金"是説至初無余爲王的時候，從其父翳那裏繼承得到姑蘇的銅。"差郤以鑄其元甬戈，以叹□鄡土"，是説初無余用從他父親那裏得來的姑蘇銅鑄造永久使用的戈，用它來拓展疆土。"叹"從又它聲，讀爲拓。叹在歌部透母，拓在鐸部透母，音近可通。叹後一字，網友"娃哈哈的娃娃魚"釋爲其，可從。

孔令遠釋"某"爲"某"，與禽簋、諫簋中的"某"字寫法相近，僅下面的偏旁"木"字略有缺省，此處"某"讀爲"謀"，"戊（越）邦之先王某（謀）"之意爲佐助徐人恢復國家，重新稱王，是越國先王所謀劃的國策。將"趣"釋爲"趣"，可通"朱"，兩字同在侯部，又與幽部的"州"通假。"句"與"居"古音同屬魚部，兩字可通假。"趣居"即金文中的"州句"或文獻中的"朱句"。該戈出土於浙江紹興，亦與戈主是越王州句相合。"差郤"即"佐徐"，佐助徐國之意。金文中的"以"多起到連接前後兩行爲的作用，交代兩個或幾個行爲之間的承接關係。這句話的意思可

---

[1] 趙文2006年發表時，其觀點主要根據曹錦炎釋文和理解得出，趙文認爲"差徐"當爲器主，即越王者旨於睗，"就"應是兵器之外其他東西。2011年趙先生將該文收入《金文釋讀與文明探索》一書時，對早先的觀點作了較大改動。本書主要稱引上述2011年論文集中"校記"的觀點。

以理解爲"趣居（州句）鑄作了這件銅戈，用來佐助徐國，用來守衛邊疆"。

周運中認爲"乍金"就是文獻裏的莋碓山及山下的莋邑。"莋""崔""乍"相通；"碓""崿""嶺""阜"諸字均可訓爲"山"，皆爲山之通名。"雉"可能爲"碓"之訛字。莋碓山很可能本單名爲"莋"。也有可能是"金"字訛爲上述"碓""崿""嶺""阜"四字。不管怎樣，《越絕書》的莋邑即差徐所遷居的乍金，還是很有可能的。

李家浩從董珊、孟蓬生釋"![字]"爲"未"。"得"作"![字]"，从"辵"，从"辵"的"得"見於春秋金文、戰國陶文、璽印文字；其中"旱"旁所从的"貝"寫作"目"字形之下向右側加一斜畫，這類寫法屢見於戰國簡帛文字。"![字]"，諸家釋"乍"，讀法不盡相同。僅就字形本身來説，這個字既可以釋爲"乍"，又可以釋爲"亡"，考慮到銘文文意，應該釋爲"亡"。"未得居亡金"，"得"是動詞，"居亡金"是名詞性賓語，應是一種金屬名稱。"居亡金"當是越語"居亡"加華夏語"金"組合而成的複合金屬名詞，"居亡"是越語好銅的記音説法，可能跟林邑"俗謂上金爲楊邁"之"楊邁"在語源上有關。"就"作"![字]"，即古文字常見的上"高"下"京"的古文"就"，戰國文字中多用爲"至""到"之義，這種用法的古文"就"，頗疑應讀爲"造"或"俶"，至也，到也。"差郤"從李學勤、董珊説，即古本《竹書紀年》的"初無余"，也就是《史記·越王勾踐世家》的"王之侯"，《索隱》引文作"初無余之"，越人的名字有附加語，急讀時，附加語可以省掉，"初無余之"的"無""之"都是單音節的後附加語，急讀即稱"初（差）余（郤）"，"初余"是"差郤"的對音，即者差其余劍中的"諸差其余"。"石"作"![字]"，舊釋爲"后"或"司"，都與字形不合。古文字"石"却有很多與之相同或相似的寫法，故改釋爲"石"。"未得居亡金"與"石得居亡金"文例相同，"未"是否定副詞，則"石"亦當爲副詞，頗疑應該讀爲"適"，是正巧、恰好的意思，是時間副詞。"就（諔）差郐之爲王，石（適）得居亡金"意思是說，到差郐爲王的時候，恰好獲得"居亡金"。越王差郐所得的"居亡金"，可能是通過海路向西南林邑地區掠奪的。"得居亡金"的目的就是"鑄其元用戈"，用它來"脩䞈邊土"。"攸"從吳振武說，訓爲"治理"的"脩"或作"修"。"口"作"㇐"，下方有二橫，以戰國文字"向""容""命"等字的異體所從"口"旁之下加二橫例之，此字當是"口"字的異體。上古音"口""䞈"都是溪母侯部字。訓爲"治也"的"攻""䞈"當是同源詞。戈銘的"䞈"引申爲治理的意思。"脩䞈"當是同義複詞，而組成同義複詞"脩䞈"的"䞈"還是吳、越的方言，這與銅戈的國別相合。"邊"從"邑""䍿"聲，當是邊鄙之"邊"的專字，"邊土"猶言"邊疆"，"以脩䞈邊土"與《左傳》成公三年"以脩封疆"用語相似，意亦相近。

彭裕商認爲"㡀得居"爲越邦先王之名，下文省㡀，僅稱"得居"。越國兵器銘文中王名有省略的情況。"豪"讀爲戚，此讀爲"鏚鉞秬鬯"之"鏚"。"金戚"，猶言"金戈"，下文承前省"戚"字，僅作"金"，可能是爲了使兩行銘文字數相等所致。作戚與作戈一樣，表示捍衛國土之意。"修"，治理。"修"字後之"其"字，原銘字形似戰國文字"強"字所從，但釋"強"語句不通順，釋"其"則文從字順，可能是"其"字壞范。"越邦之先王㡀得居作金戚"是敘述先王作兵器以示捍衛國土之意。"差徐"，不應解釋爲佐助徐國。此爲戈，並非戚，且據戈銘，越王作此戈的目的是"修其邊土"，所以作金戚以佐徐爲王的釋讀是有問題的。以金文慣例觀之，"差徐"應爲越王之名，爲作器者，"差"不必讀爲"佐"。釋戈爲亭佐徐之所作，雖可用來講解該銘，但於上舉紹興越文化博物館所藏的一件越王差徐戈銘文就不好講了。彭先生後來又據《清華簡·繫年》中的相關記載，重申了這一看法。[1]"得居作戚"是"差徐以鑄其元用戈"的原因所在，意爲差徐作戈是因爲先王作戚在先，差徐仿效之，故作此戈，以捍衛國土。得居爲差徐之父，但這二位越王均不見古籍記載，大致相當於古書中的哪兩位越王，只有依據此戈的製作年代進行有限的推測。結合戈的形制來看，其下限可到戰國中期，差徐可能是初無余，其父王翳即與戈銘中的越先王得居相當。初無余之父越王翳，古書中的異名有"不揚"和"授"，其中"不揚"與戈銘中的越邦先王"得居"古音相近，二者或即爲同一越王名的不同寫法。全銘意爲：越邦之先王京得居在位時作了金戚，差徐作爲現在的越國王后，以前先王得居曾作金戚，差徐因此鑄造了此精良之用戈，以修治其疆土。

按，京，董珊釋"未"，非常正確，後來學者也基本贊同這一觀點。就，應按孟蓬生理解爲表示時間的終點，楚簡中也有這類用法的"就"，如清華簡《周武王有疾周公所自以代王之志》"就後"，上博簡《邦人不稱》中"就昭王之亡""就復邦之後""就白公之禍""就王之長也"等。沈培解釋説：

> 楚墓竹簡中這種用法的"就"跟古書中的"及"的用法是相同的。前人在解釋古書的這種"及"時，雖然常常也説是"至"的意思，但是我們知道，"及"可以跟"至"連用而説成"及至"，可見它跟"至"並不完全相同。仔細推敲上引例句，這種"及"顯然含有"一直到"的意思。這裏討論的清華簡和上博簡里的"就"顯然也含有這個意思。可能有人會問：我們能不能直接將上面簡文中的"就"讀爲"及"呢？這種可能性恐怕不能完全排除，不過目前還找不到肯定的證據。鑒於此，我們認爲這種"就"的用法可能是楚方言的特有用

---

[1] 彭裕商：《清華簡〈繫年〉札記二則》，《出土文獻》第 3 輯，中西書局，2012年，第 31—34 頁。

法。大概由於它是方言，又因爲其用法跟通語的"及"相同，因此後來就被"及"吞併而消失了。[1]

沈先生對楚簡文意的把握是很精確的。我們認爲楚簡中的這類"就"與戈銘"就差徐之爲王"的"就"用法完全一致，而"就"這種用法，也與戈銘"未"正相呼應。這可以看作是楚簡與金文合證的一個佳例。

"𠂤"與吳越文字中"乍"寫法如出一轍，當以釋"乍"爲優。"居乍金"，孟蓬生讀作"姑蘇金"是很好的意見。周運中不贊同這一看法，他説：

> 第一，史書無姑蘇産銅的記載。有學者認爲上古蘇州西部産銅，查其所引《吳地記》兩條皆不見於今本，第一條爲《太平寰宇記》卷九一海鹽縣所引，和吳縣無關，第二條爲《讀史方輿紀要》引，顧祖禹在清初很難看到新版本，而且此段中有"光福里"，《吳地記》原文中没有里這一區劃，只有鄉、都、鎮，其中也没有光福，所以此段肯定是顧祖禹誤引後代他書。

> 第二，假如姑蘇産銅，吳國肯定早已開發利用，爲何越國以前的君主没有得到呢？

我們認爲這兩處懷疑是可以解釋的。王子超在論述"繁陽之金劍"時曾據文獻及考古資料證明繁陽不是銅礦産地，而是轉運銅錫的咽喉要地。[2] 先秦重要的銅器鑄造地往往都不是銅礦産地，如河南安陽、山西侯馬、河北易縣等。吳國兵器聞名天下，其都城姑蘇自然也應是著名的銅錫轉運要地。[3] "姑蘇金"並非一定是産自

---

[1] 沈培：《清華簡和上博簡"就"字用法合證》，武漢大學簡帛網，2013年1月6日。
[2] 王子超：《"繁陽之金"補釋》，《古文字研究》第24輯，中華書局，2002年，第263—266頁。
[3] 比如蘇州昆山盛莊曾發現東周青銅器熔鑄遺址，參陳兆弘：《蘇州昆山盛莊青銅器熔鑄遺址考察》，《蘇州文物資料選編》，蘇州博物館，1980年，第60—65頁。

姑蘇的"金"。

至於爲何越國以前君主未能得到？越國自勾踐滅吳之後即北遷瑯琊，至越王翳三十三年才遷於吳。董珊先生推測營都不久越國即發生了諸咎之亂，直到大夫寺區平亂，初無余爲王，此時越王才真正居於故吳地。這也就是爲何越王初無余才"庶得姑蘇金"的歷史背景。

后，李家浩釋"石"，讀爲"適"，陳劍讀爲"庶"，[1] 陳先生的意見是可取的。"姑蘇金"對越人而言難以得到，珍貴異常，所以差徐得到後要鑄銘紀念。另一件差徐戈所云"鐘金"，我們認爲指的也就是"姑蘇金"。

最後根據以往學者的研究成果，將釋文重新寫定如下：

　　戉（越）邦之先王未遏（得）居（姑）乍（蘇）金，就差郐（徐）之爲王，石（庶）遏（得）居（姑）乍（蘇）金。差郐（徐）呂（以）鑄其元甬（用）戈，呂（以）攸（修）弖（強）鄥（邊）土。

大意是説：越國過去的先王没有得到過姑蘇金，直到差徐成爲越王，幸而得到了姑蘇金。差徐用其鑄造一柄自己使用的戈，用它來治理強固邊境。

【44】

名　　稱：越王差郐戈

出　　土：20 世紀 90 年代中葉浙江紹興

收　　藏：越國文化博物館

尺　　寸：通長 22.8、闌高 7.6、内長 7.5、内寬 3.5

著　　録：《古文字》25 輯 212 頁，《新收》1408，《黄八秩》

---

[1] 孟蓬生：《越王差徐戈銘文補釋》，復旦大學出土文獻與古文字網站，2008 年 11 月 5 日，第 10 樓，yihai 發言。

300—304 頁，《珍秦齋吳》276 頁，《走近大越》78—80 頁，《通鑒》17363，《近出二編》1203，《吳越題銘》140，《五侯鯖》02—03 頁

字　數：胡部鑄銘文 12 字

釋　文：戉（越）王差邻吕（以）其鐘（重）金，鑄其戕（拱）戙（戟）

來　源：器形、照片采自《走近大越》，拓本采自《古文字》，摹本采自《黃八秩》

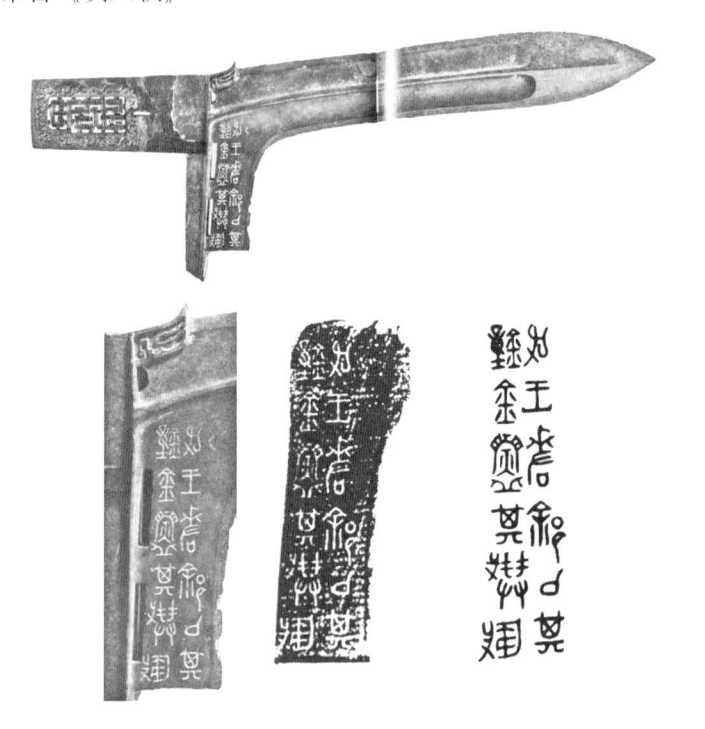

注　釋

全銘文字並無難解之處，只是"鐘金"一詞比較特別。最早刊布銘文的曹錦炎先生解釋説：

> 青銅器銘文中，用作名詞的"金"一般指銅料。本銘所謂

"鐘金",有兩種可能,一是指把原有的樂器青銅鐘熔化後的銅料;一是指本來打算鑄鐘用的銅料。無論哪種,均是說不用作禮樂之器而改鑄兵器,表明越王佐徐之誠信和務實精神。[1]

《考工記·築氏》:"金有六齊:六分其金而錫居一,謂之鐘鼎之齊;五分其金而錫居一,謂之斧斤之齊;四分其金而錫居一,謂之戈戟之齊;參分其金而錫居一,謂之大刃之齊;五分其金而錫居二,謂之削殺矢之齊;金錫半,謂之鑒燧之齊。"從上述記載來看,古代鑄造戈戟的原料配比與鐘鼎是不同的,所以銘文中的"鐘金"恐怕很難按字面理解爲青銅鐘的銅料。

古人表示鑄造銅器的銅料,除了大家所熟知的"吉金"外,還有"良金""元金"等説法,此外還見有"美金"一詞。

徐王糧用其**良金**,鑄其饙鼎。(徐王糧鼎)
章子國選其**元金**,爲其交戈。(章子國戈)
美金以鑄劍戟,惡金以鑄鉏夷斤斸。(《國語·齊語》)

良、元、美古皆有"善"意,[2] 良金、元金、美金,意思都是美好的銅料。我們以爲越王差邾戟銘文中的"鐘金"之意也當與之相近。

"鐘"可讀爲"重"。重、童上古多有通假之例。如《詩·豳風·七月》《詩·魯頌·閟宮》"黍稷重穋",《周禮·天官·内宰》鄭注引"重"爲"種"。

"重"古代有貴重、寶貴之意。《禮記·少儀》:"不訾重器。"鄭注:"重,尤寶也。"《左傳·成公十四年》:"不敢舍其重器於

---

[1] 曹錦炎:《越王得居戈考釋》,陝西師範大學、寶雞青銅器博物館編:《黄盛璋先生八秩華誕紀念文集》,中國教育文化出版社,2005 年,第 300—304 頁;又載《古文字研究》第 25 輯,第 208—212 頁;又收入氏著:《吴越歷史與考古論叢》,第 92—98 頁。
[2] 宗福邦、陳世鐃、蕭海波主編:《故訓匯纂》,商務印書館,2003 年,第 1904、171 頁。

衛。"杜預注:"重器,寶器也。"重金,義即寶貴的銅料。[1]

　　爲何鑄造此戟時要强調銅料的寶貴呢?我們認爲此處的"重金"很可能就是另一件長銘差邻戈所提到的"姑蘇金"。東周之時,吴越兵器以其精良鋒利獨步天下,爲列國所重,其鑄造原料也當有獨特之處。越王差邻兩件銅戈銘文之所以不憚其煩地矜耀銅料,即爲了顯示鑄造用料的名貴與考究。因此説越王差邻戟是重金所鑄,便是很自然的事情了。

---

[1] 王凱博在本書將"鐘金"讀作"重金"的基礎上,提出"重"就當以直接訓爲堅、固、良類義爲宜。他的理解比我們解釋爲貴重更爲細密確切。王凱博:《出土文獻資料疑義探研》,吉林大學博士學位論文,2018年,第256—259頁。

第三章　出土文獻所見吳王名的新認識

第一節　傳世文獻中的吳王名

本章討論的出土文獻主要指銅器銘文。迄今爲止，學者已從中辨識出了從壽夢到夫差的近七位吳國王名。不過，其中一些名字的寫法與傳世文獻之間的關係還有不少未釐清的地方，仍有拈出討論的必要。所以在第一部分，我們先列出傳世文獻中出現的吳王名的寫法。記載這些王名最早也最詳細的文獻是《春秋左傳》，下面我們即以《左傳》爲基礎，並參照其他古籍，將不同的寫法列在下面。

爲便於討論，我們暫用英文字母表示諸王世系次序。《春秋》經文與傳文分別用【經】【傳】標出。

一

吳王 A
【傳】十年春，會於柤，會吳子**壽夢**也。（襄公十年）
【經】秋九月，吳子**乘**卒。（襄公十二年）
【傳】秋，吳子**壽夢**卒。（襄公十二年）
《史記》記作"壽夢"。

《史記·吳太伯世家》張守節《正義》佚文：[1]

  《左傳》"吳子乘卒"。杜預云："壽夢也。"《左傳》及《世本》又云吳**孰姑**，壽夢也，世謂**孰夢諸**也。《春秋傳》"壽"作"孰"，音相近。"姑"之言"諸"也，《毛詩傳》讀"月諸"爲"月姑"，是以知"姑"爲"諸"也，則知孰姑、壽夢一人耳。又名乘。

又司馬貞《索隱》：

  《系本》曰[2]"吳孰姑徙句吳"，宋忠曰"孰姑，壽夢也"。代謂**祝夢乘諸**"也。"壽""孰"音相近，"姑"之言"諸"也，《毛詩傳》讀"姑"爲"諸"，知"孰姑""壽夢"是一人，又名"乘"也。

董珊認爲"孰""祝"音近通假，"祝夢乘諸"本應作"祝夢諸"，即"孰夢諸"，"乘"字似是抄本旁注之字而誤入正文。[3] 董先生的說法可信。

  從上面舉出的幾條例證看，諸、姑可通，壽、孰、祝音近亦可通。孰夢諸、祝夢諸是"壽夢"不同的寫法後又贅了一個"諸"字，而孰姑又略去了中間的夢字。

  如是，吳王 A 在傳世文獻中的名字可視爲如下兩組：

1. 乘。
2. 壽夢、孰夢諸、祝夢諸、孰姑。

不過需要說明的是，今天我們已無法見到《世本》原貌。該書成書

---

[1] [日]瀧川資言、水澤利忠：《史記會注考證附校補》，上海古籍出版社，1986年，第844頁；張衍田：《史記正義佚文輯校》，北京大學出版社，1985年，第70頁。（清）張文虎：《校刊史記集解索隱正義札記》，中華書局，1977年，第370頁。董珊在《吳越題銘研究》中曾將此條撿出，並作討論。見董珊：《吳越題銘研究》，第7頁。

[2] 即《世本》，唐人避太宗諱，改稱《系本》。

[3] 董珊：《吳越題銘研究》，第7頁。

過程複雜，流傳至唐時已有不少殘缺。從現存輯佚本來看，所記諸侯、大夫名與《史記》不合之處甚多，[1] 這些差異是成書時已有之，還是在歷代傳抄過程中產生的錯訛，較難判斷。所以下文我們的討論主要以《左傳》爲基點。

吳王 B

【傳】吳子**諸樊**既除喪，將立季札。（襄公十四年）

【經】十有二月，吳子**遏**伐楚，門于巢，卒。（襄公二十五年）

【傳】十二月，吳子**諸樊**伐楚，以報舟師之役，門于巢。（襄公二十五年）

【傳】趙文子問焉，曰："延州來季子其果立乎？巢隕**諸樊**，閽戕戴吳，天似啓之，何如？"（襄公三十一年）

《史記》作"諸樊"。《公羊傳》《穀梁傳》作"**遏**"。

吳王 C

【經】閽弑吳子**餘祭**。（襄公二十九年）

【傳】吳子**餘祭**觀舟，閽以刀弑之。（襄公二十九年）

《史記》作"**餘祭**"。

【傳】吳**句餘**予之朱方。（襄公二十九年）

杜預注："句餘，吳子夷末也。"然服虔以爲應是餘祭。從出土材料看，服說爲是，詳下。

【傳】趙文子問焉，曰："延州來季子其果立乎？巢隕諸樊，閽戕**戴吳**，天啓之，何如？"（襄公三十一年）

吳王 D

【經】十有五年春王正月，吳子**夷末**卒。（昭公十五年）

---

[1] 參看周品品：《〈世本〉研究》（浙江大學博士學位論文，2011年）相關論述。

《史記·吳太伯世家》作"餘眛";《史記·刺客列傳》作"夷眛",司馬貞《索隱》:"公羊作餘末。"檢《公羊傳》作"夷眛"。[1] 後一字或从"末"或从"末",必有一訛。首字作"夷"或"餘",梁玉繩《史記志疑》:"夷、餘聲近,古文通借。"可見,吳王 D 名雖有數種寫法,但實際記錄的是同一個詞。

吳王 E
【經】夏四月,吳弑其君僚。(昭公二十七年)
【傳】員如吳,言伐楚之利於州于。(昭公二十年)
《史記》作"僚"。

吳王 F
【經】吳子光卒。(定公十四年)
【傳】吳公子光請於其衆。(昭公十七年)
【傳】公子光曰:"是宗爲戮,而欲反其讎,不可從也。"(昭公二十年)
【傳】吳公子光曰:"諸侯從於楚者衆。"(昭公二十三年)
【傳】光帥右,掩餘帥左。(昭公二十三年)
【傳】吳公子光曰:"此時也,弗可失也。"(昭公二十七年)
【傳】光曰:"我,爾身也。"(昭公二十七年)
【傳】夏四月,光伏甲於堀室而享王。(昭公二十七年)
【傳】光僞足疾,入於堀室。(昭公二十七年)
【傳】子西諫曰:"吳光新得國。"(昭公三十年)
【傳】"光又甚文,將自同於先王。"(昭公三十年)
【傳】闔廬以其子爲卿。(昭公二十七年)

---

[1] (東漢)何休注,(唐)徐彦疏:《春秋公羊傳注疏》,上海古籍出版社,1997年,第2323頁;又劉尚慈:《春秋公羊傳譯注》,中華書局,2010年,第538頁。

【傳】**闔廬**從之，楚於是乎始病。（昭公三十一年）

【傳】**闔廬**之弟夫槩王晨請於**闔廬**曰。（定公四年）

【傳】初，司馬臣**闔廬**，故耻爲禽焉。（定公四年）

【傳】靈姑浮以戈擊**闔廬**，**闔廬**傷將指，取其一屨。（定公十四年）

【傳】**闔廬**惟能用其民。（哀公元年）

【傳】昔**闔廬**食不二味。（哀公元年）

《史記》"光""闔廬"並作。公子光在昭公二十七年刺殺王僚，自立爲王後，【經】皆記作"闔廬"，但昭公三十年楚國子西仍稱其"光"。《吳太伯世家》云"公子光竟代爲王，是爲吳王闔廬"，與《左傳》用名習慣相符。

吳王 G

吳王 G 名目前只見"**夫差**"一種寫法，其例甚多，不贅舉。需要特別指出的是，"夫差"全部見於定公十四年之後的【傳】中。

通過上述討論，我們把《春秋》經傳中的吳王名用表格的形式寫出來：

	A	B	C	D	E	F	G
經	乘	遏	餘祭	夷末	僚	光	
傳	壽夢	諸樊	餘祭/句餘/戴吳		州于	光/闔廬	夫差

第二節　東周金文所見吳王名

本節先介紹銅器銘文中吳王名的不同寫法，以及學界對其考釋的過程，再作討論。

吴王 A

吴王 A 自作銅器迄今未見。不過從兩件由其子所鑄劍銘中可以找到他的名字,俱作"䞼夢"。如圖所示:

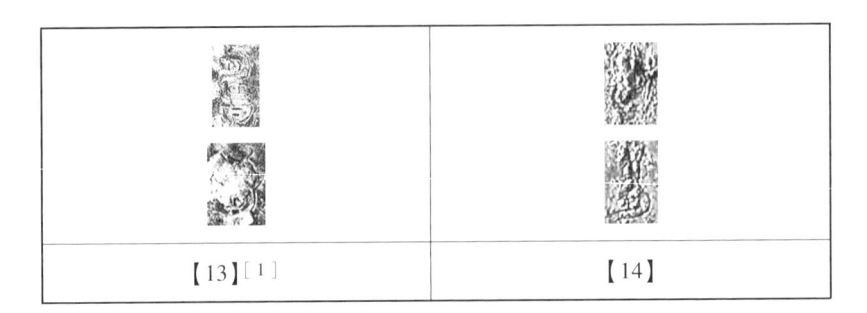

【13】[1]	【14】

"䞼夢"即吴王"壽夢"。

吴王 B

吴王 B 名字在銅器銘文中的寫法有如下幾種:

【5】姑發者反　　【2】姑登者坂　　【6】姑發䣫;

【1】姑發䚄反　　【4】姑登䚄坂

其中,【1】【2】爲自作用劍,【4】【5】【6】爲其子鑄劍。

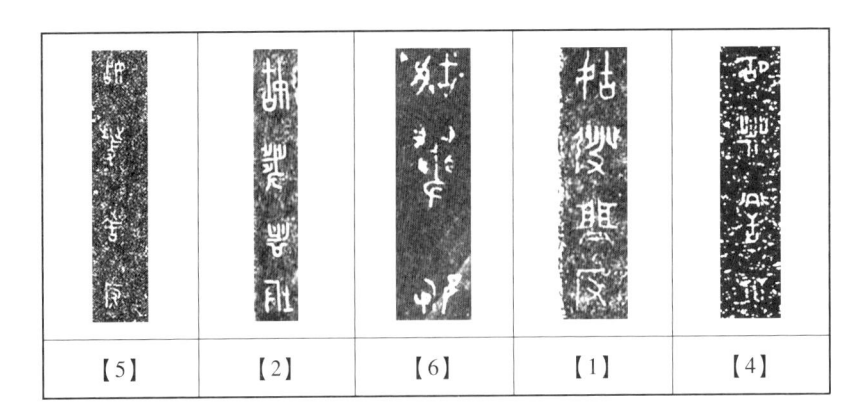

【5】	【2】	【6】	【1】	【4】

---

[1] 下標數字爲本書第一章"吴國王名資料選釋"中之序號。

諸劍中首先發表的是【1】。20世紀50年代末出土後，郭沫若、商承祚兩位先生旋即撰文指出，[1] 銘文中的"姑發𠭯反"即典籍中的吳王"諸樊"，不過由於當時第三字未識，商先生錯以爲"擬姑爲諸，擬反爲樊"了。1990年曹錦炎根據【4】劍"姑發𡠗坂"指出："𠭯字當讀如'舌'，上古音'舌'爲船母月部字，'諸'爲章母魚部字，從古音上講，舌、諸兩字古音很近。由此看來，《左傳》等書作'諸樊'乃是中原人記'𠭯（𡠗）反'的譯音。"[2] 後來出土的【2】【5】劍，銘文直接作"者反（坂）"，可見曹先生將"𠭯（𡠗）反"視爲王名是可取的。𠭯（𡠗）何以能讀爲"諸"，曹先生以爲从"舌"得聲，而董珊認爲聲符是"耴"，與"聶"音近，而把"舌"看作義符。[3] 孟蓬生指出，"𡠗"當是一個雙聲字，"𠭯""舌"皆是聲符。"𠭯""舌""諸"相通，是古音盍、月、魚三部音近可通的現象。[4]

董珊認爲：

> 譙周說諸樊又名"諸樊遏"，"遏"（影母月部）可視爲"姑發"（見母魚部、幫母月部）的合音。"諸樊遏"似可看作"者反姑發"的對音，即題銘所見"姑發者反"之倒文。[5]

將"姑發"視爲"遏"之對音，則"姑發者反"中包含經、傳兩套名字，較之其他銘文中的王名結構，也僅此一例。李家浩認爲，其實"姑發者反"與其他吳王名結構一致，也是"姑""者"爲附加語，至於爲何文獻記作"諸樊"而非"發反"，是由"姑發者反"

---

[1] 郭沫若：《跋江陵與壽縣出土銅器群》，《考古》1963年第4期；商承祚：《"姑發𠭯反"即吳王"諸樊"別議》，《中山大學學報》1963年第3期。

[2] 曹錦炎：《吳季子劍銘文考釋》，《東南文化》1990年第4期。

[3] 董珊：《吳越題銘研究》，第11頁。

[4] 孟蓬生：《試釋吳國金文中與"諸樊"之"諸"相當的字——談魚通轉例說之十》，"第三屆漢字文化研討會"論文，北京大學，2015年。

[5] 董珊：《吳越題銘研究》，第11頁。

語音構造和語音演變的特點造成的。[1] 這一看法很有啓發性，所謂"諸樊"只是中原文獻記載的稱呼，從銘文可省稱"姑發郳"來看，吳王 B 名的結構與其他諸王沒有區別。

吳王 C

從字形看，吳王 C 在銅器銘文中寫法有如下幾類。

第一類：

【10】叡钺此郳　　【12】叡钺此郳　　【11】虖戕此郳

第二類：

【7】叡△工虖　　【8】叡△工虖　　【9】叡△工吳

其中第二類第二字分歧較大，我們將會詳細討論，這裏暫用△代替。

值得注意的是第二類中王名後二字與國名寫法是一致的。比如劍【7】【8】作"工虖大叔"[2]，而劍【9】作"工吳王"。

此外還有兩把所謂"夷末"劍，銘文中也出現了吳王 C 名，我們記作第三類：

【13】叡夠郳　　【14】叡夠郳、叡钺郳

【10】	【12】	【11】	【7】	【8】	【9】	【13】	【14】[3]

---

[1] 李家浩：《談"姑發諸反"與"諸樊"之間的語音關係》，《上古漢語研究》第 1 輯，商務印書館，2016 年，第 36—44 頁。

[2] 劍【7】銘文中漏鑄了"叔"字。

[3] 銘文中還有一次寫作"叡钺此郳"與第一類相同，不再列出。

第三類當是將第一類寫法省去襯字"此",因此可視爲第一類的減省形式。

"叡钺此郐"學者都以爲即吳王"句餘"。李家浩"疑銘文'叡'或'虘'應該讀爲'且','此'應該讀爲'呰'或'些'。……劍銘'叡(且)'、'此(些)'都是附加語,故'叡(且)钺此(些)郐'在急讀時容易被省掉"[1]。董珊以爲"'叡''此'兩個字似都是次要音節。……這幾個人名中的'此'與人名中常見的'者'、'之'等虛詞的作用相同"[2]。

王名C釋讀的難點在於第二類寫法與第一類的關係,二者分歧在於對△字的釋讀上。

第一種意見將△釋爲"矣"。持此觀點的主要有董珊和李家浩。

李守奎[3]、張富海[4]都曾指出古文字中的"矣""矣"關係密切:李先生以爲二者是一字分化;張先生則認爲"矣"是"矣"的訛體。郭店簡《唐虞之道》簡18和《語叢二》簡50中,矣分別作"矣""矣"形。《唐虞之道》和《語叢二》都是具有齊魯風格的抄本,張先生進一步指出齊魯系保持了較早字形,而楚文字作"矣"則是上部發生了變化。又中山王器銘文中"矣"讀爲"矣",上部即"匕"之變化。

董先生據此立論,認爲△寫法與中山王器相同。李家浩贊同董說,並補充了《侯馬盟書》中"以"寫作"矣"形、或作"矣"爲證[5]。

---

[1] 李家浩:《攻敔王者彶叡虘劍與者減鐘》,《古文字與古代史》第3輯,"中研院"史語所,2012年,第233頁;又同作者:《攻敔王者彶叡虘劍與者減鐘》,《安徽大學漢語言文字研究叢書·李家浩卷》,第65頁。後者與原文相較文字上有一些出入,讀者需要注意。

[2] 董珊:《吳越題銘研究》,第13頁。

[3] 李守奎:《〈說文〉古文與楚文字互證三則》,《古文字研究》第24輯,中華書局,2002年,第468頁。

[4] 張富海:《說"矣"》,《古文字研究》第26輯,中華書局,2006年,第502頁。

[5] 李家浩:《攻敔王者彶叡虘劍與者減鐘》,《古文字與古代史》第3輯,第219頁。

不過仔細想來，李先生所舉的例子與董先生的認識從構形上看並不是一回事。董先生以爲△當是"矣"字，上部的"丩"形即"匕"形之變，而李先生所説的"以"字从"㠯"，與"矣"並無關係。從李先生所舉例證和後面將要提到的對王名的解讀過程來看，大概他還是將△上部視作从"㠯"之變了。

第二種意見將△釋爲"䞤"，代表意見如曹錦炎。[1] △上部與古文字常見的"丩"形很像，從字形上看没什麽問題，就不必多説了。

兩種説法，我們以爲第二種意見更好一些。判斷的標準，其一是字形，其二在於對王名的解釋。

先説字形。《侯馬盟書》中的兩個例子，我們認爲可能是因書手個人風格造成的。古文字中的有些筆畫可以一筆寫就，也可以分兩次書寫，並無固定的"筆順"，可舉楚簡中一些字形説明這個問題。

（程寤簡 2）　　　　（程寤簡 3）

（繫年簡 69）　　　　（繫年簡 69）

"子"中的一横即很清楚地體現了這一差别，即使是同一書手，也無甚區别。楚文字中的"矣"，上部已訛从"㠯"。"㠯"也有兩種不同的書寫順序，第一類：

（耆夜簡 7）　　　　（保訓簡 3）

可以看出，圈形一筆寫成。但也有分兩次書寫的，如第二類：

（繫年簡 137）　　　　（新蔡甲一簡 10）

（上博蘭賦簡 5）

---

[1] 曹錦炎：《工吴王歔䞤工吴劍銘文考釋》，西泠印社編：《西泠印社"重振金石學"國際學術研討會論文集》，西泠印社出版社，2010 年，第 122 頁。

我們認爲侯馬盟書的"以"字即是第二類寫法。盟書與楚簡一樣，都是先秦書迹，兩筆若未能合上，便會出現類似"丩"這樣的形體。但劍【7】【8】【9】銘文清秀整飭，毫無潦草之意，且三劍中△寫法全部一致，無由全部訛變或潦草簡化，劍【9】"台"作"█"，上部與討論之字明顯不同。因此視△上部爲"㠯"，可能性不大。

要解釋中山文字"█"的構形，需從戰國文字中一種特殊的"冶"字說起。戰國文字的"冶"一般作"█""█""█"等形，从"二""火""刀""口（或从'土'）"，但趙國文字中存在一類特殊的寫法"█""█"，"刀"形訛變成了"丩"形。春秋戰國之交，文字開始擴散到民間，進入戰國時代以後，使用文字的人越來越多，文字發生了劇烈的變化。[1] 戰國時代"冶"字使用頻率很高，加之工匠文化水平普遍不高，便出現了很多異體。趙國文字中的這種異體，大概是因爲"刀"在構形中一般多左向，右向"刀"形比較罕見，工匠們很容易訛寫成相近的形體"丩"。據學者研究，這種"刀"訛成"丩"形的變化，是有很强的時代性和地域性的：時間爲戰國中期以後，地點在今河北省及内蒙部分地區。[2] 戰國中山文字"█"的變化，顯然也不出以上時、地的範圍。不過，我們討論的這幾把劍爲春秋中晚期吴國鑄造，與戰國中期以後河北一帶出現的文字現象相聯繫，恐怕並不一定很恰當。

再說王名的釋讀。雖然董、李兩位先生都將△讀爲"矣"，並且認爲第二類名字即古書中的"戴吴"，但二人在具體論證上又有所不同。董先生認爲：

"戴"就對應"叔矣"。上古音"戴"是端母之部字，但

―――――――

[1] 裘錫圭：《文字學概要（修訂本）》，商務印書館，2013年，第57、58頁。
[2] 吴良寶、徐俊剛：《戰國三晉"冶"字新考察》，《古文字研究》第31輯，中華書局，2016年，第205—210頁。

"戠"从"戈"聲，與之同諧聲偏旁的字，例如"哉""載"，是精母之部字。"叔"是精母魚部字，與"哉"聲類相同。上古音"矣"爲之部字，與"戠"同韻部。據上述，"叔"與"戠"字聲母相對應，"矣"與"戠"字的韻母相對應，又上文已述"工（句）盧（吴）"與"吴"相對應，則"叔矣工吴"確是"戠吴"的另一種記音寫法。[1]

如是，董先生用主要音節的辦法解釋第一類王名"叔破此鄱"讀爲"句餘"，又用合音的辦法將第二類名字讀爲"戠吴"。同爲吴國銘文，一個人的名字是用兩種不同類型的釋讀方法。

李家浩認爲第二類中的"叔""工"與第一類中的"叔""此"一樣，仍然可視爲附加語，當"叔矣工吴"急讀時可以省去，即成"矣（戠）吴"：

上古音"戠"、"矣"二字音近。從韻部來説，"戠"、"矣"二字都屬之部。從聲母來説，雖然"戠"屬端母，"矣"屬喻母三等，但是"矣"字所從聲旁"㠯"屬喻母四等，"戠"字的象形初文"異"，其聲母也屬喻母四等，喻母四等與端母近，它們都是舌頭音。更值得注意的是，"戠"字的象形初文"異"與"异"通。《書·堯典》"岳曰：异哉，試可乃已"，陸德明《釋文》："异，徐云：鄭音異。"段玉裁説："异爲異之假借也。"《列子·楊朱》"重囚累梏，何以异哉"，張湛注："异，異也，古字。"殷敬順《釋文》："异，古異字。"據《説文》所説，"异"字從"㠯"聲，"矣"字也從"㠯"聲，但是通行的"异"字都從"巳"聲，《説文》從"矣"聲的"竢"字重文作"㚄"，也從"巳"聲。總之，"矣"、"戠"古音相近，可以通用。於此可見，"叔矣工吴"跟"戠吴"相

---

[1] 董珊：《吴越題銘研究》，第14頁。

當的字作"矣""吴",分別位於這兩個字之前的"虘(且)"、"工"都是附加語。當"虘矣工吴"急讀時省去附加語"虘(且)"、"工",即成"矣(戴)吴"。[1]

以上論證是有些問題的。首先,"矣"並不是从"吕"得聲,而是"矣"的變化。"疑"古屬疑母,並不是舌音。"戴""矣"在聲母上還是有些差距的。又,根據周忠兵的研究,[2]"戴"字的象形初文與"異同"之"異"字形上來源並不一樣,雖然二者的讀音比較接近。

綜合以上幾點,我們認爲還是將△視爲从"矢""丩"聲好一些。[3] 2003 年上海博物館入藏了一件伯弘父盨,自名作"",胡嘉麟指出,該字从"米""丩"聲,當讀爲"簋"。[4] 我們認爲△構形與之類似,也是一個形聲字,从"矢""丩"聲。

曹錦炎釋△爲"敂",他認爲:

"工(攻)吴"、"工虞"之名在《史記·吴太伯世家》中寫作"句吴","工"字寫作"句"是中原人記吴音的緣故;而"吴"、"虞"字與"余"字可相通,"餘"字从"余"得聲。那末,《左傳》襄公二十八年所記的吴王"句餘",很有可能就是以如南湖劍銘文的"虘吴(敂)工吴"或保利藏鈹銘的"虘吴(敂)工虞"之後二字"工吴""工虞"的中原讀

---

[1] 李家浩:《攻敔王者彶虘虎劍與者減鐘》,《安徽大學漢語言文字研究叢書·李家浩卷》,第 51、52 頁。

[2] 周忠兵:《説古文字中的"戴"字及相關問題》,《出土文獻與古文字研究》第 5 輯,上海古籍出版社,2013 年,第 364 頁。

[3] 這裏有必要説明一下吴鎮烽《商周青銅器銘文暨圖像集成續編》1339 號劍,王名作"攻敔王虗矣吴",似乎與我們的認識不合,但實際上這把劍的真偽是很值得討論的,我們以爲這是一柄僞劍。

[4] 胡嘉麟:《上海博物館藏伯弘父盨小識》,"第三屆出土文獻研究與比較文字學全國博士生論壇"論文,重慶,西南大學,2013 年。又同作者:《上海博物館藏伯弘父盨札記》,《中原文物》2016 年第 4 期。

音來記録吳王餘祭之名字。[1]

曹先生認爲第二類王名的後二字與"句餘"相對應。我們提出另外一種考慮。"叡<gaiji>工吳/盧</gaiji>"的二、四兩字讀爲"句餘",其人名結構與第一類一致,只不過第三個字作"工"而不是"此",爲何會出現這種差別,我們會在後文試作説明。

通過以上梳理,可以發現,其實所謂三類王名的結構是一樣的,只不過是用字不同,且對應的都是文獻中的"句餘"。不少學者之所以會認爲△當釋爲"矣",可能很大程度上是爲了彌合古書中的"戴吳"。我們將三類王名都讀爲"句餘",那麽隨之產生的一個新問題是,文獻中的"戴吳"又從何而來呢?這個問題,我們也將在後文一併討論。

吳王 D

劍【13】於 1997 年在紹興市魯迅路被發現,最初發表者曹錦炎將作器者自敘身份的文字隸定如下:

攻敔(敌)王姑發難壽夢之子叡<gaiji>钺</gaiji>郘之義□

曹先生認爲器主之父名字爲"姑發難壽夢","姑發"爲氏,"難壽夢"爲名。"叡钺郘"是器主之名,即"句餘"。[2] 李家浩不同意這一看法,他將這句話重新隸定並斷句爲:

攻敔王姑義雒,壽夢之子,叡<gaiji>钺</gaiji>(敍)郘之義弟。

---

[1] 曹錦炎:《從青銅兵器銘文再論吳王名》,《古文字與古代史》第 3 輯,第 242 頁。相似的觀點亦見曹錦炎,《工吳王叡<gaiji>钺</gaiji>工吳劍銘文考釋》,西泠印社編:《西泠印社"重振金石學"國際學術研討會論文集》,第 122 頁。

[2] 曹錦炎:《吳王壽夢之子劍銘文考釋》,《文物》2005 年第 2 期。曹先生後來又有數篇文章重申了類似觀點。見曹錦炎,《工吳王叡<gaiji>钺</gaiji>工吳劍銘文考釋》,西泠印社編:《西泠印社"重振金石學"國際學術研討會論文集》,第 122 頁;《從青銅兵器銘文再論吳王名》,《古文字與古代史》第 3 輯,第 237 頁;《新見攻廬王姑發皮難劍銘文及其相關問題》,《出土文獻與古文字研究》第 6 輯,第 143 頁。

李先生認爲器主爲姑義䶂，是壽夢之子，句餘之弟。根據文獻記載，可判斷當是是句餘之後的吳王"夷（餘）末"。李先生對人名的釋讀做了如下疏解：

> 古代"姑義"與"餘""夷"，"币"與"眜""末"音近。先説"姑義"與"餘""夷"的字音。上古音"姑"屬見母魚部，"義"屬疑母歌部，"餘"屬餘母魚部，"夷"屬餘母脂部。從韻部來説，古代歌、魚、脂三部的字音有關。……[1] 從聲母來説，見、疑二母都是喉音，他們與餘母的字，偶爾也有相通的情況。……再説"币"與"眜""末"的字音。上古音"币"屬明母元部，"眜""末"屬明母月部，三字聲母相同，元、月三部陽入對轉。……在以上所説的"姑義"與"餘""夷"，"币"與"眜""末"之間的古音關係中，值得注意的是"姑""義"二字的聲母都是喉音，韻部關係密切。如果將雙音節的"姑義"急讀成單音節的"姑"或"義"，"姑币"或"義币"都與"餘眜"或"夷末"音近可通。不過將雙音節的"姑義"急讀成單音節的"姑"或"義"，如符合當時的實際情況，我覺得更有可能"餘眜"和"夷末"，分别是"姑币"和"義币"的對音。[2]

幾乎同時，[3] 董珊也認爲器主當爲"夷（餘）末"，但他的分析過程與李先生不同。董先生將首句記作：

> 攻致（敌—吳）王姑□䉆曷（壽）夢之子、叔钺鄬之弟未

董先生認爲"姑□䉆壽夢"即壽夢"，"叔钺鄬"即"句餘"，"末"

---

[1] 李先生原文舉了很多通假的實例，本書引用主要爲體現李先生文章思路，所以略去這些例子。

[2] 李家浩：《攻敌王姑義䶂劍銘文及其所反映的歷史》，《古文字與古代史》第1輯，第301頁。

[3] 董文末標注寫畢日期是2005年12月31日。又，附記云2006年春看到李家浩《攻敌王姑義䶂劍銘文及其所反映的歷史》一文，可知李文在此之前已寫就，所以兩位先生應是幾乎同時各自認出劍主爲餘末的。

"末"音近可通假。[1] 後來董先生改變了部分觀點，並重新作了釋文：

　　　　攻敔（敔—吴）王姑□雠，曷（壽）夢之子、敍俄鄱之弟。□[2]

董先生從劍銘所敘述史實的年代做了論證，認爲可以確定劍主是餘眛，但對王名却未做説明。[3]

此外石小力也對該劍做過研究，他將劍銘讀爲：

　　　　攻敔（敔—吴）王姑義雠壽夢之子、敍俄鄱之弟末（？）

他認爲"雠"字從"市"聲，疑爲"隹"字異體，銘中讀爲"工"或"句"，爲附加語。"姑義"是壽夢之字，"雠壽夢"即壽夢。[4] 這一解釋今天看來是不正確的。

2015年初，曹錦炎公布了一把新見吴王壽夢之子劍【14】，銘文多處可與劍【13】合觀。曹先生把器主自敘部分釋爲：

　　　　攻盧王姑發皮難曰：余壽夢之子，余敍俄鄱之儼（？）弟[5]

"姑發皮難"曹先生認爲"姑發"是氏，"皮難"即者減鐘的攻敔王"皮鑾"，即吴王"餘末"。不過從字形看，隸爲"發""皮""難"都是有問題的。

董珊後來將釋文改爲：

　　　　攻盧王姑讎焉[6]雖曰：余曶（壽）夢之子，余敍俄鄱之嬖

---

[1] 董珊：《讀吴王壽夢之子劍銘的補充意見和推測》，復旦大學出土文獻與古文字研究中心網站，2008年1月20日。

[2] 是字不識，董先生歸爲下句。

[3] 董珊：《吴越題銘研究》，第21頁。

[4] 石小力：《吴王壽夢之子劍銘文補釋》，《珞珈史苑》2014年卷，武漢大學出版社，2015年，第45頁。

[5] 曹錦炎：《新見攻盧王姑發皮難劍銘文及其相關問題》，《出土文獻與古文字研究》第6輯，143頁。

[6] 馮勝君先生提示筆者，此字與"焉"字形上並不是很密合，是否能釋爲"焉"是可討論的，楚文字中是用"安"表示"焉"。本書暫將此字隸爲"焉"。

(?)弟。

對於釋"雖"之字,董先生指出從"隹"聲,可能就是"雖"字,雖然"虫"旁與一般的寫法有異,但"雖"不從"虫"聲,這一點對有關討論影響不大。"焉雖",董先生讀爲"夷末",古書中的"末"或從"末"之字都是誤字。上古音"焉"屬影母元部,"夷"屬餘母脂部。"雖"屬心母微部,而"末"屬明母物部。[1] 董先生雖然舉了一些例子,從音理上證明有相通的可能,但總略顯隔閡,尤其和其他王名的釋讀情況相比,不夠顯豁曉暢。

李家浩將王名隸定作"姑讎於茆",他指出,"姑讎茆"之"姑"和"姑讎於茆"之"於"都是附加語,"餘眛"或"夷末"是省去"讎"前後的附加語"姑""於"之後的"讎茆"的對音。[2] "讎"古音禪母幽部,和"夷"古音還是有些距離。李先生列舉了"讎"可以讀爲餘母、"夷""餘"二字與"幽"部字通用的例子,雖可證明"讎""夷"相通的可能,但畢竟不是直接相通的證據。關於"茆"與"末"相通,李先生後來又補充了一個例證:"末僂"異文作"俛僂",而"俛"在西漢簡帛文字中作"顢""備""佈"等,林義光以爲"萬"從"茆"聲,故"末""茆"二字確實可以通用。[3] 這一論證是有問題的。關於"佈"字,白於藍認爲右邊所從是"萬"之省略。[4] 在漢代文字中,從"萬"之字往往可從"茆"作,如"備"或作"佛",[5] "

---

[1] 董珊:《新見吳王餘眛劍銘考證》,《"出土文獻與中國古代文明學術研討會"論文集》,中國人民大學,2015年。後正式刊於《故宮博物院院刊》2015年第5期;又蘇州博物館編:《兵與禮——蘇州博物館新入藏吳王餘眛劍研討會論文集》,第29頁。

[2] 李家浩:《吳王餘眛兩劍銘文補釋》,蘇州博物館編:《兵與禮——蘇州博物館新入藏吳王餘眛劍研討會論文集》,第55頁。

[3] 同上注。

[4] 白於藍:《戰國秦漢簡帛古書通假字彙纂》,福建人民出版社,2012年,第772頁。

[5] 于淼:《漢代隸書異體字表與相關問題研究》上編,吉林大學博士學位論文,2015年,第396頁。

或作"▨"[1]。"肅""帀"區别僅在於"巾"中有無兩"人"形（或省成兩點），《説文》認爲"帀"從"屮"不確。"帀"形先秦罕見，當是西漢時代才從"肅"分化出的形體。"帀"，《説文》訓"相當也"，也是由"滿"的意思引申來的。春秋金文能否出現後世才分化的"帀"字，是很值得懷疑的。董珊將該字隸作"雖"，從劍【14】銘文來看，特別是該劍"雖"作"▨"，釋"雖"的可能性還是很大的。不過劍【13】該字"口"旁還有兩斜筆，與劍【14】並不完全相同，如果我們將劍【13】的寫法視爲正體的話，其實石小力釋"隹"的説法也不能排除。[2]"帀"字或從"帀"之字古文字作"▨"（乖伯簋）、▨（郭店《緇衣》簡1），但也有上部作"口"形的，如"▨"（上博《紂衣》簡1），該字劍【13】【14】兩種寫法必有一個訛變，關鍵是將哪種形體視爲正體，並不好判斷。本書暫將此字隸定爲"雖"。

吴王 D 名與文獻中的"夷未"之間的關係，我們將在下文討論。

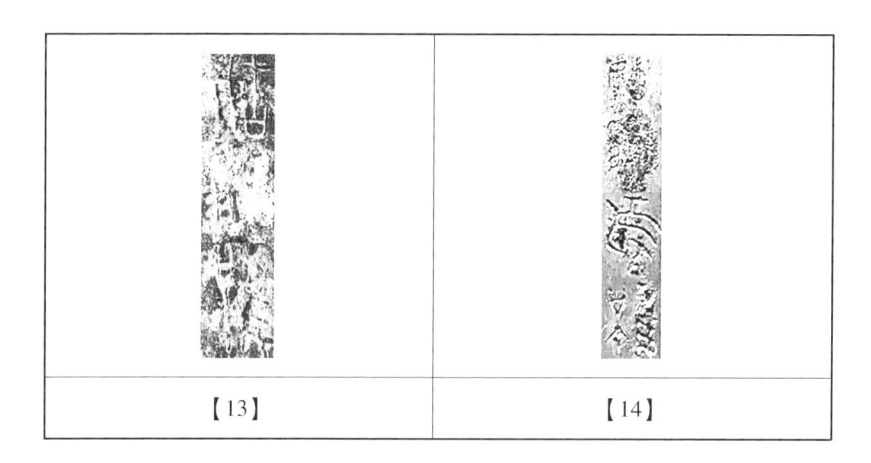

【13】　　　　　　【14】

---

[1] 羅福頤：《漢印文字徵》，文物出版社，1978年，卷十一第8頁。此條例證蒙于森女士提供。

[2] 李春桃先生告訴筆者，他也很懷疑該字所從即乖伯簋"有帀於大命"的"帀"字。但劍 D2 的寫法又似乎與"帀"稍有距離，故本書暫隸定作"雖"。

吳王 E

迄今尚未發現明確爲吳王 E 的自作銅器。1961 年山西萬榮縣曾發現一對錯金鳥蟲篆戈，器主"王子玫"，張頷考證爲吳州于。[1] 學者多從之。形制上，已有學者指出其並不是典型的吳國器，而是晉式戈。[2] 王子玫並非一定就是後來的吳王州于，一代吳王可有多個兒子，俱稱王子，比如清華簡有"王子脣"，其身份就不是太子，所以王子玫也完全有可能是未見史書記載的某位王子，並不一定後來即位爲王，不應簡單與"州于"比附。

此外 1995 年江蘇邳州市戴莊鎮九女墩 2 號春秋墓葬出土的叡巢鎛，器主自述"余攻王之玄孫，余姣子"，或認爲"姣"即吳王"僚"，[3] 魏宜輝已指出此說不可信，並認爲"叡巢"家族當是吳王室的一個旁支。[4]

吳王 F

吳王 F 銅器較多。從品類看，有鐘、鑑、戈、戟、劍、帶鉤等。其名大致可分兩類。第一類作"光"，例子很多，略舉數形如下：

【16】	【15】

其中有幾例比較特殊，"光"後贅"逗"或"施"字。

---

[1] 張頷：《萬榮出土錯金鳥書戈銘文考釋》，《文物》1962 年第 4、5 期，第 35 頁。又《張頷學術文集》，中華書局，1995 年，第 34 頁。
[2] 陳苗：《山西地區出土兩周時期青銅兵器研究》，陝西師範大學碩士學位論文，2014 年，第 78 頁。
[3] 馮時：《叡巢鐘銘文考釋》，《考古》2000 年第 6 期。
[4] 魏宜輝：《再談叡巢編鎛及其相關問題》，《南方文物》2002 年第 3 期。

第二類作"者彶叡虜",見下圖。資料發布者吳鎮烽隸定爲"者彶叡鹿",認爲"者"與"州"音近,"鹿"從"虎"聲,可讀"于","者彶叡鹿"就是"州于"的緩讀音。"州于"即吳王僚。[1] 董珊也同意釋吳王僚的結論,但他隸爲"者彶叡虐",認爲"者彶"與"州"對音,"叡虐"與"于"對音。[2] 爾後,李家浩、陳斯鵬、吳振武三位先生各自撰文指出,[3] 王名應隸爲"者彶叡虜","彶"與"闔"對應,"虜"讀爲"廬",器主即闔廬。董珊後亦改從此説。[4] 清華簡《繫年》中吳王闔廬作"盍虜"可證【19】定爲"闔廬"是非常合適的。

【19】

---

[1] 吳鎮烽:《記新發現的兩把吳王劍》,《江漢考古》2009 年第 3 期。
[2] 董珊:《吳王者彶盧虐劍銘考》,復旦大學出土文獻與古文字研究中心網站,2009 年 10 月 2 日。
[3] 李家浩,《攻敔王者彶叡虜劍與者減鐘》,《古文字與古代史》第 3 輯,第 233 頁;又同作者《攻敔王者彶叡虜劍與者減鐘》,《安徽大學漢語言文字研究叢書・李家浩卷》,第 65 頁。陳斯鵬:《吳王闔廬劍小考》,復旦大學出土文獻與古文字研究中心網站,2012 年 1 月 15 日;吳振武:《"者彶叡虜"即吳王闔廬説》,《古文字研究》第 29 輯,中華書局 2012 年,第 384 頁。
[4] 董珊:《吳越題銘研究》,第 31 頁。

吳王 G

吳王 G 自作器王名目前僅見"夫差"一種,其寫法或有訛變。略舉數例如下:

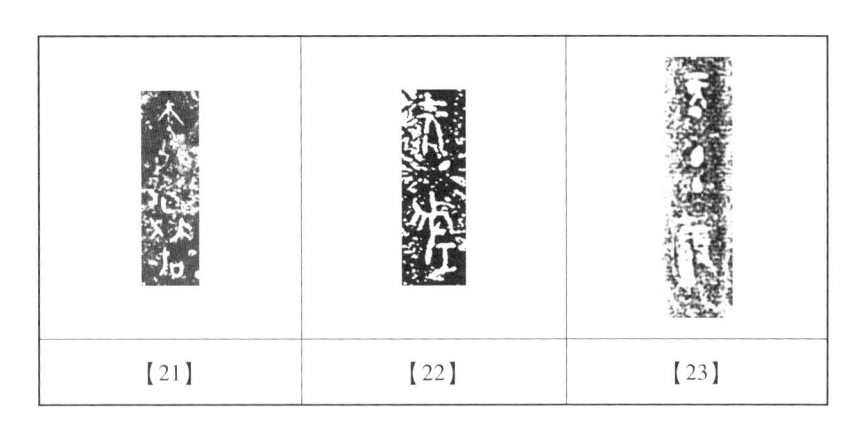

【21】	【22】	【23】

20 世紀 80 年代在安徽霍山縣衡山鎮春秋墓葬中出土過一把"攻敔工差"戈,[1] 其文字多有錯漏訛誤。如該戈確爲夫差,也不能據此認定王名可省作"差"。

第三節 出土資料與《左傳》吳王名的關係

本節主要討論銅器銘文與傳世文獻王名的對應問題,具體包括:銅器銘文與經、傳中王名的關係,"夷末"劍王名何以是"夷末","邗王是野"名字的另一種解釋,吳王 F 名中的光與逗、施的關係。

在上述兩節討論的基礎上,我們把經、傳中所見和銅器銘文中的吳王名用圖表示出來。爲便於討論,將經、傳、銘文所見王名分別記作甲、乙、丙三類。

---

[1] 王步毅:《安徽霍山縣出土吳蔡兵器和車馬器》,《文物》1986 年第 3 期。

	A	B	C	D	E	F	G
甲類	乘	遏	餘祭	夷末	僚	光	
乙類	壽夢	諸樊	餘祭/句餘/戴吳		州于	光/闔廬	夫差
丙類	壽夢	姑發者反（坂）、姑發臀（誉）反（坂）、姑發郥	叡（虞）、钺（戉）、此郘（郘）、叡吳工盧（吳）、叡姁郘	姑讎焉雖、姑讎雛		光、光逗、者彶叡房	夫差

由上表可以看出，丙類即吳王自作銅器上的王名全部與乙類相對應，只是多了一些附加語，這種對應目前尚未見例外。關於甲、乙類之間的關係，過去學者多有討論，比如《左傳》襄公十年孔穎達《正義》云：

> 十二年"吳子乘卒"是也。服虔云："壽夢，發聲。吳蠻夷言，多發聲，數語共成一言。壽夢，一言也。經言乘，傳言壽夢，欲使學者知之也。"然壽夢與乘，聲小相涉。服以經、傳之異，即欲使同之。然則餘祭、戴吳，豈複同聲也？當是名字之異，故未言之。

由以上論述可知，服虔認爲"乘""壽夢"之間是語音的關係，孔穎達認爲是名和字的關係。2014年董珊出版的《吳越題銘研究》，亦試圖彌合經傳人名之間的音、義關係。比如"乘"可與"壽夢"對音；"遏"與"姑發"對音，又與"諸樊"構成名、字關係等。

顧頡剛云：

> 觀《春秋》昭二十七年書"吳弒其君僚"，定十四年書"吳子光卒"，知"僚"與"光"皆即位後所改之名，而"州于"

與"闔廬"則原有之名。然《吳世家》云:"公子光竟立爲王,是爲吳王闔廬",則又以"光"爲本名而"闔廬"爲即位後名,與《春秋經》所記不合。按"僚"與"光"爲華化之名,與"州于"、"闔廬"之爲夷式者異,自是春秋是而《史記》非。[1]

顧先生以爲"州于""闔廬"是原有夷式名,而"僚""光"爲即位後所改的華化名,將兩類名字分開,是非常正確的意見。但顧先生據《經》中記吳王死時所稱之名,斷定其"僚""光"爲後取漢名,證據並不充分。《左傳》昭公二十七年弒君前稱"光",即位後才稱"闔廬"。[2] "夫差"一名都出現在定公十四年之後,這一年闔廬戰死,夫差即位。可見從《左傳》的記述來看,"光"並不一定是即位後才有的。

楊伯峻認爲:"吳、越之君無謚有號,吳子乘即壽夢,諸樊即遏,光即闔廬。"[3]

誠然"遏""樊"意義相涉、"乘""壽夢"語音仿佛,但驗諸其他王名,則很難看出兩套名字之間有何聯繫。古音通假、一名一字等解釋大多只能通其一二,很難解釋清楚對應兩套的每個名字。甲與乙、丙兩類之間,語言上有無關係,是否用漢字記錄的夷音等問題,尚不能作出最終的定論。但這種差異是經、傳文獻來源不同造成的。

目前可以肯定的是,吳王自作銅器用丙類名,出土吳王銅器自名當與文獻中的乙類名相通,而非甲類。乙、丙類名是可以確定的吳王自名。甲類名除"光"外,不見於吳王自作銅器。結合《春秋》經傳關係,我們認爲甲類名很可能是中原人對吳王名的記錄,

---

[1] 顧頡剛:《楚、吳、越王之名、號、謚》,氏著:《史林雜識初編》,中華書局,1963年,第212頁。

[2] 唯一一個例外見昭公三十年,楚子西仍稱其爲"光",不過這也很好理解,子西爲楚人,不稱王名而稱其本名是可以理解的。

[3] 楊伯峻:《春秋左傳注(修訂本)》,中華書局,1990年,第1409頁。

並不是真正意義上的吴王名。[1] 至於"光"的例外，則是因爲"光"是自取的漢名，中原諸國接受了這一稱呼。

劍銘王名作"姑讎焉雖""姑讎雖"，從自叙身份看，必是吴王"夷末"無疑，但四字古音都與"夷末"有些距離。董珊認爲古書"夷末"應是"夷未"之訛，我們贊成這一看法，下文徑作"夷未"。從前文叙述的理路可以推斷，"姑讎焉雖"應該就是《左傳》中没有記載的"夷未"的乙類名，按照《春秋》傳的習慣，或應記作"讎雖"或與之音近的字。

"邗王是野"戈過去郭沫若曾論證"是野"即"壽夢"，[2] 羅常培亦從音理角度支持郭説。[3] 李夏廷從考古類型學角度論證該戈是典型的晋器風格，且當時晋國有爲别國製作銅器的做法；該戈具有"新田風格"，時間當在春秋末期，不能早到壽夢之時。[4] 李夏廷的説法無疑是正確的。趙孟介壺銘："遇邗王于黄池，爲趙孟介。邗王之錫金，以爲祠器。"[5] 正可與《左傳》哀公十三年晋定公與吴王夫差黄池之會相印證。《左傳》哀公九年記載："秋，吴城邗，溝通江淮。"吴王稱爲"邗王"，也應在此之後，符合上述條件的只有"夫差"一人。

董珊從音理上給出了解釋。他認爲"是野"是"差"的對音。其實嚴格説來，二者讀音仍不密合，所以董先生認爲"是野"是"差"的晋方言對音字。[6]

我們提出另外一種解釋："是野"是《左傳》中未記的吴王

---

[1] 這一點類似漢語用"傑瑞"稱呼一個名叫 Jerry 的人，傑瑞二字本質並不是他的名字，只是用漢字記録名字的發音而已。
[2] 郭沫若：《吴王壽夢之戈》，《郭沫若全集·考古編》第 6 卷，第 58 頁。
[3] 羅常培：《關於〈吴王壽夢之戈〉音理上的一點補充》，《羅常培文集》第 9 卷，山東教育出版社，1999 年，第 129 頁。
[4] 李夏廷：《"邗王是野戈"雜議》，《故宫博物院院刊》2008 年第 6 期。
[5] 釋文采用寬式隸定。《集成（修訂增補本）》09678—09679。
[6] 董珊：《吴越題銘研究》，第 36 頁。

"夫差"的甲類名。但爲何戈銘會出現甲類名字而和其他銅器習慣不同呢？原因很簡單，這件戈並不是吳人自作，"邗王是野"是晉國人對夫差的稱呼，所以用甲類名。相似的例子也見於《左傳》定公三十年，是時闔廬已即位多年，但楚國的子西在談論時仍稱呼爲"吳光"，而不稱"闔廬"。

近些年出土的簡帛豐富了我們對古人姓名的認識。比如清華簡《繫年》記載"夏姬"本名"少孔"，"夫槩王"名"王子昬"等，都是未見典籍記載的。"夷未"自名"姑馤馬雖"，"夫差"中原人稱"是野"，這些都是我們原先不知道的新知。這樣解釋最大的好處是，避免了"姑馤馬雖"與"夷未""是野"與"夫差"之間繁瑣的古音糾纏。

下面談談吳王光和逗的關係。"逗"所在辭例如下：

（1）吳王光逗自作用劍，以戰越人。【17】

（2）攻敔王光自作用劍，逗余允至，克捋多功。【16】

此外，美國華盛頓弗利爾美術館還有一把所謂的"吳王光軑劍"。

（3）攻䓈（吳）王光△台（以）吉金，自乍（作）用鐱（劍）。[1]【18】

△字（下文以△表示）過去多釋作"軑"，這樣釋讀的好處是"光軑"可以和"光逗"勾連起來，統一解釋。但隨着相關材料逐漸豐富，越來越多的學者傾向將△與中山王器的 ⿱、清華簡《筮法》⿱（簡11）、⿱（簡14）、侯馬盟書 ⿱（185∶9）形體認同，雖然⿱的構形與來源學界還有不同意見，[2] 但在辭例中讀爲"也"

---

[1] 施謝捷：《吳越文字彙編》，056號。圖片截自張光裕《錯金〈攻䓈王劍〉銘獻疑》，《紀念何琳儀先生誕辰七十周年暨古文字學國際學術研討會會議論文集》，合肥安徽大學，2013年8月。

[2] 相關討論可參看王鵬遠《古漢字"變形音化"再研究》，復旦大學碩士學位論文，2022年，第52—68頁。王鵬遠提出該字形釋"施"，並對"施"字源流作了重新梳理，王說比舊說合理，本書相關字形改釋作"施"。

已基本是共識了。本書初稿將△釋作"軏",自然必須放棄。李守奎認爲△讀爲"也",與清華簡《繫年》人名後加"也"的情況類似。[1] 這一看法是正確的。△與"逗"沒有關係。

李家浩以爲"逗"與"光"構成一名一字的關係,[2] 董楚平認爲"光"是名,"桓"是號。[3] 李學勤則認爲"△""逗"都是虛字,讀古書多見的"爰"。[4]

"光""逗"字義的關係,李家浩文中已論之甚詳,毋庸贅述。不過"光""逗"孰是名,孰爲字,李先生前後的意見並不一致。在《攻敔王光劍銘文考釋》一文中認爲光是字,逗是名;在《攻敔王者彶虡虜劍與者減鐘》一文中認爲"光"與"闔廬""逗"的關係屬於一名二字。過去有學者認爲"光""闔廬"都與光亮或房屋有關,構成名字的關係,[5] 並不正確,因爲"闔廬"本寫作"者彶虡房",與"房屋"無任何關係。從自作銅器多稱"光"來看,"光"很可能是名,而"逗"是字,雖然古人多字名連稱,不過也不是沒有先名後字的。[6] 吳王光有字,乙類名有"光""闔閭"兩種稱呼,爲何會出現這一現象?我們覺得這和當時吳國的發展以及吳王光的個人因素有關。

《左傳》昭公三十年載有一段楚國子西對吳王光的看法,或許有助於我們認識這個問題:

---

[1] 李守奎:《清華簡〈繫年〉"也"字用法與攻吾王光劍、絲書缶的釋讀》,《古文字研究》第30輯,中華書局,2014年,第377頁。

[2] 李家浩:《攻五王光韓劍與虞王光趄戈》,《古文字研究》第17輯,中華書局,1989年,第138頁。又同作者:《攻敔王光劍銘文考釋》,《文物》1990年第2期。收入《著名中年語言學家自選集·李家浩卷》,安徽教育出版社,2002年,第53頁。

[3] 董楚平:《吳越徐舒金文集釋》,第122頁。

[4] 李學勤:《吳王光幾件兵器的釋讀》,《傳統文化研究》第15輯,群言出版社,2007年;收入氏著:《通向文明之路》,商務印書館,2010年,第143頁。

[5] 陳夢家:《壽縣蔡侯墓銅器》,《考古學報》1956年第2期。

[6] 李學勤:《先秦人名的幾個問題》,《歷史研究》1991年第5期。

子西諫曰:"吳光新得國,而親其民,視民如子,辛苦同之,將用之也。若好吳邊疆,使柔服焉,猶懼其至。吾又疆其仇以重怒之,無乃不可乎!<u>吳,周之胄裔也,而棄在海濱,不與姬通。今而始大,比於諸華。光又甚文,將自同於先王</u>。不知天將以爲虐乎,使翦喪吳國而封大異姓乎?其抑亦將卒以祚吳乎?其終不遠矣。我盍姑億吾鬼神,而寧吾族姓,以待其歸。將焉用自播揚焉?"

吳國自壽夢始大,始與中原各國交通,到吳王光時"比於諸華",光又甚文,所以"光""逗"很可能是吳王模仿中原諸國取的一套漢式名和字。中原人也接受了這套名字。從訓詁角度看,"光""逗"的含義也與"將自同於先王"的雄心非常貼切。如此,很多問題便可得到解釋:如"光"既是經中之名,又在銅器中出現,因爲中原人用其漢名"光"稱之,銘文中用名、字也是中原諸國的習慣。又如銅器銘文中"光""者彶叡虖"都有發現,因爲前者是自取漢名,後者是其在吳國的本名,都可以用來自稱。

第四節　餘祭、句餘與戴吳

最後我們談談"句餘"幾個又名的問題。銘文中吳王 C 名有三種寫法,我們認爲都對應文獻中的"句餘",但這幾種寫法是有時代先後區別的。"叡吳工虘"一類的寫法最早,因銘文自稱"工虘大叔",可見此時尚未即位;稱王後銘文稱"叡吳工吳"或"叡𫊻此郘",第三字由"工"改作"此",第四字由"虘/吳"變爲"郘"很可能是爲了避免和國名重複,改動後主要音節仍然讀"句餘";在劍【10】【11】【12】【13】【14】中則稱"叡𫊻郘"或"叡𫊻此郘",可見"叡𫊻郘"是"叡𫊻此郘"的簡稱,"此"可省去,應是附加音節。需要注意的是,此時吳王已是"夷末",時代最晚。如下表所示:

時　代	"句餘"名寫法
諸　樊	叔吳工盧
句　餘	叔吳工吳　叔戉此郘
夷　末	叔戉此郘　叔戉郘

吳王 C 在傳中也有三套名字，尤其"餘祭"在經、傳中都有出現。

經	餘祭
傳	餘祭/句餘/戴吳
銘　文	叔（虡）戉（戈）此郘（鄰） 叔吳工盧（吳） 叔𤲞郘

徐建委曾提出《春秋》襄公二十九年"閽弒吳子餘祭"一句當是錯簡，[1] 如是，則對應傳文"吳子餘祭觀舟，閽以刀弒之"也是後人補入，與其他傳文來源不同。也就是說《春秋》左氏傳最初系統中原本不存在"餘祭"一名。那麼傳中另外的"戴吳"一名是從何而來呢？

李家浩在《攻敔王姑義𨨛劍銘文及其所反映的歷史》一文中曾經認爲：

> 《說文》說"戴"从"𢦏"得聲。上古音"𢦏"的聲母屬精母，"此"的聲母屬清母，都是正齒音；"吳"、"余"的韻母都屬魚部。看來"戴吳"與"此余"的古音有關，很可能餘祭又稱爲"戴吳"與劍銘"叔戉此郘"之"此郘"也

---

[1] 徐建委：《〈春秋〉"閽弒吳子餘祭"條釋証》，《北京師範大學學報（社會科學版）》2015 年 5 期；徐建委：《季札觀樂諸問題辯證》，《文學評論》2018 年第 5 期。

有關係。[1]

不過後來李先生放棄了這一觀點，改從董珊的釋法，認爲戴吳和"矣廬"有關。[2] 這一看法建立在將王名第二字釋"矣"的基礎上，但我們已將之釋作从矢丩聲之字。傳世先秦文獻中"戴吳"僅出現過一次，見《左傳》襄公三十一年：

> 吳子使屈狐庸聘于晉，通路也。趙文子問焉，曰："延州來季子其果立乎？巢隕諸樊，閽戕戴吳，天似啓之，何如？"

其實按照本書第一章劍【14】的討論，餘祭當依《史記》在位17年，襄公三十一年是餘祭六年，所以這條傳文也是後人欄入。趙文子問話時，"句餘"已死，很可能是誤認"吳廬"爲"矣廬"的產物，是晉人對吳王C的誤讀，並不是吳王自名，不能與銅器銘文中的王名相通。

總之，我們以爲出土文獻中"句餘"的名字只有一種，不同寫法的主要區別在於附加語使用的不同，"戴吳"應是晉人的誤解，不是"句餘"的本名。

最後，把本書主要意見用表格展現出來：[3]

中原稱名	乘	遏	餘祭/戴吳	夷末	僚	光	是野
吳王自名（文獻）	壽夢	諸樊	句餘	**餘眛**	州于	光/闔廬	夫差
吳王自名（銘文）	壽夢	姑發者反 姑發䣭	叡吳工廬 叡鈹此郘 叡鈹郘	姑餘焉眛 姑餘眛		光、逗 者彶 叡房	夫差

---

[1] 李家浩：《攻敔王姑義雖劍銘文及其所反映的歷史》，《古文字與古代史》第1輯，第299頁。

[2] 李家浩：《攻敔王者彶叡房劍與者減鐘》，《古文字與古代史》第3輯，第233頁；又《攻敔王者彶叡房劍與者減鐘》，《安徽大學漢語言文字研究叢書·李家浩卷》，第65頁。

[3] 存在通假關係的只選一種寫法，加粗部分是我們擬構的。

1917 年王國維撰成名文《殷卜辭所見先公先王考》及《續考》，以出土文獻資料與傳世典籍中殷王世系相互發明，成爲後來王氏提倡的"二重證據法"的典範之作。近幾十年來，隨着考古工作的開展以及幾代學者的共同努力，壽夢之後的吴王世系不但得到了出土文獻系統地印證，且又補充了不少過去我們所不了解的新知。

第四章 出土文獻所見越王世系研究

第一節 傳世文獻所見越王世系

本章主要討論與出土文獻相關的越王世系，其範圍大約始於句踐，終於無顓。《竹書紀年》爲西晉出土的汲冢古書之一，按理應屬於古代的出土文獻，但流傳日久，我們將之歸爲傳世文獻。

《史記·越王句踐世家》所記世系爲：

> 句踐卒，子王**鼫與**立。
>
> 王鼫與卒，子王**不壽**立。
>
> 王不壽卒，子王**翁**立。
>
> 王翁卒，子王**翳**立。
>
> 王翳卒，子王**之侯**立。
>
> 子王之侯，子王**無彊**立。

司馬貞《索隱》引《竹書紀年》越世系如次：

> 晉出公十年十一月，於粵子**句踐**卒，<u>是爲菼執</u>。
>
> 次**鹿郢**立，六年卒。
>
> **不壽**立十年見殺，<u>是爲盲姑</u>。次朱句立。
>
> 於粵子**朱句**三十四年滅滕，三十五年滅郯，三十七年朱句卒。

  翳三十三年遷于吳，三十六年七月太子**諸咎**弒其君翳，十月粵殺諸咎。

  粵滑，吳人立子**錯枝**爲君。

  明年，大夫寺區定粵亂，立**無余之**。

  十二年，寺區弟忠弒其君<u>莽安</u>，次**無顓**立。無顓八年薨，<u>是爲菼蠋卯</u>。

此外，《越絕書》《吳越春秋》亦記有越王名。句踐至翳，《紀年》《史記》皆爲五代越王，王名之間關係比較簡單，如下表所示：

《史記》	《竹書紀年》[1]		《越絕書》	《吳越春秋》
句踐	句踐	菼執	句踐	句踐
鼫與	鹿郢		與夷	興夷[2]
不壽	不壽	盲姑		
翁	朱句		翁	翁
翳	翳		不揚	不揚

越王翳之後，《史記》爲"王之侯""無彊"，《紀年》有"諸咎""錯枝""無余之""無顓"。個中關係如何，是研究越王世系的難點，歷來說法很多，如司馬貞《索隱》引樂資云"無顓後乃次無彊也，則王之侯即無余之也"等。近年來，隨着考古工作與古文字學者的努力，出土文獻所見越王名也逐漸豐富、清晰起來，爲釐清越王世系這一古老問題引入了新材料與新視野。

---

[1]《竹書紀年》分爲兩欄，後一欄録入的是"是爲"之名。
[2] 前人已指出"興夷"當是"與夷"之誤，可從。

第二節　出土王名與傳世王名對應的幾個定點

本章中我們將出土文獻所見越王名簡稱爲"出土王名",同理,傳世文獻中所見越王名稱作"傳世王名"。出土王名中有一些自被認出以來,即罕有異議,可以視作溝通傳世與出土王名之間的定點。有的仍有較大爭議,如何對應,還需進一步研究。本節我們先討論對應關係明確的越王名。

A. 句踐

出土王名作"兯鐼""兯戔""兯鐕",自 1966 年初唐蘭將"兯鐕"論證爲"句踐"以來,學者莫不從之,已成定讞。九,見母幽部,句,見母侯部;鐼、踐皆從"戔"聲,"兯戔"讀爲"句踐"。

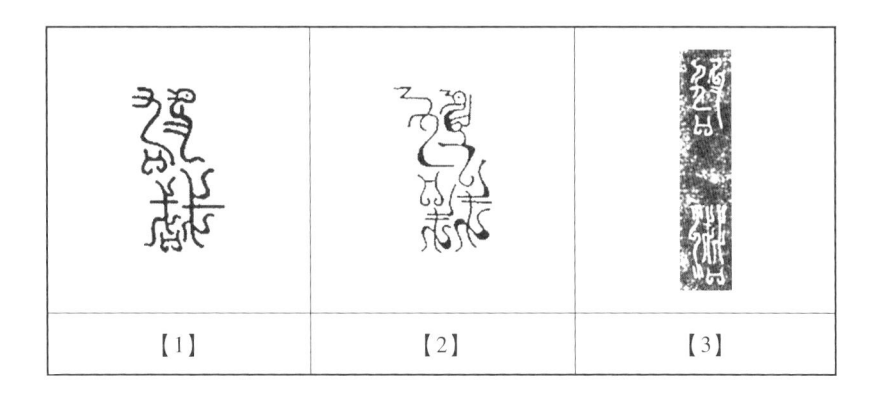

【1】	【2】	【3】

B. 鼫與

出土王名作"者旨於睗",寫法基本一致,如下圖所示:

【7】

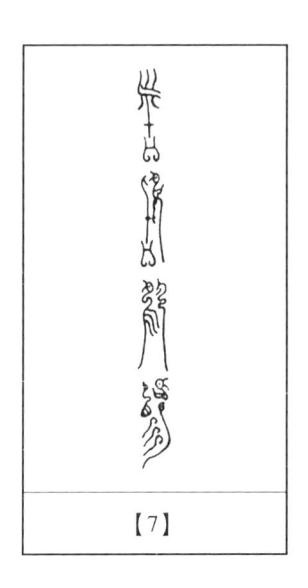

　　1959 年安徽淮南蔡家崗蔡聲侯墓出土兩件越王者旨於賜戈，以蔡聲侯卒年爲下限，"者旨於賜"只能是允常、句踐、鼫與、不壽其中一人。林澐指出"者旨於賜"當爲文獻中的越王"鼫與"，"者"與"鼫"音近，"於""與"可通，"鼫與"應對應"者於"二字。[1] 林先生的看法無疑是正確的。近年李家浩主張"鼫與"以及文獻中的異名"適郢""鹿郢""與夷"等皆應對應"者旨於賜"中"旨賜"二字。關於這一問題，我們將在下文詳細討論。值得一提的是，最早將"者旨於賜"與"鼫與"聯繫起來的是馬承源，不過馬先生認爲"於賜"讀爲《路史》中句踐之子"鼫與"，《史記》作"鼫與"當是傳抄之訛。[2] 這一解釋不可信，林先生在文中已辨之甚詳。

　　"者旨於賜"爲句踐之子"鼫與"當無可疑。

---

[1] 林澐：《越王者旨於賜考》，《考古》1963 年第 8 期；收入《林澐學術文集》，中國大百科全書出版社，1998 年，第 190—191 頁。
[2] 馬承源：《越王劍、永康元年群神禽獸鏡》，《文物》1962 年第 12 期；收入氏著：《中國青銅器研究》，上海古籍出版社，2002 年，第 259—263 頁。

C. 朱句

出土王名作"州句"或"州𠃬",對應傳世王名"朱句"。

【21】	【20】

D. 翳

出土王名有"者旨不光""不光""旨殹"。"不光"二字爲曹錦炎首先釋出,曹先生認爲"不光"即朱句之子"不揚"。"不光"與"翳"意義相因,乃一字一名。[1] 後來香港出現一越王劍,其劍格銘文作"越王者旨不光自作用劍",劍首銘文作"越王者殹自作用劍",正可證實曹先生此前判斷。至於曹先生認爲"旨殹"即"者旨殹"之省寫,也是對的。[2]

光,中古見母唐韻合口一等平聲,上古音擬作 $^*k^waːŋ$;揚,中古以母陽韻開口三等平聲,上古音擬作 $^*laŋ$。光、揚上古音並不很近,但是王名"不光"如果要對應古書中越王世系,確實只有"不揚"最有可能。

---

[1] 曹錦炎:《越王嗣旨不光劍銘文考》,《文物》1995 年第 8 期;收入氏著:《吳越歷史與考古論叢》,第 71—75 頁。

[2] 曹錦炎:《新見越王兵器及其相關問題》,《文物》2000 年第 1 期;收入氏著:《吳越歷史與考古論叢》,第 99—107 頁。

【35】	【32】	【38】

E. 初無余之

中華書局標點本《史記》之《索隱》引《紀年》作"無余之"，但《古本竹書紀年輯證》引《索隱》作"初無余之"。《史記會注考證校補》云："《存真》作'初無余之'，《輯校》作'無余之'。宋耿秉本、黃善夫本、元彭寅翁本皆有'初'字。"[1] 可見傳世王名本應作"初無余之"，這一說法除了有較早善本的依據外，更得到了出土文獻的證實。

出土王名作"者差其余"或"差郐"。李學勤最早認出"差郐"即文獻中的"初無余之"，[2] 後來董珊又作了進一步論證：

> "初""差"都屬正齒音初紐，"初"是魚部字，"差"是歌部字，據古書及古文字材料所見，"差"聲之字常常與魚部字相通。"差徐"可與"初無余"古音相對。至於"無"字也是魚部字，應該是次要音節，在急讀時可省略不記。[3]

---

[1] 参看方詩銘、王修齡：《古本竹書紀年輯證》，上海古籍出版社，1981年，第101頁。
[2] 李學勤：《〈珍秦齋藏金——吳越三晋篇〉前言》，蕭春源：《珍秦齋藏金——吳越三晋篇》，第10—12頁；收入氏著：《通向文明之路》，第206—208頁。
[3] 董珊：《論珍秦齋藏越王差徐戈》，蕭春源：《珍秦齋藏金——吳越三晋篇》，第278—289頁；又同作者：《越王差徐戈考》，《故宮博物院院刊》2008年第4期。

初、差上古音十分接近。初,中古音初母魚韻開口三等平聲,上古音可構擬爲 *tsra;差,中古初母麻韻開口二等平聲;上古歸入歌 1 類,主元音也是 a,可構擬爲 *tsraːl。

"差郐"對應"初無余之"之"初余",至於"者差其余",則是在"差郐"基礎上又加入襯字"者""其"。

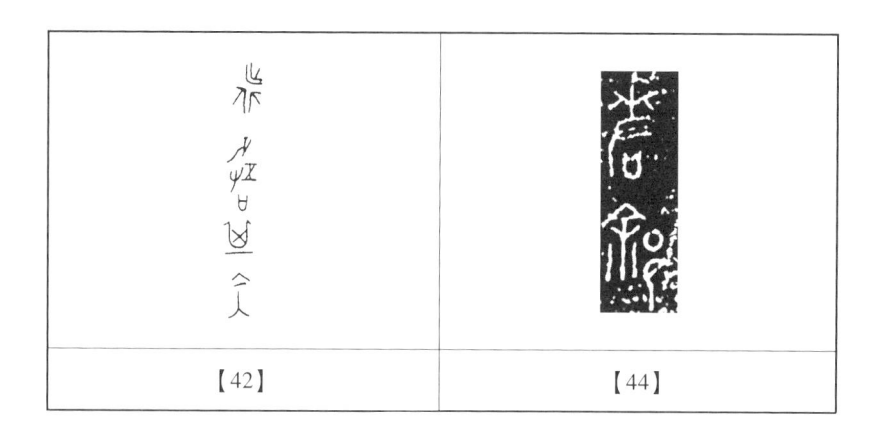

【42】	【44】

第三節　幾個有争議的出土王名

除了上節列舉的五個確定的越王名,出土文獻中還有幾個王名的釋讀存在争議。

一、越王"者旬""者旨"

1992 年,香港中文大學購藏一柄越王矛,銘文作"越王者 a 自乍用矛",其中 a 字原篆如下揭,最先公布材料的游學華將之釋作"旨",並認爲"者旨"即"者旨於賜"之省,如是器主當是越王句踐之子鼫與。[1] 其後諸家多從之。

---

[1] 游學華:《記中文大學藏越王者旨於賜矛》,《大公報》1992 年 6 月 12 日;又《中國文物報》1992 年 6 月 21 日。

這一看法並不可信，即使將 a 上部看作綴加的鳥形，其下部也非"旨"字，釋作"旨"顯然沒有依據。是字从口九聲，只不過"九"字寓於鳥形之中，似作鳥首狀，變得不太好認了。董珊隸作"咎"，是非常正確的。[1] 董先生認爲"者咎"是越王翳之子"諸咎"。國家博物館藏有一件越王"者句"劍，如下圖，董先生同樣將"者句"讀爲"諸咎"。

國博"者句"劍劍格樣式是很獨特的。這類正面飾有兩個同心圓風格的劍格，只見於越王州句時期，目前尚無例外。我們認爲這種劍格形制是具有斷代意義的。

越王翳時期銘文已多鑄之於窄劍格及劍首之上，而作爲翳之子的諸咎，却仍是寬格，顯然不合適。所以，"者句"讀爲"諸咎"雖然語言學上能講通，但從類型學角度而言，却不太合適。

"者句"應排在越王翳之前，"者句"是"州句"。"者""州"二字上古聲母相同，韻部有魚、幽之別，不太密合。《尚書·舜典》"流共工于幽州"，《莊子·在宥》作"流共工于幽都"。"句踐"之"句"，自作劍銘便作"咎"，可證香港中文大學藏"者咎"矛器主也應是州句。

綜之，越王名"朱句"，在出土文獻中有"州句""者句""者

---

[1] 董珊:《吳越題銘研究》，第65頁。

台"三種寫法。

二、越王"丌北古"是誰？

從上文可以看出，句踐至翳的五代中，"句踐""鼫與""朱句""翳"四位越王的名字已得到出土文獻的證明，只有越王"不壽"的考釋似乎有些麻煩。

先説兩次"誤會"。《商周青銅器銘文選（四）》首次著録了一柄越國鳥蟲書銅矛，[1] 董楚平釋王名爲"旨於"，即"者旨於賜"之省，大子名釋作"朩壽"，讀作"不壽"，即盲姑。[2] 曹錦炎觀點與之類似，唯釋大子名爲"勹（伏）壽"，亦讀爲"不壽"。[3]

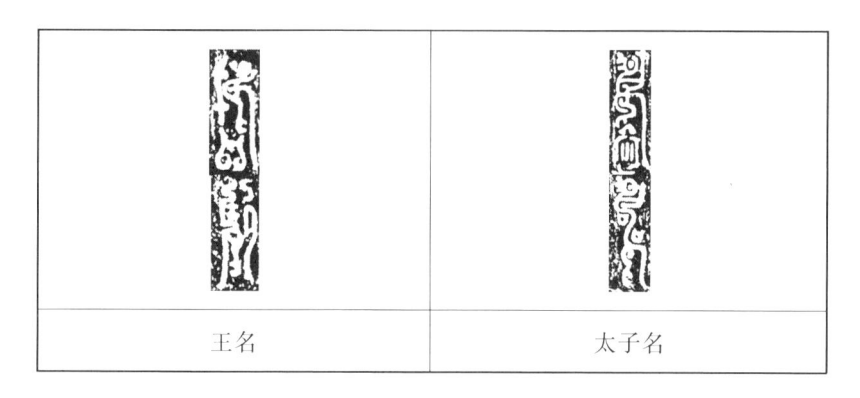

王名	太子名

王名第二字並非"於"字，施謝捷隸作"医"，"旨医"即"者旨医"之省；太子名隸作"畐邑"，即"諸咎"。[4] 器主爲翳之子，當然就與越王不壽無涉了。[5]

---

[1] 上海博物館商周青銅器銘文選編寫組:《商周青銅器銘文選（四）》，第379頁。
[2] 董楚平:《吴越徐舒金文集釋》，第221頁。
[3] 曹錦炎:《越王大子矛考釋》，《1992年吴越地區青銅器研究座談會論文集》，後收入《吴越地區青銅器研究文集》，兩木出版社，1997年，第279—282頁；又收入《吴越歷史與考古論文集》，第65—70頁。
[4] 施謝捷:《吴越文字彙編》，第581—582頁。
[5] 大子名字的釋讀，詳下文。

2002年曹錦炎公布了臺北某藏家庋藏的一柄越王劍（如下圖），[1]銘文作"戉（越）王不b不b自乍（作）用僉（劍）用僉（劍）"。

曹錦炎隸b字爲"壽"，並據此判斷器主爲越王不壽。這一看法並不可信，因爲b分明是"句"字，釋"壽"是錯誤的。

b

況且吳鎮烽指出：

> 該劍經陳佩芬、譚德睿、高至喜和本人等十餘名青銅器專家鑑定，確係僞器僞銘。此劍的長度和重量都超過常規，劍格上下係兩層互相粘貼起來的，上層即有銘文的一層厚1毫米左右，銹色發紅，從格的兩端可明顯看到粘貼的兩條綫縫，有一端的一條縫綫已經脱開，劍格和劍身相接處也可看到假銹爲紅色物質，與劍身的銹色明顯不同，可以肯定銘文是先在一毫米

---

[1] 是劍原爲臺北陳氏購藏，后歸龔欽龍。參南京博物院編：《臺灣龔欽龍藏越王劍暨商周青銅兵器》，第73—76頁。

厚的銅鈑上做好以後再粘貼上去的。另外，劍莖上所纏的人字形編結的緱相互交錯，與所見出土劍緱纏法迥異，且堅硬擱手，一點也看不到腐朽的痕迹，所嗅到的氣味並不是泥土味或絲織物的朽味。[1]

看來，目前出土文獻中還没有可以直接讀爲"不壽"的王名，但這是否意味着越王不壽的銅器迄今還未發現呢？要回答這個問題，就要引出"丌北古"是誰的討論了。

出土文獻中有越王名"丌北古"，或省作"丌北"。20世紀60年代初馬承源即考證"丌北古"讀如盲姑，即越王不壽。[2] 文章發表後，很多學者接受了馬先生的觀點，[3] 但也有一些反對聲音，如曹錦炎、周亞等。

曹先生説：

> 應該講，從聲訓的角度上説"丌北古"即"盲姑"，是没有多大的問題的。但是，從銘文字體風格來看，越王丌北古劍非常接近不光劍，而且圓形劍首上鑄有銘文也始於不光劍。因此，要將丌北古提早到州句劍之前是有困難的。然而丌北古的劍作厚格式，與常見不光劍作薄格式又有矛盾。1994年於香港新出現的越王者旨劍，劍格亦爲厚格式，説明不光時仍有厚格式劍的孑遺。那麼，丌北古劍作厚格式就没有什麼問題了。前已經指出，越王不光即越王翳，其爲州句之子，見於史籍。所以，在州句與不光之間就不可能再插入一位越王，丌北古只能是越王翳（不光）之後的某一位越王。

越王丌北古之名，劍首作"丌北"，頗疑越王丌北即越王亡

---

[1] 吳鎮烽：《金文通鑒》20534 備注。
[2] 馬承源：《越王劍、永康元年群神禽獸鏡》，《文物》1962年第12期，又收入馬承源：《中國青銅器研究》，上海古籍出版社，2002年，第259—263頁。
[3] 如董楚平、施謝捷、董珊等。

> 彊。"丌"即"其"。"北",敗也。《荀子·議兵》:"遇敵處戰則必北。"楊注:"北者,乖背之名,故以敗走爲北也。"《左傳》桓公九年"以戰而北"。今人仍稱不敵敗走爲"敗北"。"彊",即古"強"字,剛強之義。"亡彊"即"不強",戰而不強則其必敗,與"丌北"之義似可相合。"丌北"與"亡彊"乃一名一字。古人取名字時不一定用吉語。提出這種設想供各位參考。[1]

又:

> 目前所見的越王兵器銘文中,只剩下"丌北古"(或作"丌北")一名還没有落實。我曾指出越王丌北古絕不是不壽,由越王不壽劍的發現已經得到了證明,丌北古有可能即越王無彊。[2]

總結起來,曹先生反對"丌北古"爲越王"不壽"的理由有三:

1. 字體風格,"丌北古"銘文接近"不光"劍。
2. 圓形劍首鑄銘文始於"不光"時期。
3. 已經發現了鑄有"不壽"銘文的銅劍。

前文已説明,出土王名中目前仍没有可以讀爲"不壽"的,所以理由3不成立。理由1,字體風格相近只能説明二者時代接近,但"丌北古"既可以在"不光"之後,也可能在"不光"之前。理由2,"圓形劍首鑄銘文始於'不光'時期"是基於對過去材料的認識,如果發現早於"不光"時期劍首鑄銘文的例子,這一結論就應該提前。換句話説,如果"丌北古"是越王不壽,那麼劍首鑄銘文就應始於"不壽"時期。總之,我們認爲以上三點都不能構成

---

[1] 曹錦炎:《新見越王兵器及其相關問題》,《文物》2000年第1期;又收入氏著:《吳越歷史與考古論叢》,第99—107頁。

[2] 曹錦炎:《記新見的越王不壽劍》,《文物》2002年第2期,又收入氏著:《吳越歷史與考古論叢》,第86—91頁。原文又是《新見鳥蟲書越王兵器考》第一則,載《古文字研究》24輯,第240—246頁。

"丌北古"不是"不壽"的理由。

周亞對越王劍銘文所處的位置作了統計、分類和排序後，認爲越王劍銘文所處的位置，應該是一個有序的變化過程，即越王句踐時期銘文位於劍身，越王者旨於睗—越王州句時期銘文位於寬劍格正反面，越王不光（包括越王嗣旨不光）時期銘文位於窄劍格及劍首。丌北古劍的銘文都是位於寬劍格及劍首，其年代位序應該處於越王州句劍和越王不光劍之間的銘文位置變化過程中。周先生還認爲翳與不光不是一人，丌北古是翳之後的某一位越王，不光只能是丌北古之後的某位越王。[1]

周文中附了一張越王劍銘文形式和位置變化過程的圖表，我們轉引如下：

越王世系	銘文位置	銘文拓片或摹本
越王句踐	劍身近格處	
越王者旨於睗	寬劍格正反面	

---

[1] 周亞:《越王劍銘與越王世系——兼論越王丌北古與越王不光劍的斷代問題》，《古文字與古代史》第 2 輯，"中研院"歷史語言研究所，2009 年，第 243—277 頁。

续表

越王世系	铭文位置	铭文拓片或摹本
越王州句	宽剑格正反面	
越王旨殹	宽剑格正反面	
越王丌北古	宽剑格正反面、剑首	
越王不光	窄剑格正反面、剑首	

總的講來，周文提及銘文位置的演變順序大致不錯，但也有一些與事實矛盾，對一些現象的解釋也過於簡單化。比如過去張振林考證的"越王之子劍"，[1] 周先生以爲既然越王句踐劍銘文位於劍身，其即位前的劍似乎更應該與往例保持一致，他們銘文的位置不應該位於寬劍格的正反面，所以這是一柄越王句踐之子劍，即者旨於賜爲太子時期的劍。這個看法不可取。目前所見所有越王劍劍格背銘，大概還沒有見到過先讀左側文字，再右向閱讀的例子，是劍器主一定是句踐。

越王之子句踐劍背銘

州句劍銘文多位於寬格處，但也有位於劍身的，周先生以爲是例外，沒有過多論及。目前所知劍身鑄銘的州句劍已有兩柄，且州句距句踐已相隔數代，這恐怕不能以"例外"視之。

每個越王在位時間長短不一，一個王世不必只有一種風格，一種風格也不一定只流行於一個王世。以目前所見材料判斷，至少越王允常至州句時期，劍身鑄銘與劍格鑄銘兩種風格很可能是同時並存的，這兩種風格不存在嬗遞關係，因此不能僅憑銘文位於劍身還是劍格就判斷時間的早晚。

同時我們也應注意到一些王世的越王劍呈現出的個性，比如越王丌北古銘文方向是與劍格垂直的，這與其他越王劍銘文字"平躺"的風格都不相同，又如州句劍劍格正面多飾有兩個同心圓等，這些特點在其他越王劍上都看不到發展演變的脈絡。所以在排比越

---

[1] 張振林:《關於兩件吳越寶劍銘文的釋讀問題》,《中國語文研究》第 7 期, 1985 年, 第 35—36 頁。

江陵州句劍　　　　　　　浙博州句劍

王劍時我們要處理好共性與個性的關係，避免理想化，並不是每個特徵都存在演進序列。

我們認為劍格鑄有文字是越王允常至不光時都存在的共性，個中演變是有規律可循的。越王翳劍既有寬格又有窄格，可視作劍格變化的轉捩點，現在看來，越王翳之前，銘文多鑄之於寬格，而後多鑄之於窄格。所以越王丌北古應排入翳之前，丌北古只能是越王不壽。丌北古劍為寬劍格，劍首鑄有銘文，應看作寬劍格時期的個性特徵，與越王翳時開始出現窄劍格劍首加鑄銘文並非一回事。

下面按照我們的看法列出越王允常至不光時銘文形式與位置的變化過程：

越王世系	銘文拓片或摹本	
越王句踐 （允常時期）		寬劍格
越王句踐		
越王者旨於睗		寬劍格
越王丌北古		寬劍格+ 劍首
越王州句		寬劍格

續 表

越王世系	銘文拓片或摹本	
越王旨殹（不光）		寬劍格
		窄劍格+劍首
越王□□		窄劍格+劍首

確定了丌北古是越王不壽後，下面需要做些解釋工作。馬承源考釋説：

> 此劍所鑄越王的名字劍格銘文作丌北古，劍首銘文作丌北，省古字，是丌北古爲越王的全銘。……越王丌北古就是越王盲姑，盲姑即不壽，他是句踐的孫子，鼫與或與夷的兒子。按丌、北同屬之部韻，韻尾相同，速讀時易於省去一個音，即只剩北字音，……北、盲旁紐雙聲字，借盲聲爲北聲，乃是聲轉的關係，古、姑是雙聲疊韻字，所以，越王丌北古即越王盲姑。[1]

---

[1] 馬承源：《越王劍、永康元年群神禽獸鏡》，《文物》1962 年第 12 期，又收入馬承源：《中國青銅器研究》，第 259—263 頁。

董珊說：

> 越王"不壽"之名是中原化名字，"盲姑"之"姑"爲後綴，"盲"可以讀爲"亡"，與"不壽"意義相關，可以構成一名一字。"丌北古"之"丌"是前綴；"古"是後綴，"北"爲幫母職部字，"盲"爲明母陽母字，聲母都是唇音，主要元音相近，後綴"古"的聲母爲見母，可與前一音節"北"連讀音變，形成一個陽聲韻尾，因此"丌北古"與"盲姑"應該是兩種不同的記音。

董説是正確的。"北""盲"聲母都是唇音，主要元音相鄰，韻尾皆收喉音，音理上存在相通可能。《詩·鄘風·蝃蝀》第二章"雨""母"相協，《詩·小雅·小旻》"膴""謀"相協；《周易》"咸其股"，上博楚簡作"咸其拇"。這些都反映了"之""魚"兩部古音密切相關。[1]

《禮記·檀弓》鄭注："居，讀爲姬姓之姬，齊魯之間語助也。""丌北古"之"古"、"盲姑"之"姑"顯然都應該是這一用法。值得注意的是，"居"讀爲"姬"反映的也是"之""魚"音近可通。越國自滅吳後到越王翳徙吳，一直定都琅琊，王名中有齊魯方言因素，不足爲怪。越王丌殳居劍銘中"公"作"![symbol]"，下部曳出一撇，顯然也是受到了齊文字構形的影響。

最後還有一個問題需要解釋。顧頡剛云：

> 句踐之爲"菼執"，不壽之爲"盲姑"，無余之之爲"荓安"，無顓之爲"菼蠋卯"，前代史家俱未有説。自今觀之，疑前者皆生時之名，後者皆死後之謚也。惜吳、越方言今並無徵，不可詳其意義；而其王死後有易名之典，與中夏類似，則

---

[1] 此外俞敏《經傳釋詞札記》卷一"與"字條、楊樹達《積微居甲文説》"釋![symbol]"條也都討論過"之""魚"音近。詳參俞敏：《經傳釋詞札記》，湖南教育出版社，1987年，第1頁；楊樹達：《積微居甲文説》，上海古籍出版社，2007年，第18—20頁。

猶可推而知之。[1]

按理，"不壽"劍自名應使用"句踐""初無余"一類的名字，而不應用所謂"死稱"，這也是一些學者之所以反對"丌北古"爲"不壽"重要原因。如何解釋這個問題呢？

我們提出兩種猜測：一、文獻的誤記。《路史·後紀》卷十三下注引《竹書紀年》："盲姑立，是爲不壽，十年卒。"[2]《紀年》原文或如是作，"盲姑"應是生名。二、目前所見的幾把"丌北古"劍是"不壽"見殺後補作的，真正的"不壽"自作劍尚未發現。

三、一個難解的謎

出土越王劍中有一類所謂"越王不光劍"，銘文奇詭難識，其王名如下揭：

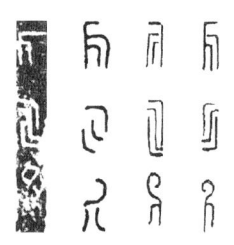

施謝捷説："以上九件越王劍劍格銘文全同，僅正面'戉王戉王'四字可以確釋。背面銘文或釋爲'不光不光'，可疑。或謂實爲六字，俟再考。"[3] 可以確定的越王不光劍，"不光"二字作：

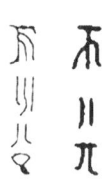

---

[1] 顧頡剛：《楚、吴、越王之名、號、謚》，收入氏著：《史林雜識初編》，第212—214頁。
[2] 方詩銘、王修齡：《古本竹書紀年輯證》，第183頁。
[3] 施謝捷：《吴越文字彙編》，第587頁。

越國後期，鳥蟲文字記錄語言的功能大爲減弱，"光"字已幾乎無法辨識，而拆解成兩個字符了。這樣的例子又如越劍【40】【41】，"越""王"二字亦有類似變化。

從字形看，所謂"不光劍"銘文有可能確是"不光"二字。但銘文風格又與真正的"不光劍"差異不小。周亞力主這兩類劍應分開，不屬於一個王世，是有道理的。在劍首鑄銘的越王劍中，有一部分器主並非劍格上的越王。如不光太子"可句於"劍，器主是劍首"可句於"，而非劍格上的"不光"；又如丌北古公子"鎸訇墨"劍亦如是。所以我們認爲，這類所謂的"不光劍"真正的器主很可能並非越王"不光"，而應是劍首所記的某個名字，但由於文字難以辨識，目前還不能確知這類劍的真正主人。

根據上面幾節的論述，我們把出土文獻中的越國王名用表格展現出來：

出 土 王 名	對應文獻王名
旮旮、旮戔、旮潛	句踐
者旨於賜	鼫與
丌北古、丌反居	盲姑
州句、者句、者旮	朱句
旨殹、者旨不光	翳、不揚
者差其余、差邾	初無余之

第四節　王子搜與越王授

文獻中尚有"王子搜"與"越王授"，二者關係如何，在越王世系中處於什麼位置，雖歷來研究者頗夥，但迄今並無定讞，仍值得繼續探究。下面先來看相關材料。

王子搜
《莊子‧讓王》：

> 越人三世弑其君，王子搜患之，逃乎丹穴。而越國無君，求王子搜不得，從之丹穴。王子搜不肯出，越人薰之以艾，乘以王輿。王子搜援綏登車，仰天而呼曰："君乎！君乎！獨不可以舍我乎！"王子搜非惡爲君也，惡爲君之患也。若王子搜者，可謂不以國傷生矣，此固越人之所欲得爲君也。

《呂氏春秋‧貴生》：

> 越人三世殺其君，王子搜患之，逃乎丹穴。越國無君，求王子搜而不得，從之丹穴。王子搜不肯出，越人薰之以艾，乘之以王輿。王子搜援綏登車，仰天而呼曰："君乎，獨不可以舍我乎！"王子搜非惡爲君也，惡爲君之患也。若王子搜者，可謂不以國傷其生矣，此固越人之所欲得而爲君也。

《淮南子‧原道》：

> 越王翳逃山穴，越人薰而出之，遂不得已。

《論衡‧命祿》：

> 越王翳逃山中，至誠不願，自冀得代。越人燻其穴，遂不得免，彊立爲君。

《抱朴子‧逸民》：

> 越翳入穴逃之。

《三國志‧吳志‧虞翻傳》注：

昔越王翳讓位，逃於巫山之穴，越人薰而出之。

以上記述可分爲兩類：第一類作王子搜，如《莊子》《吕氏春秋》；第二類作越王翳，如《淮南子》《論衡》《抱朴子》《三國志》。如果直接認同，很容易得出王子搜即越王翳的結論。但文獻記載中被弑越王爲不壽、翳、諸咎、初無餘四人，越王翳之前見弑者僅不壽一人，與"三世殺君"説不合，故第二類説法實際是錯誤的，應當排除。蒙文通説：

> 疑此王翳當爲王子搜之訛，《淮南子》敘事誤也。《北堂書鈔》卷百五十八引此作"逃巫山穴"。《三國志·虞翻傳·注》引《會稽典録》載虞翻曰："昔王翳讓位，逃於巫山之穴，越人薰而出之。"當即本之《淮南子》。是《淮南子》本作"逃巫山穴"也。高誘注《淮南子·俶真》："巫山在南郡"。苟爾，則越王翳何能逃至南郡之巫山？而越人又何能來南郡巫山薰之。[1]

綜上可知，逃乎丹穴之越君當作王子搜，《淮南子》等書記載不可信。關於"王子搜"之身份，除"翳"之外，還有如下舊説：

梁玉繩：

> 《史記·越世家》索隱據樂資以搜爲翳子無顓，當是。

俞樾：

> 搜，《淮南》作翳，然翳之前無三世弑父之事。《史記·越世家》以搜爲翳之子無顓。據《竹書紀年》翳爲子所弑。越人殺其子，立無余，又見弑，而立無顓。是無顓以前三君皆不善終，則王子搜是無顓之異名無疑矣。

馬敍倫：

> 《吕氏春秋·貴生》篇載此文，字作"搜"；《審己》篇作

---

[1] 蒙文通：《越史叢考》，人民出版社，1983 年，第 131—132 頁。

"授"。高誘注曰："句踐五世之孫。"《淮南·原道》篇作"翳"。倫案，授、搜形聲並近，高誘謂授，句踐之五世孫，則所據爲《越世家》，是受即翳，亦即王之侯。侯與搜、授聲亦相近，獨翳字形、聲俱遠，倫以爲翳乃瞖之訛也。然瞖雖與授、搜同聲類，與侯亦近，而瞖與授爲一人，搜與侯爲一人。越之世次，《史記》世家及《紀年》《越絶書》《吳越春秋》均互異。錢培名以《越世家》索隱、《路史·夏后紀》注所引《竹書紀年》參合考定，爲句踐、鹿郢（即鼫與亦即鼯與）、不壽（即盲姑）、朱句（即王翁）、諸枝（即浮錯枝）、無余（即莽安）、無顓（即菼蠋）、無彊。倫謂王翁即王瞖之訛。朱句之切音爲周爲州。《說文》"禂"之重文作"騊"，"騊"之重文作"酬"，以此證之，瞖即朱句，而翁爲瞖訛，明矣。"搜"即浮錯枝。去王瞖一世，則浮錯枝正爲句踐五世之孫。《紀年》不壽、王瞖（即朱句）皆見弑，瞖子諸咎亦見殺，則是三世弑君也。《呂氏春秋·審己》篇"越王授有子四人。越王之弟曰豫，欲盡殺之，而爲之後。惡其三人而殺之矣。國人不説，大非上。又惡其一人而欲殺之，越王未之聽。其子恐必死，因國人之欲逐豫，圍王宮。"此授即瞖子，即諸咎。授爲諸咎所弑，事與《紀年》合。越人殺諸咎，越滑，吳人立浮錯枝，《世家》謂"王瞖卒，子王之侯立"，《吳越春秋》有"王侯自立爲君之"語。蓋春秋戰國之立君，貴族頗與有力，而之侯之立，不由貴族，故《紀年》"謂之越滑吳人立浮錯枝"，而《吳越春秋》謂之自立爲君。至無顓之立，由大夫寺區之弟思，《紀年》有明文，則非此文之王子搜矣。洪頤煊謂侯、授、搜三字聲皆相近，蓋疑而未斷。倫案越君之名，皆以音録，無定字。侯、搜皆由"孚"字而來。"孚"音亦幽類也。[1]

---

[1] 馬敍倫：《莊子義證》卷二十八，商務印書館，1930年，第2—3頁。

此外，晁福林觀點與馬敘倫類似，亦認爲越王授是諸咎，王子搜爲錯枝，但錯枝當是死後謚稱。[1]

越王授

《呂氏春秋·審己》：

> 越王授有子四人。越王之弟曰豫，欲盡殺之，而爲之後。惡其三人而殺之矣。國人不說，大非上。又惡其一人而欲殺之，越王未之聽。其子恐必死，因國人之慾逐豫，圍王宮。越王太息曰："余不聽豫之言，以懼此難也。"亦不知所以亡。

舊注中有關"越王授"的材料，約略有如下數則：

高誘注：

> 越王授，句踐五世之孫。其弟欲殺王之四子而以己代爲之後也。

畢沅：

> 句踐五世孫，則王翳也，爲太子諸咎所弒，見《紀年》，與此略相合。前《貴生》篇有王子搜，疑一人。注"其弟"二字舊缺，案文義增。

梁玉繩：

> 越王無名授者，據《史·越世家》、《竹書紀年》句踐五世孫名翳。《莊子·讓王》、此書《貴生》有王子搜，高注及陸氏《音義》引《淮南·原道》謂搜即越王翳，豈"授"爲"搜"之訛歟？而搜乃句踐六世孫無顓，非越王翳，《貴生》

---

[1] 晁福林：《讀〈莊子·讓王〉——並論"越人三世弒君"問題》，《浙江社會科學》2002年第2期。

篇已校其誤，此復疑是一人，蓋失檢也。《越絕》《吳越春秋》句踐五世孫爲無彊，又不同。

諸以敦：

　　授即前《貴生》篇之王子搜，亦即句踐五世孫王翳也。畢氏於《貴生》據三世弑君之説，疑爲無顓，究屬臆斷，當從《審己》校語爲是。

洪頤煊：

　　《史記·越王句踐世家》句踐五世孫爲王之侯。《貴生》篇"越人三世殺其君，王子搜患之"，即其人。搜、授、侯三字聲皆相近。

范耕研：

　　《史記·越世家》句踐五世孫爲王翳，本書《貴生》篇有"王子搜"，高氏引《淮南》以爲越王翳，則此越王授即前之王子搜矣。授、搜音亦相近，惟與翳字則音義俱遠。且本書所載前後兩事，一則稱其能貴生，一則訾其不知亡，毀譽懸絶，又似非一人。舊聞殘缺，莫能決矣。洪頤煊謂句踐五世孫爲王之侯，與畢氏所説差一世，蓋一併句踐計之也。侯與授音亦相近。

陳奇猷：

　　授、搜古音相近，則王子授即王子搜無疑矣。《貴生》稱王子搜能貴生，此訾其不知亡，毀譽懸殊，然彼述其見越人三世弑君而逃其生，此述其悔未盡殺四子而延其生，皆係貴己之生之表見，正可證其爲一人也。至彼毀此譽，則以《吕氏》非成於一人之手，彼道家言（子華子學派屬道家），此兵家言，各執一義以爲説，乃先秦諸子之通病，何足爲怪？范氏以此證其非一人,謬矣。又按:授即無顓較爲合理。畢增注"其弟"二字,今從之。[1]

王利器:

"翳"當作"翿",《玉篇·羽部》:"翿,又作翳。"从壽得聲,與搜、授音近。[2]

過往不少學者認爲"越王授"應即《莊子·讓王》之"王子搜",其理由大約有二:

一、"王子搜"逃乎丹穴之事,古書有異文作"翳";"越王授有子四人",高誘舊注也是越王翳。

二、"搜""授"古音相近,存在相假可能。

我們認爲這兩點並非二者爲一人的充分條件。前文已經説明《淮南子》等古籍作"翳",是古書錯訛,不可信從。"王子搜逃乎丹穴"與"越王授見弑"是兩件不同的事情,邏輯上並無因果關聯。因此説,這兩件事既可以發生於一人,也可以是兩人之事。至於"越王授",高誘以爲即越王翳,同樣也不可盡信。高氏並注《淮南》《呂覽》,《呂氏春秋·審己》篇高注很可能即受《淮南子》影響。"搜""授"二字聲母不同,古籍中也罕有二字相通例。所以"王子搜"等於"越王授",只是或然,並非必然。我們傾向於二者不是一人。

董珊認爲越王授爲翳,王子搜、王之侯爲一人,即無顓。被殺的三位越君是越王翳、諸咎、初無餘,只有初無餘是諸咎之子的情況下,這三位越君才能算作三世。而吳人趁越亂所立的"孚錯枝"是吳人君,不是越人君,不計在内。[3]

按,司馬貞《史記索隱》引《紀年》作"越人三弑其君",無

---

[1] 以上諸説詳見陳奇猷:《呂氏春秋新校釋》,上海古籍出版社,2002年,第512頁。
[2] 王利器:《呂氏春秋注疏》第2册,巴蜀書社,2002年,第925—926頁。
[3] 董珊:《吳越題銘研究》,第64、66、72頁。

"世"字。所以王子搜之前有三位越王還是三代越王見弑,文獻記載本身就有歧說。"錯枝"是諸咎之子,雖爲吳人擁立,但也應算越人君。所以王子搜是無顓也未必然。

那麼越王授與王子搜分別對應《史記》或《竹書紀年》中的哪位越王呢?坦率地說,目前所有的材料並不能得出一個必然且唯一的結果,我們能做的只是在衆多史料中尋求最大的公約數,以求盡可能貼合文獻,而又合乎語言規律與歷史邏輯。

文獻記載越王授爲子所弑,這包含"死於他殺""兇手爲其子"兩個因素。驗諸被弑諸王,可製成下表:

	他殺	子弑
越王授	√	√
不壽	√	○
翳	√	√
諸咎	√	×
錯枝	√	○
初無余	√	○

符合:√　　不詳:○　　不符:×

《竹書紀年》載"十月粤殺諸咎",故諸咎不符"子弑"條件。

表中所示,越王翳條件最爲符合,這也是很多學者認爲越王授即翳的重要原因。但越王翳緣何又記作"授",很難解釋。其實其他諸王雖未明確記載爲子所弑,但可能性却也不能排除。以古音求之,"授""壽"皆禪母幽部,自可通假。所以我們認爲"越王授"最有可能是越王不壽。這樣解釋的好處是,語言學上能講通"授"與"不壽"之間的關係,不壽見弑也見諸史籍,與現有材料沒有矛盾的地方。

出土銅器中，越王翳有太子"甾（？）申"與太子"可句於"。董珊因相信"越王授"即"翳"的説法，故認爲太子"甾（？）申"與太子"可句於"就是被越王之弟豫殺死的三位王子中的兩位。此説難解之處在於越王授有子四人，爲何都可以自稱"太子"。按照我們的看法，越王授並非翳，所以翳也並非有四子，太子甾（？）申和可句於可能是同一個人，一爲漢式名，一爲夷式名。

判斷"王子搜"身份的綫索只有"越人三世弑其君（或作'越人三弑其君'）"一條，從"錯枝"以後的每一代越王其實都是符合條件的。"翳"之後的越王世系，《史記》與《紀年》相差很大，如下表：

《史記》	《紀年》
翳 王之侯 無彊	翳 諸咎 錯枝 初無余 無顓

"諸咎"爲"翳"之子，"錯枝"爲"諸咎"之子，三人都死於非命，正符合"三世弑君"的要求，"諸咎""錯枝"在位時間都不足一年，所以很可能被《史記》漏記了。"王之侯"應是"初無余"或其後越王。從語音上看，"王子搜"就是"王之侯"，這應該没有問題。至於"王之侯"是否就是"初無余"或其後越王，還是《紀年》漏記了的一代王名，目前材料無法作出最終結論，尚需今後進一步研究。

第五章　吳越王名結構及其釋讀方法評議

第一節　出土吳越王名研究三家説

顧頡剛認爲在吳越王的多個名號中，可能存在華式名號與夷式名號兩種。[1] 從目前的材料來看，顧先生的這一認識基本可從。本章主要討論吳越王的夷式名號。對出土吳越王名做過系統論述的學者主要有曹錦炎、李家浩、董珊三位先生。下面先分别予以介紹。

一、姓氏説

曹錦炎主要在《越王姓氏新考》《從青銅兵器銘文再論吳王名》兩篇文章中討論了吳越王名的姓氏問題。其觀點是越王爲彭姓諸稽氏。[2] 與己、董、秃、妘、曹、斟、芈一樣，彭也是祝融八姓之一。出土越王名中冠有諸稽氏的有"者旨於賜"與"者旨不光"二王。吳王爲姑發氏，曹先生以爲冠有姑發氏的吳王名有"姑發者反""姑發難壽夢"與"姑發皮難"。[3] 以上看法可以做成下

---

[1] 顧頡剛:《楚、吳、越王之名、號、謚》，氏著:《史林雜識初編》，中華書局，1963年，第312—313頁。
[2] 曹錦炎:《越王姓氏新考》，《中華文史論叢》1983年3期，收入氏著:《吳越歷史與考古論叢》，第139—142頁。
[3] 曹錦炎:《新見攻廬王姑發皮難劍銘文及其相關問題》，《出土文獻與古文字研究》第6輯，第143—151頁。

表，王名中的姓氏加粗表示。

	出 土 王 名	對應傳世王名
吳國 姑發氏	**姑發**者反	諸樊
	姑發難壽夢	壽夢
	姑發皮難	餘祭
越國 諸稽氏	**者旨**於睗	與夷
	者旨不光	不揚

二、附加語説

李家浩在《攻敔王者伇觑虜劍與者減鐘》[1]《越王差鄒戈銘文新研》[2]《越王"者旨於睗"新考》[3]《談"姑發諸反"與"諸樊"之間的語音關係》四篇文章中都曾指出吳、越人名往往加有所謂的"語詞"或"語助詞",[4] 急讀時又往往被省略掉。李先生將這類"語詞"或"語助詞"稱爲"附加語"，把這類人名特點概括爲"吳、越人名多附加語"。李先生文中提及的這類王名例子有（附加語加粗表示）：

---

[1] 李家浩:《攻敔王者伇觑虜劍與者減鐘》,《古文字與古代史》第3輯,第233頁；又《攻敔王者伇觑虜劍與者減鐘》,《安徽大學漢語言文字研究叢書·李家浩卷》,第65頁。
[2] 李家浩:《〈越王差鄒戈〉銘文新研》,李宗焜主編:《第四屆國際漢學會議論文集·出土材料與新視野》,第311—340頁。
[3] 李家浩:《"越王者旨於睗"新考》,《歷史語言學研究》第7輯,商務印書館,2014年,第140—148頁。
[4] 李家浩:《談"姑發諸反"與"諸樊"之間的語音關係》,《上古漢語研究》第1輯,第36—44頁。

出土王名	對應傳世王名
姑發者（諸）反	諸樊
叡（且）钺此（些）郐	句餘
叡（且）矣工吴	戴吴
者（諸）彶叡（且）虜	闔廬
姑䖃於𢧐	夷末
者（諸）旨於睗	鼫與
者（諸）差其余	初無余之

三、綜合説

董珊對吴越王名的分析比較細緻。他贊同越王姓氏爲"諸稽"的看法，又提出吴越人名有特殊的記音形式，可分前綴（發聲）、後綴（收聲）、合音三種情況。[1] 我們暫且將董先生的看法稱爲"綜合説"。

越王"諸稽氏"的看法爲曹錦炎提出，"前綴""後綴"的説法則與李家浩提出的"附加語説"大致相當，董先生在文章提及的"合音説"有如下幾例：

乘（船母蒸部）	壽（禪母—）夢（—蒸部）
遏（影母月部）	姑（見母—）發（—月部）者反
戴（端母職部）吴	叡（精母—）矣（—之部）工吴
僚（來母宵部）	州（章母—）于（—魚部）
夫差（清母歌部）	是（禪母—）野（—魚部）

---

[1] 董珊：《吴越題銘研究》，第95—100頁。

第二節 "三家説"之檢討與吳國王名的結構規律

根據第三章的研究，吳國王名如下表所示：

中原稱名	乘	遏	餘祭（戴吳）	夷末	僚	光	是野
吳王自名（文獻）	壽夢	諸樊	句餘	餘眛	州于	光/闔廬	夫差
吳王自名（銘文）	壽夢	姑發耆反 姑發郳	叙吳工䖒 叙䤈此鄱 叙䤈鄱	姑䤈焉眛 姑䤈眛		光、逗 者彶 叙房	夫差

"姑發"爲吳王姓氏的看法是不可信的。其一，與"諸稽"不同，"姑發"作爲姓氏不見於文獻記載。其二，王名"姑發難壽夢"與"姑發皮難"，所謂"發"字源於文字的誤識，不可據，目前僅見"姑發耆反"前綴"姑發"二字，所以從出土王名來看，不能得出"姑發"爲氏的看法。

出土四字王名的結構呈現出較強的規律性，如下表所揭：

全稱	姑 發 者 反	叙 䤈 此 鄱	姑 䤈 焉 眛	者 彶 叙 房
省稱	姑 發 郳	叙 䤈 鄱	姑 䤈 眛	

1. 王名中，一、三字爲"姑""者""叙""此""焉"等虛詞（在表中用陰影區分開），即所謂"附加語"。

2. 第三字，即第二個"附加語"往往可以省略。

3. 剔除"附加語"後，王名中二、四字與傳世文獻中吳王自名對應，如"䤈鄱"對應"句餘"，"彶房"對應"闔廬"，二者前後古音都很近，不需繁瑣的通假論證。

"姑饏䱞雖"文獻未載自名，我們根據規律擬作"䱞雖"。"姑發者反"對應的文獻自名作"諸樊"，"諸樊"是後兩字"者反"的對音，這似乎是以上規律的一條反例。李家浩對"姑發者反"與"諸樊"之間的語音關係做了解釋。李先生認爲"姑發諸反"省去第二個附加語"諸"爲"姑發反"之後，由於"發反"兩個音節語音構造的特殊性，連讀時發生了音變。簡單地說，就是因爲"發（幫母月部）"與"反（幫母元部）"二字聲母、韻頭、韻腹相同，僅聲調、韻尾不同，連讀時在它們之間的相互影響、相互作用下省去前"發"的韻和"反"的聲，猶如反切，合爲一個音節。於是三個音節的"姑發反"就變成兩個音節的"姑反"；然後"姑反"再音變爲"諸反""諸樊"，即"諸樊"之"樊"實際上是"姑發反"之"發反"的合音。[1]

我們認爲"諸樊"與"姑發者反"之間的關係應該沒有李先生所說的那麼複雜。"諸樊"並不是吳王銅器中的自名，而是中原文獻對吳王自名的記錄。按其他幾個吳王名總結出的規律，所謂"姑發者反"，文獻應記作"發反"才對，但是因爲"發""反"二字古音極近，僅韻尾不同，語音學上兩個相同或相近的音在近距離出現時會互相排斥，往往會導致音節產生"異化"，故而"發反"一名，用中原語音讀來比較吃力，所以截取後二字記作"諸樊"。這只是中原人記錄吳王名方式的變換，與吳王名本身的規律毫無關係。也就是說，剔除"附加語"，王名本身仍應視作"發反"，畢竟目前還沒有發現出土吳國銅器中有自名"者反"的例子。

下面我們談談"合音説"。

從上節所列董先生舉出的幾個例子來看，"合音"只發生於本

---

[1] 李家浩：《談"姑發諸反"與"諸樊"之間的語音關係》，《上古漢語研究》第1輯，第36—44頁。

節所列第一張表格的第一欄與二、三欄之間，而二、三兩欄之間沒有"合音"的現象。要解釋清楚這個問題，首先必須弄清中原稱名與吳王自名之間的關係。我們不贊同過去有些先生認爲"遏"與"諸樊"、"光"與"闔盧"是所謂一名一字。[1] 原因有二：其一，所謂"諸樊""闔盧"是《左傳》中的記法，銅器自名實際寫作"者反""彶虜"，應以吳王銅器的自名寫法作爲標準；其二，無法解釋其他王名之間的對應關係，如"僚"和"州于"就很難想出有什麼意義上的關聯。

所以我們認爲表格第一欄"中原稱名"與二、三欄"吳王自名"之間的關係不在於"義"，而在於"音"。但這之間的語音關係以今天的語音學知識來看顯得有些"隔"，有些可以用合音解釋，有些雖然語音差距較大，但似乎也能找到一些輾轉相關的辦法。

可以看出，第一欄與二、三兩欄之間的語音距離較之二、三兩欄之間要遠的多。我想，第二欄"文獻中吳王自名"是中原語音對吳王名所用漢字的記錄，舉例來說，"闔盧"記錄的是"彶虜"二字的雅言讀音，所以二者古音很近；而第一欄"中原稱名"反映的是中原人所記錄王名的吳越語發音，舉例來說，中原人所用"夷末"是對"雠雖"吳越讀音的記錄，所以二者以今天的古音知識看有一定距離；或者將人名的兩字聽成一個音，如"乘"之於"壽夢"。這些是中原國家用漢字對吳越語音記音不精準造成的，如同現代漢語外來音譯詞與外語之間，實際發音與音節數量可能都有差異。通俗一點說，第一欄是聽音記字，第二欄是據字記音。

通過以上論述，我們認爲研究吳國王名，首先要區分開王名本身的結構規律與文獻所記吳王名的釋讀規律這兩個概念，即"自

---

[1] 章太炎：《春秋左傳讀》，上海人民出版社，2014年，第494頁"遏號諸樊"條、631頁"公子光"條。又陳夢家：《壽縣蔡侯墓銅器》，《考古學報》1956年第2期。

稱"與"他稱"的不同,因爲這是兩個完全不同的層面,二者在研究時不能混爲一談。

"附加語説"是對王名本身結構的解釋,這一解釋對吳國王名是可行的。而"合音説"只是文獻記載的吳王名與吳王自名之間語音關係的部分反映,不是王名本身的規律特點。以往學者認爲"吳越的人名中確實存在兩個音節合讀爲一個音節的情況",[1] 這一認識是不够準確的。

李家浩認爲"吴、越兩國的人名往往加有所謂的'語詞'或'語助詞',急讀時又往往被省略掉",[2] 我們的認識與其略有差異:吳王名本身應該是二字結構,在銅器銘文中,往往在王名的前面和中間加入"附加語"。"附加語"本身不是吳王名的必要組成部分。在出土王名中,"壽夢""夫差"就没有增添"附加語",這與"急讀"還是"緩讀"没有關係。

第三節　越國王名的分類

出土越國王名的情況比較複雜,下面分類説明。

一、出土越王名字中存在添加"附加語"的現象

越王"者差其余",出土王名又作"差郐","者""其"爲附加語。《竹書紀年》作"初無余之","無""之"也是附加語。

越王"丌北古",又作"丌㠯居",《竹書紀年》作"盲姑"。"北"或"㠯"與"盲"對應通假,"其""丌"或"居""姑"都是附加語。

---

[1] 李家浩:《談"姑發諸反"與"諸樊"之間的語音關係》,《上古漢語研究》第1輯,第36—44頁。

[2] 同上注。

二、出土越王名中可能存在"氏+名"的結構

曹錦炎指出,越王"諸稽",出土王名寫作"者旨",這一看法是正確的。其一,出土文獻中有"者旨於賜""者旨不光"等王名前冠有"者旨",不是孤例。其二,"諸稽氏"見諸文獻。《國語·鄭語》:"祝融……其後八姓,於周末有侯伯……彭姓,彭祖、豕韋、諸稽,則商滅之矣。""諸稽"作爲姓氏,越國有大夫諸稽郢,徐國有令尹諸稽翾。[1] 其三,與《史記》越王爲"禹之苗裔"的記載相照應。《史記·楚世家》:

> 楚之先祖出自帝顓頊高陽。高陽者,黄帝之孫,昌意之子也。高陽生稱,稱生卷章,卷章生重黎。重黎爲帝嚳高辛居火正,甚有功,能光融天下,帝嚳命曰祝融。共工氏作亂,帝嚳使重黎誅之而不盡。帝乃以庚寅日誅重黎,而以其弟吴回爲重黎後,復居火正,爲祝融。

可知祝融乃顓頊之後。又《史記·夏本紀》:

> 夏禹,名曰文命。禹之父曰鯀,鯀之父曰帝顓頊,顓頊之父曰昌意,昌意之父曰黄帝。禹者,黄帝之玄孫而帝顓頊之孫也。

曹錦炎據此認爲"作爲祝融後人的越人祖先,被認爲是禹之苗裔,是很自然的"。[2]

綜之,這類王名可以表示作:者旨於賜=者旨(諸稽)+於賜,者旨不光=者旨(諸稽)+不光。

"者旨於賜",文獻有異名作"適郢"(《左傳》)、"鹿郢"

---

[1] 見"諸稽耕爐盤",《通鑒》19268。
[2] 曹錦炎:《越王姓氏新考》,《中華文史論叢》1983年第3期,收入氏著:《吴越歷史與考古論叢》,第139—142頁。

(《竹書紀年》)、"鼩與"(《史記》)、"與夷"(《越絕書》)。李家浩用大量的通假例子證明上述名字都是"旨瞡"的不同寫法。李先生認爲"者旨於瞡"的結構爲"旨瞡"增加附加語"者""於"。[1]

我們認爲這一看法並不可信。按照傳統古音學聲韻地位，李先生的通假對應關係如下所揭：

旨	鼩	與	適	麗[2]
章 脂[3]	禪 鐸	余 魚	書 錫	來 支
瞡	與	夷	郢	郢
書 錫	余 魚	余 脂	余 耕	余 耕

第一欄"旨""鼩""與""適""麗"可通；第二欄"瞡""與""夷""郢"可通。值得注意的是，"鼩與"的末字"與"和"與夷"的首字"與"完全一樣，"旨瞡"的末字"瞡"與"適郢"的首字"適"古音也是相同的。如果按照李先生的邏輯，上表中任意每兩個字之間都應該相通，也就是說以上九個字兩兩之間都可以證明爲相互可通。

更爲重要的是，"附加語"的看法也無法解釋"者旨不光"與"不揚"的關係。"不揚"很明顯當與"不光"對應通假，而不能是"旨光"。

至於文獻中的幾個異名與"者旨於瞡"的關係，這與王名自身

---

[1] 李家浩：《"越王者旨於瞡"新考》，《歷史語言學研究》第 7 輯，第 140—148 頁。
[2] 原作"麁"，李家浩認爲"麁"在戰國文字中多用爲"麗"。
[3] 表示"旨"爲"章母錫部"字，餘字例同。

的結構規律無關，而是文獻記錄越王名的方法問題，屬於前文我們說到的文獻所記王名的釋讀規律。

我們認爲"者旨於賜"的幾個異名對應關係或如下表所揭：

麗郢	適郢	者旨於賜	鼫與	與夷[1]

"郢"可能是詞尾後綴，也可能是與"適"或"麗"合音記録"賜"的字音。這幾類異名反映的是不同文獻對王名"者旨於賜"不同的記録方式，所以互相截取的字也不盡相同。這個道理有如"司馬遷"，可以被稱作"司馬"，也可以稱作"遷"，甚至可以被稱作"馬遷"一樣。[2]

三、單純王名

出土王名與傳世王名爲一一對應的通假關係，如下表所示：

出 土 王 名	傳 世 王 名
㭊䜌、㭊戔、㭊潛	句踐
州句、者句、者㭊	朱句

這類王名比較簡單，就不再贅述了。

---

[1] "夷"與"賜"古音有一定差距。春秋時宋殤公名"與夷"，所以與夷也可能是"者旨於賜"的華式名，可能與之没有語音關係。

[2] 劉知幾《史通・六家》："馬遷撰《史記》，終於今上。""馬遷"即司馬遷。

第四節　吳越王名中的華式名

判斷吳越王名是夷式名，還是華式名，主要研究的對象應是出土銅器中的自名。出土文獻中一些王名確實屬於華式，主要分爲兩類：

一、一名一字，意義相關

吳王光字"逗"，越王翳字"不光"，此二王的名、字都得到了出土文獻的證明，且意義相關，[1] 應該是華式的名字。

越王"不壽"，《竹書紀年》記作"盲姑"，董珊認爲"盲"可讀"亡"，與"不壽"構成一名一字。"盲姑"出土王名作"丌北古"，是否能與"不壽"構成名字關係，暫存疑。

二、與之前中原人重名

董珊提出華夏式的名字有沿襲的現象，不同的人，名字有相同的情況，這可能也是不同於夷式名號的特點。所以，如果有同名現象，則該名也可能是華夏式的名字。[2]

董先生的看法是正確的。但需要注意的是，與吳越王重名的中原人生年應早於該王，反之，也可能是中原人沿用了夷式名。

越王"州句"。周景王時有伶州鳩，魯定公時有司馬叔孫州仇。"州句"即"州鳩""州仇"的不同寫法。

應該説，可以肯定的華式名只有"光""翳""州句"三例。此外還有一些王名需要討論。

---

[1] 具體可參看本書第五、六章的相關論述。
[2] 董珊：《吳越題銘研究》，第 96—100 頁。下文討論的例子大多董先生已經檢出，不再出注。

1. 吳王"州于",衛莊公之子名"州吁"。但目前未見確鑿的吳王州于自作銅器,所以不能確定"州于"是中原人記錄的夷式名偶與"州吁"同音,還是吳王自己所起的華式名。[1]

2. 越王"者旨於賜",《越絶書》作"與夷"。春秋時宋殤公名"與夷"。但越王者旨於賜銅器中自名全部作"者旨於賜",未見"與夷"。"與夷"的來源有兩種可能。一是某些文獻對"於賜"二字的記録,個中語音差異可能是方言的反映;二也可能是越王自取的華式名,與"於賜"字音無關。[2]

3. 越王"不壽",西周有"不壽簋"。[3] 但銅器中王名作"丌北古",也無法斷定"不壽"是否是越王自取華式名。

4. 越王"句踐",《孟子》有"宋句踐",其人與孟子同時。《史記》有"魯句踐",與荊軻同時,二人都遠晚於越王"句踐",所以不能據此判斷"句踐"是華式名。[4] 相反,我們認爲這是中原人名受到了吳越文化的影響。吳越人使用華式名,中原人也會接受夷式名。[5] 文明交流互鑒,文化的傳播與影響也是雙向的。

董珊認爲與吳越人物重名的吳越王名也是中原式的,董先生文

---

[1] 舉個現代的例子說明這個問題。比如奥地利著名量子物理學家 Schrödinger,中文譯作"薛定諤",看上去就像一個中國名字,但這個名字是中國人根據語音翻譯的,Schrödinger 本人並不使用這個名字。

[2] 關於自取漢名的例子,如荷蘭漢學家 Robert Hans van Gulik(高羅佩),字忘笑,號芝臺、吟月庵主,所謂"忘笑""芝臺"等完全是自取的漢名,與 Robert Hans van Gulik 没有任何音義關係;又如歷史學家 Jonathan D. Spence(史景遷),其漢名"景遷"二字也與原英文名没有音義關係。

[3] 《通鑒》05008。

[4] 根據中原有與"句踐"同名者認爲"句踐"不是夷式名,這一説法前人已有論及,如陳直以爲"合越王句踐已有三人同名,更不能指爲越語也"(陳直《讀金日札 讀子日札》,中華書局,2008 年,第 162 頁)。我們不贊同這一看法。

[5] 爲便於理解,舉幾個現代中國人用西文名字的例子。如著名史學家洪業,號煨蓮,又作畏憐,其實就是英文名 William 的音譯;又如近代體育教育家馬約翰,"約翰"二字來自 John 的音譯;再如京劇名宿宋寶羅,"寶羅"即 paul 的音譯。至於現代人用"貝爾""保爾"這類字眼取名的,更是很多。這些都可以視作中國人受到西方語言文化影響的例子。先秦時期,中原人受吳越文化影響,用夷人名命名也是這個道理。

中舉出了四個例子：

> 越大夫名"壽夢"，與吴王名同，見《左傳》昭公二十四年。
>
> 吴王諸樊與王僚之子同名，見《左傳》昭公二十三年。
>
> "者旨於睗"，"於睗"也見於者尚余卑公於即盤，作"於即"。
>
> 越王"不壽"，與"翳"太子"諸壽"同名。

我們認爲吴越人物沿襲吴越王名，並不能得出該名就是中原式的結論。因爲没有任何材料表明吴越人民只能沿襲華式名，而不能沿襲夷式名。

第五節 吴王"皮難"新證

一、舊説

在認識到吴越王名的結構規律後，我們利用已知的規律去解決一個老問題。者瀘鐘銘開篇云："工獻王皮難之子者瀘。"吴王"皮難"是誰，是困擾古文字學界多年的一個難題。目前大概已有如下幾種説法：

考釋意見	代表學者
禽處	楊樹達[1]
柯轉	郭沫若[2]

---

[1] 楊樹達：《積微居金文説》，上海古籍出版社，2007年，第223—224頁。
[2] 郭沫若：《殷周青銅器銘文研究》，人民出版社，1954年，第105頁；又《郭沫若全集·考古編》第四卷，科學出版社，2002年，第123—124頁；又《兩周金文辭大系圖録考釋》（下），上海書店出版社，1999年，第153頁。

續　表

考釋意見	代　表　學　者
頗高	王國維、容庚、陳夢家、張政烺、孫常敘[1]
畢軫	馬承源、曹錦炎、董楚平[2]
壽夢	董珊[3]
諸樊	温廷敬、唐蘭、董珊[4]
闔盧	李家浩[5]

之所以有這麽多説法，是因爲文獻中没有一個王名古音能與"皮難"密合，此外鐘銘除了第一句交代人物爲吴王之外，也没有透露其他可以辨別身份的歷史信息。所以要弄清楚"皮難"是誰，就必須找到盡可能多的解開謎題的綫索。

二、綫索

所謂"綫索"，也就是判斷"皮難"時代的限制條件，條件越多，得出的結論就越精確。我們認爲目前可以找到的綫索有如下

---

[1] 王國維：《攻吴王夫差鑑跋》，收入《觀堂集林》（三），中華書局，1961年，第898頁。容庚：《善齋彝器圖録》（三），燕京大學哈佛燕京學社，1936年，第7頁。陳夢家：《壽縣蔡侯墓銅器》，《考古學報》1956年第2期。張政烺著，朱鳳瀚等整理：《張政烺批注〈兩周金文辭大系考釋〉》，第350頁。孫常敘：《孫常敘古文字學論集》，東北師範大學出版社，1998年，第284—285頁。

[2] 馬承源：《關於翏生盨和者減鐘的幾點意見》，《考古》1979年第1期；又收入氏著：《中國青銅器研究》，第284—288頁。曹錦炎：《吴越青銅器銘文述編》，《古文字研究》第17輯，第69頁。董楚平：《吴越徐舒金文集釋》，第39頁。

[3] 董珊：《東周題銘校議（五種）》，吉林大學碩士學位論文，1997年，第8頁。

[4] 温廷敬：《者減鐘釋》，《國立中山大學文史學研究所月刊》第3卷第2期，1934年，第63頁。唐蘭：《石鼓年代考》，《故宫博物院院刊》1958年第1期。董珊：《吴越題銘研究》，第41頁。

[5] 李家浩：《攻敔王者𢂿虘虞劍與者減鐘》，《古文字與古代史》第3輯，第215—236頁。又《攻敔王者𢂿虘虞劍與者減鐘》，收入《安徽大學漢語言文字研究叢書·李家浩卷》，第47—67頁。

幾個。

（一）編鐘形制

張政烺批注《兩周金文辭大系》時説："此鐘形制近似邾公牼鐘、齊叔夷鐘。""大約當春秋後期，魯國成、襄公之世。"[1] 馬承源曾從類型學角度，對者減鐘的形制、花紋、銘文等方面進行考察，認爲者減鐘最接近邾公牼鐘，"定在宣文之際，可能是比較適宜的，因此是春秋中世的鑄品"，"者減鐘是現存吳器中較早的青銅器"，"最低限度也可以説明者減鐘是接近春秋晚期的"。[2]

張政烺、馬承源兩位先生指出該鐘形制近邾公牼鐘，這一意見是非常重要的。邾公牼於魯成公十八年即位，在位十八年（公元前573—前556年），其時在魯成公、襄公之世，者減鐘時代也應與之近似。《史記》云畢軫時晉獻公滅虞，此事見諸《左傳》，爲魯僖公五年（公元前655年）。所以"禽處""柯轉""頗高""畢軫"等舊説時代皆過早，可信度很低，應當排除。

（二）國名寫法

曹錦炎在《從青銅器銘文論吳國的國名》一文中據當時所見，作出了如下推論：

> 吳國國名在諸樊以前作"工獻"；諸樊時作"工虞"；闔盧時改作"攻五"，後作"攻敔"、"攻敔"，再改作"攻吳"，最後由"攻吳"省稱爲"吳"；夫差時仍沿用最後三種寫法。[3]

隨着新材料的不斷公布，一些看法需要修正。我們根據目前所見材料，製成下表，如果該王世國名有這類寫法，就在對應的表格中用"√"表示。

---

[1] 張政烺著、朱鳳瀚等整理：《張政烺批注〈兩周金文辭大系考釋〉》上册，第351頁。

[2] 馬承源：《關於翏生盨和者減鐘的幾點意見》，《考古》1979年第1期。

[3] 曹錦炎：《從青銅器銘文論吳國的國名》，《東南文化》1991年第6期；收入氏著：《吳越歷史與考古論集》，第1—4頁。

	工𫊥	工䖒	攻䖒	攻𫊥/𫊥	工敔	工吾	攻吾	工吳	攻吳
壽夢	√								
諸樊		√	√	√					
句余		√	√					√	
夷未			√	√					
光				√		√	√		
夫差				√	√				√

大體說來，該表是具有統計學意義的。以者減鐘國名"工𫊥"來說，即使算上"工䖒"或"攻䖒"這類寫法，其製作時代也不應晚於夷未。

(三) 稱王時間

《史記》記載"壽夢立而吳始益大，稱王"，可見吳國從"壽夢"之後才自稱吳王，目前没有材料可以表明司馬遷的這一説法不可信。所以鐘銘的工𫊥王應在壽夢之後。

綜合以上三條綫索，工𫊥王"皮難"的可能性大概只在"壽夢""諸樊""餘祭""夷未"之間了。

三、新證

我們認爲"皮難"只能是"諸樊"。過往的研究，大抵都是依據傳世文獻中的王名寫法，比如過去唐蘭雖提出諸樊之"樊"是"皮難"合音，等於"壽夢"的合音是"乘"，但按照這個方法，二字王名中的"諸樊"之"諸"字却無法落實。[1] 現在我們借助出土銅器銘文看到壽夢之後吳國王名的本來面貌，對"皮難"的釋讀有了新的思考。

---

[1] 一般吳王名加"附加語"都是四字王名。文獻記載的二字王名往往都是省去"附加語"的簡略形式。

根據前面幾節的討論，出土四字吳王名中，一、三字爲無意義的附加語，多由虛詞充當，諸樊在銅器銘文中寫作"姑發者反"或"姑發反"，剔除附加語後，作"發反"。"鸂"從"難"聲，"皮鸂"是"發反"對音，二者上古音構擬如下所示：

王名	傳統古音地位	上古音構擬
發反	幫母月部　幫母元部	*Pat-Pan
皮鸂	並母歌部　泥母元部	*bral-na:n

表中四字主要元音都是相同的，區别僅在韻尾。"發""反"二字的聲母相同。"皮""發"聲母都是唇音，韻部爲陰入對轉，二字古音很近。"鸂""反"二字韻母相同，但聲母有些差距。這或是"發""反"二字聲母相同，在發音時下字聲母弱化音變的結果。如是，發反可能會發生語流音變，讀成"*Patan"一類的音，從難得聲的字不少屬於透母，楚地文獻中多有泥、透相通的現象，[1]所以*Patan與*bral-na:n在聽感上有相通的可能。當然者減鐘出於江西，遠離吳國都城，又爲皮鸂之子所作，並非吳王自作銅器，所以"發反"記作"皮鸂"或許也還有方音成分。

這裏需要交代的是，從諸多綫索判斷，在"壽夢""諸樊""餘祭""夷末"範圍之中選擇一個與"皮鸂"語音最爲接近的，自然是"發反"的可能性最大。所以上文的古音説明只是事後的一種解釋，並不是論證"皮鸂"是"發反"的唯一證據。[2]

---

[1] 邊田鋼：《上古方音聲韻比較研究》，浙江大學博士學位論文，2015年，第105頁。
[2] 可以補充一個後世用漢字記録鮮卑語的例子。北周《叱羅招男墓誌》記載墓主的祖父名叫"叱羅退干"，從時代、結銜看應該就是《孝文帝弔比干墓文》碑陰題銘中的"叱羅吐蓋"。"退干""吐蓋"皆是鮮卑語名的漢字記音，歷史學家將這些名字判斷爲一人，其依據並不僅是魏晉古音，而更多的是人物關係、結銜與史實。詳參葉煒：《從王光、叱羅招男夫婦墓誌論西魏北周史二題》，《魏晉南北朝隋唐史資料》第28輯，武漢大學人文社會科學學報編輯部編輯出版，2012年。

吴王諸樊卒於魯襄公二十五年（公元前548年），其活動時間範圍基本與郏公牼重合。鐘銘國名作"工䱷"，這種寫法見於淮南出土的"工䱷大子姑發𦀚反劍"（吳【1】），雖然該劍作於吳王壽夢時，但畢竟器主爲諸樊，所以這類寫法下延至諸樊爲王時是完全可能的。而"皮難"與諸樊的出土王名"發反"也存在語音相通的可能。所以綜合上述幾點，可以說，吳王"諸樊"是符合以上幾點綫索的唯一候選人。"皮難"若不是"諸樊"，僅就目前材料而言，恐怕很難再作他想。

著録簡稱表

A

《安徽館》——《安徽館藏珍寶》
《安徽金文》——《安徽出土金文訂補》
《安徽銘文》——《安徽出土青銅器銘文研究》
《安徽文明史》——《安徽文明史陳列》

B

《保金》——《保利藏金》
《兵器》——《商周青銅兵器》
《兵圖》——《中國古兵器圖册》
《兵與禮》——《兵與禮——蘇州博物館新入藏吴王餘眛劍研討會論文集》
《博古》——《博古圖録》二十卷

C

《長江》——《長江流域古代美術（史前至東漢）·青銅器》
《出土全集》——《中國出土青銅器全集》
《出土文獻與古文字研究》——《出土文獻與古文字研究》（集刊，復旦大學出土文獻與古文字研究中心編，上海古籍出版社）

《楚風漢韻》——《楚風漢韻：荆州出土楚漢文物集萃》
《辭典》——《中國文物精華大辭典（青銅卷）》

D

《大邦之夢》——《大邦之夢》
《大公報》——《大公報》（香港報刊）
《大系》——《兩周金文辭大系圖録考釋》
《大衆考古》——《大衆考古》（月刊，江蘇人民出版社有限公司主辦）
《東方既白》——《東方既白·春秋戰國文物大聯展》
《東南文化》——《東南文化》（期刊，南京博物院主辦）

F

《法書大觀》——《中國歷史博物館藏法書大觀·金文二》
《鳳鳴岐山》——《"鳳鳴岐山——周文化國際研討會（陝西岐山）"論文集》
《簠齋藏古》——《簠齋藏古册目並題記》18 卷補遺 1 卷
《簠齋》——《簠齋吉金録》八卷

G

《工藝》——《中國歷代藝術·工藝美術編》
《龔藏》——《台灣龔欽龍藏越王劍暨商周青銅兵器》
《古文字》——《古文字研究》（集刊，中華書局出版）
《古越閣藏銅兵萃珍》——《古越閣藏銅兵萃珍·銅劍篇》（王振華編，古越閣，1998 年）
《古越遺珍》——《古越遺珍研究》
《故宫博物院院刊》——《故宫博物院院刊》（期刊，故宫博物院主辦）

《故宮大典》——《故宮文物大典》

《故宮文物》——《故宮文物月刊》

《故銅》——《故宮青銅器》

《故銅館》——《故宮青銅器館》

《故圖》——《故宮銅器圖錄》二册

《國博館刊》——《中國國家博物館館刊》（月刊，中國國家博物館主辦）

《國家人文歷史》——《國家人文歷史》（半月刊，人民日報社主辦）

《國史金》——《國史金石志稿》

《國圖全形拓》——《國家圖書館藏青銅器全形拓》

H

《河南省博物館》——《河南省博物館館藏青銅器選》

《河南文博》——《河南文博通訊》（河南省博物館主辦，1977 年創刊，1981 年更名《中原文物》）

《湖北省博》——《中國博物館叢書第 14 卷·湖北省博物館》

《黃八秩》——《黃盛璋先生八秩華誕紀念文集》

J

《積古》——《積古齋鐘鼎彝器款識》十卷

《集成》——《殷周金文集成（增訂修補本）》

《集萃》——《中國國家博物館典藏甲骨文金文集萃》

《集錄》——《殷周金文集錄》

《集釋》——《吳越徐舒金文集釋》

《輯證》——《湖北出土商周文字輯證》

《江漢考古》——《江漢考古》（期刊，湖北省博物館主辦）

《江漢論壇》——《江漢論壇》（期刊，湖北省社會科學院主辦）

《江漢湯湯》——《江漢湯湯——湖北出土商周文物》

《金匱》——《金匱論古初集》
《金文選》——《商周金文選》
《近出二編》——《近出殷周金文集錄二編》四冊
《近出》——《近出殷周金文集錄》四冊
《荊州博物館》——《荊州博物館館藏精品》
《荊州》——《荊州重要考古發現》
《精粹》——《湖北出土文物精粹》
《精華（1990）》——《中國文物精華（1990）》
《精華（1992）》——《中國文物精華（1992）》
《攈古》——《攈古錄金文》三卷

K

《考古》——《考古》（《考古通訊》）（期刊，中國社會科學院考古研究所主辦）

L

《歷史文物》——《中國歷史文物》（期刊，中國歷史博物館主辦）
《瞭望》——《瞭望》（周刊，新華通訊社主辦）
《錄遺》——《商周金文錄遺》
《洛銅》——《洛陽出土青銅器》

M

《美全》——《中國美術全集・工藝美術・青銅器》
《銘刻文物》——《中國古代銘刻文物》
《銘圖三》——《商周青銅器銘文暨圖像集成三編》
《銘圖續》——《商周青銅器銘文暨圖像集成續編》
《銘文選》——《商周青銅器銘文選》

N

《南博集刊》——《南京博物院集刊》（集刊，南京博物院編，文物出版社）

《鳥蟲書》——《鳥蟲書通考》

《鳥蟲增》——《鳥蟲書通考（增訂版）》

《鳥篆編》——《東周鳥篆文字編》

Q

《奇觚》——《奇觚室金文述》二十卷

《青銅器辭典》——《中國青銅器辭典》

R

《榮寶齋》——《榮寶齋》（期刊，中國美術出版總社主辦）

S

《三百品》——《出土文物三百品》

《三代補》——《三代吉金文存補》

《三代》——《三代吉金文存》

《三屆古》——《第三屆國際中國古文字學研討會論文集》

《三十年》——《文物考古工作三十年》

《山東成》——《山東金文集成》二卷

《山右吉金》——《山右吉金：山西商周青銅器縱覽》

《山左》——《山左金石志》

《善齋》——《善齋吉金錄》二十八卷

《商周》——《商周金文集成》十册

《上藏》——《上海博物館藏青銅器》

《上海文博》——《上海文博》（季刊，上海博物館主辦）

《史語所集刊》——《"中研院"歷史語言研究所集刊》("中研院"歷史語言研究所集刊編輯委員會編)

《收藏家》——《收藏家》(期刊,北京市文物局主辦)

《書道》——《書道全集》第一卷、第二十六卷

《書法大辭典》——《中國書法大辭典》

《書法研究》——《書法研究》(期刊,上海書畫出版社主辦)

《書錄》——《中國書法史圖錄》第一卷

《述編》——《吳越青銅器銘文述編》

T

《通鑒》——《商周金文資料通鑒》3.0 版(吳鎮烽主編,2016 年)

《通釋》——《金文通釋》

《通藝錄》——《通藝錄·桃氏爲劍考》

《銅全》——《中國青銅器全集》十六卷

《透過鏡頭》——《透過鏡頭:中國國寶精華》

W

《望山》——《江陵望山沙塚楚墓》

《文物研究》——《文物研究》(安徽省文物考古研究所,安徽省考古學會編)

《文物展》——《中華人民共和國出土文物展》

《吳鈎重輝》——《吳鈎重輝——蘇州博物館新入藏青銅兵器》

《吳越歷史》——《吳越歷史與考古論叢》

《吳越題銘》——《吳越題銘研究》

《吳越文化》——《吳越文化——中國的靈秀與江南水鄉》

《吳越文》——《吳越文字彙編》

《五侯鯖》——《五侯鯖 孫海芳藏越國文物》

X

《夏商周》——《夏商周青銅器研究》

《小校》——《小校經閣金石文字》

《嘯堂》——《嘯堂集古錄》二冊

《新收》——《新收殷周青銅器銘文暨器影彙編》

《新泰周家莊》——《新泰周家莊東周墓地》

《新探》——《吳越文化新探》

《薛氏》——《歷代鐘鼎彝器款識法帖》

Y

《燕京學報》——《燕京學報》（燕京大學主辦，1927 年創刊，1951 年停刊）

《鬱華閣》——《鬱華閣金文》

《越地範金》——《浙江省博物館典藏大系·越地範金》

《越王時代》——《越王時代·吳越楚文物精粹》

Z

《珍秦琳琅》——《珍秦琳琅——秦青銅文明》

《珍秦齋吳》——《珍秦齋藏金·吳越三晉篇》

《中國考古學會第十二次年會論文集》——《中國考古學會第十二次年會論文集》

《中國文物報》——《中國文物報》（國家文物局主辦）

《中國文物世界》——《中國文物世界》（期刊，中國文物世界雜誌社主編）

《中華》——《中華文物集成》首輯《銅器》一冊

《中山學報》——《中山大學學報（社會科學版）》（期刊，中山大學主辦）

《中銅》——《中國古代青銅器》

《中原文物》——《中原文物》（期刊，河南博物院主辦）

《重振金石學》——《西泠印社"重振金石學"國際學術研討會論文集》

《周金》——《周金文存》六卷附補遺

《綴遺》——《綴遺齋彝器考釋》三十卷

《總集》——《金文總集》十冊

《走近大越》——《走近大越·紀念紹興建城 2500 年》

《尊兵》——《尊古齋古兵精拓》

外文著作：

Ancient Chinese Bronzes——Ancient Chinese Bronzes，Ma Chengyuan，Hsio-Yen Shih，Oxford University Press，1986.

Chinese Bronze——Chinese Bronzes：Art and Ritual，Jessica Rawson，Published for the Trustees of the British Museum，in association with the Sainsbury Centre for Visual Arts，University of East Anglia，1987.

CHRISTIE'S，2013——CHRISTIE'S，New York，Fine Chinese Ceramics AndWorks Of Art，Part 1，Thursday 21 and Friday 22 March，2013.

Unearthing China's past——Unearthing China's past，Jan Fontein & Tung Wu，Museum of Fine Arts，1973.

參考文獻

一、古籍

（東漢）何休注，（唐）徐彥疏：《春秋公羊傳注疏》，上海：上海古籍出版社，1997 年。

楊伯峻：《春秋左傳注（修訂本）》，北京：中華書局，1990 年。

劉尚慈：《春秋公羊傳譯注》，北京：中華書局，2010 年。

（清）梁玉繩：《史記志疑》，北京：中華書局，1981 年。

（清）張文虎：《校刊史記集解索隱正義札記》，北京：中華書局，1977 年。

張覺：《吳越春秋校證注疏》，北京：知識產權出版社，2014 年。

周生春：《吳越春秋輯校彙考》，上海：上海古籍出版社，1997 年。

趙爾巽等：《清史稿》，北京：中華書局，1977 年。

（清）李桓：《國朝耆獻類徵初編》，臺北：明文書局，1985 年。

陳奇猷：《呂氏春秋新校釋》，上海：上海古籍出版社，2002 年。

王利器：《呂氏春秋注疏》，成都：巴蜀書社，2002 年。

（清）程瑤田：《通藝錄・桃氏爲劍考》，嘉慶八年（1803）刊刻。

（清）程瑤田：《通藝錄・樂器三事能言》，嘉慶八年（1803）刊刻。

（清）李良年：《秋錦山房集（第二卷）》，清康熙刻乾隆續刻《李氏家集四種》本。

（清）錢泳：《履園叢話》，北京：中華書局，1979 年。

（清）翁方綱撰，沈津輯：《翁方綱題跋手劄集錄》，桂林：廣西師範大學出版社，2002 年。

陳敬第：《籑齋尺牘》，上海：商務印書館涵芬樓影印，1919 年。

金天羽著，周錄祥校點：《天放樓詩文集》（上），上海：上海古籍出版社，2007 年。

二、著錄

安徽博物院主編：《安徽文明史陳列》，北京：文物出版社，2012 年。

安徽省文物事業管理局：《安徽館藏珍寶》，北京：中華書局，2008 年。

［日］白川静：《金文通釋》，神戶：白鶴美術館，1962—1981 年。

（清）畢沅、阮元：《山左金石志》，嘉慶二年（1797）小琅嬛仙館刻本。

曹錦炎：《鳥蟲書通考》，上海：上海書畫出版社，1999 年。

曹錦炎：《鳥蟲書通考（增訂版）》，上海：上海辭書出版社，2014 年。

曹錦炎：《商周金文選》，杭州：西泠印社，1990 年。

曹錦炎、吳毅強：《鳥蟲書字彙》，上海：上海辭書出版社，2014 年。

曹錦炎、張光裕主編：《東周鳥篆文字編》，香港：香港翰墨軒出版有限公司，1994 年。

（清）陳介祺：《簠齋藏古冊目並題記》，民國十五年（1926）影印本。

陳佩芬：《夏商周青銅器研究》，上海：上海古籍出版社，2004 年。

陳佩芬：《中國青銅器辭典》，上海：上海辭書出版社，2013 年。

陳仁濤：《金匱論古初集》，香港：香港亞洲石印局，1952 年。

陳治軍：《安徽出土青銅器銘文研究》，合肥：黃山書社，2012 年。

成都華通博物館、荊州博物館：《楚風漢韻——荊州出土楚漢文物集萃》，北京：文物出版社，2011 年。

鄧實：《簠齋吉金錄》，民國七年（1918）風雨樓影印本。

董楚平：《吳越徐舒金文集釋》，杭州：浙江古籍出版社，1992 年。

董　珊：《吳越題銘研究》，北京：科學出版社，2014 年。

（清）端方：《陶齋吉金錄》，宣統元年（1909）石印本。

（清）方濬益：《綴遺齋彝器考釋》，民國二十四年（1935）涵芬樓石印本。

故宮博物院：《故宮青銅器》，北京：紫禁城出版社，1999 年。

國家圖書館：《國家圖書館藏青銅器全形拓》，上海：上海書畫出版社，2020 年。

國家文物局主編：《中國文物精華大辭典（青銅卷）》，上海：辭書出版社，香港：商務印書館，1995 年。

河南省博物館：《河南省博物館館藏青銅器選》，香港：香港攝影藝術出版社，1999 年。

湖北省博物館：《湖北出土文物精粹》，北京：文物出版社，2006 年。

湖北省博物館：《中國博物館叢書第 14 卷·湖北省博物館》，北京：文物出版社，東京：株式會社講談社，1994 年。

湖北文物考古研究所：《江陵望山沙冢楚墓》，北京：文物出版社，1996 年。

湖南省博物館：《東方既白：春秋戰國文物大聯展》，長沙：嶽麓書院，2017 年。

湖南省博物館、香港中文大學文物館：《中國古代銘刻文物》，香港：香港中文大學出版社，2001 年。

黃濬：《尊古齋古兵精拓》，上海：上海古籍出版社，1990 年。

黃錫全：《湖北出土商周文字輯證》，武漢：武漢大學出版社，1992 年。

荊州博物館：《荊州博物館館藏精品》，武漢：湖北美術出版社，2008 年。

荊州博物館：《荊州重要考古發現》，北京：文物出版社，2009 年。

李伯謙主編：《中國出土青銅器全集》，北京：科學出版社、龍門書局，2018 年。

李米佳主編：《故宮青銅器館》，北京：故宮出版社，2012 年。

李學勤主編：《中國美術全集·工藝美術編 5（青銅器）》，北京：文物出版社，1986 年。

梁白泉主編：《吳越文化——中國的靈秀與江南水鄉》，上海：上海遠東出版社，香港：商務印書館，1998 年。

梁披雲：《中國書法大辭典》，香港：書譜出版社，廣州：廣東人民出版社，1987 年第二版。

劉慶柱等主編：《金文文獻集成》第十五冊《鬱華閣金文》，北京：綫裝書局，2005 年。

劉體智：《善齋吉金錄》，民國二十三年（1934）原印本。

劉體智：《小校經閣金石文字》，民國二十四年（1935）初版。

劉心源：《奇觚室金文述》，光緒二十八年（1902）石印本。

劉　旭：《中國古兵器圖冊》，北京：北京圖書館出版社，1986 年第 1 版，1999 年第 2 次印刷。

劉雨、盧岩：《近出殷周金文集錄》，北京：中華書局，2002 年。

劉雨、嚴志斌：《近出殷周金文集錄二編》，北京：中華書局，2010 年。

吕章申主編：《江漢湯湯——湖北出土商周文物》，北京：北京時代華文書局，2015 年。

羅振玉：《三代吉金文存》，北京：中華書局，1983 年。

洛陽師範學院、洛陽市文物局：《洛陽出土青銅器》，北京：紫禁城出版社，2006 年。

馬承源：《中國古代青銅器》，上海：上海人民出版社，1982 年。

馬秀銀主編：《中國歷史博物館藏法書大觀·金文二》，東京：柳原書店，1997 年。

梅叢笑、梁曉艷、黎毓馨主編：《浙江省博物館典藏大系·越地範金》，杭州：浙江古籍出版社，2009 年。

南京博物院：《臺灣龔欽龍藏越王劍暨商周青銅兵器》，南京：南京出版社，2003年。

岐山周文化研究會：《"鳳鳴岐山——周文化國際研討會（陝西岐山）"論文集》，2009年。

邱德修：《商周金文集成》，臺北：五南圖書出版公司，1983年。

容庚：《善齋彝器圖錄》，燕京大學哈佛燕京學社，1936年。

（清）阮元：《積古齋鐘鼎彝器款識》，嘉慶九年（1804）阮氏刻本。

沙孟海：《中國書法史圖錄（第一卷）》，上海：上海人民美術出版社，1991年。

山東省博物館：《山東金文集成》，濟南：齊魯書社，2007年。

山東省文物考古研究所、新泰市博物館：《新泰周家莊東周墓地》，北京：文物出版社，2014年。

山西省考古研究所編，李夏廷著：《山右吉金·山西商周青銅器縱覽》，北京：故宮出版社，2019年。

陝西師範大學、寶雞青銅器博物館：《黃盛璋先生八秩華誕紀念文集》，深圳：中國教育文化出版社，2005年。

上海博物館商周青銅器銘文選編寫組：《商周青銅器銘文選》，北京：文物出版社，1986—1990年。

上海博物館：《上海博物館藏青銅器》，北京：文物出版社，1964年。

紹興博物館、紹興市小燕子藝術中心：《走近大越——紀念紹興建城2500年》，上海：上海人民美術出版社，2014年。

施謝捷：《吳越文字彙編》，南京：江蘇教育出版社，1998年。

蘇州博物館：《兵與禮——蘇州博物館新入藏吳王餘眛劍研討會論文集》，北京：文物出版社，2015年。

蘇州博物館：《大邦之夢——吳越楚青銅器》，上海：上海古籍出版社，2017年。

蘇州博物館：《吳鈞重輝——蘇州博物館新入藏青銅兵器》，北京：文物出版社，2014年。

臺北故宮"中央博物院"聯合管理處：《故宮銅器圖錄》，臺北：

"中華"叢書委員會，1958年。

臺北"中央"博物院、圖書館聯合管理處：《中華文物集成》，臺北：國立"中央"博物圖書院館聯合管理處，1954年。

［日］藤田國雄：《中華人民共和國出土文物展》，東京：朝日新聞東京本社企劃部，1973年。

（宋）王黼：《博古圖錄》，嘉靖七年（1528年）蔣暘翻刻元至大重修本；萬曆三十一年（1603）泊如齋重修本；文淵閣四庫全書本。

王結華、毛穎、劉麗文：《古越遺珍研究》，北京：科學出版社，2010年。

王露主：《透過鏡頭：中國國寶精華》，鄭州：大象出版社，2005年。

（宋）王俅：《嘯堂集古錄》，涵芬樓影印蕭山朱氏藏宋刊本。

王獻唐：《國史金石志稿》，青島：青島出版社，2004年。

王振華：《商周青銅兵器》，臺北：古越閣，1993年。

文物編輯委員會：《文物考古工作三十年》，北京：文物出版社，1979年。

（清）吳式芬：《攈古錄金文》，光緒二十一年（1895）吳氏家刻本。

吳鎮烽：《商周青銅器銘文暨圖像集成三編》，上海：上海古籍出版社，2020年。

吳鎮烽：《商周青銅器銘文暨圖像集成續編》，上海：上海古籍出版社，2016年。

西泠印社：《西泠印社"重振金石學"國際學術研討會論文集》，杭州：西泠印社出版社，2010年。

［日］下中邦彥：《書道全集（第二十六卷）》，東京：平凡社，1965年。

［日］下中邦彥：《書道全集（第一卷）》，東京：平凡社，1954年。

香港中文大學：《第三屆國際中國古文字學研討會論文集》，香港：香港中文大學出版社，1997年。

蕭春源：《珍秦琳琅——秦青銅文明》，澳門：澳門特別行政區民政總署文化康體部，2009 年。

徐中舒：《殷周金文集錄》，成都：四川辭書出版社，1984 年。

（宋）薛尚功：《歷代鐘鼎彝器款識法帖》，民國廿四年（1935）于省吾景印明崇禎刻本。

嚴一萍：《金文總集》，臺北：藝文印書館，1983 年。

楊伯達：《故宮文物大典》，福州：福建人民出版社，1994 年。

于省吾：《商周金文錄遺》，北京：科學出版社，1957 年。

張正明、邵學海主編：《長江流域古代美術（史前至東漢）‧青銅器》，武漢：湖北教育出版社，2002 年。

浙江省博物館：《五侯鯖 孫海芳珍藏越國文物》，北京：文物出版社，2014 年。

浙江省博物館：《越王時代‧吳越楚文物精粹》，北京：中國書店，2019 年。

中國國家博物館、中國書法家協會：《中國國家博物館典藏甲骨文金文集萃》，合肥：安徽美術出版社，2015 年。

中國考古學會：《中國考古學會第十二次年會論文集》，北京：文物出版社，2010 年。

中國歷史博物館：《中國博物館叢書第 5 卷‧中國歷史博物館》，北京：文物出版社，東京：株式會社講談社，1984 年。

中國美術全集編輯委員會：《中國美術全集‧工藝美術‧青銅器》，北京：文物出版社，1986 年。

中國青銅器全集編輯委員會：《中國青銅器全集》，北京：文物出版社，1996 年。

中國社會科學院考古研究所：《殷周金文集成（增訂修補本）》，北京：中華書局，2007 年。

中國文物交流中心：《出土文物三百品》，北京：新世界出版社，1992 年。

《中國文物精華》編輯委員會：《中國文物精華（1990）》，北京：

文物出版社，1990 年。

《中國文物精華》編輯委員會：《中國文物精華（1992）》，北京：文物出版社，1992 年。

鍾柏生、陳昭容、黃銘崇、袁國華：《新收殷周青銅器銘文暨器影彙編》，臺北：藝文印書館，2006 年。

周法高：《三代吉金文存補》，臺北：臺聯國風出版社，1980 年。

鄒安：《周金文存》，廣倉學宭，1921 年。

CHRISTIE'S, New York, *Fine Chinese Ceramics And Works Of Art*, Part 1, Thursday 21 and Friday 22 March, 2013.

JanFontein & Tung Wu. *Unearthing China's past*, Museum of Fine Arts, 1973.

Jessica Rawson. *Chinese Bronzes: Art and Ritual*, Published for the Trustees of the British Museum, in association with the Sainsbury Centre for Visual Arts, University of East Anglia, 1987.

Ma Chengyuan, Hsio-Yen Shih. *Ancient Chinese Bronzes*, Oxford University Press, 1986.

三、专著、工具書

［日］林巳奈夫：《中國殷周時代の武器》，京都：京都大學人文科學研究所，1972 年。

［日］瀧川資言、［日］水澤利忠：《史記會注考證附校補》，上海：上海古籍出版社，1986 年。

白於藍：《戰國秦漢簡帛古書通假字彙纂》，福州：福建人民出版社，2012 年。

曹錦炎：《吳越歷史與考古論叢》，北京：文物出版社，2007 年。

陳直：《讀金日札 讀子日札》，北京：中華書局，2008 年。

崔恒昇：《安徽出土金文訂補》，合肥：黃山書社，1998 年。

董楚平：《吳越文化新探》，杭州：浙江人民出版社，1988 年。

范祥雍：《古本竹書紀年輯校訂補》，上海：上海古籍出版社，2011 年。

方詩銘、王修齡：《古本竹書紀年輯證》，上海：上海古籍出版社，1981 年。

郭沫若：《郭沫若全集・考古編》（第 6 卷），北京：科學出版社，2002 年。

郭沫若：《兩周金文辭大系》，東京：文求堂書店，1932 年。

郭沫若：《兩周金文辭大系考釋》，東京：文求堂書店，1935 年。

郭沫若：《兩周金文辭大系圖錄考釋》，北京：科學出版社，1957 年。

郭沫若：《殷周青銅器銘文研究》，上海：上海大東書局，1931 年。

何琳儀：《戰國文字通論（訂補）》，南京：江蘇教育出版社，2003 年。

何琳儀：《戰國文字通論》，北京：中華書局，1989 年。

李廣安：《穀城文物精粹》，北京：文物出版社，2012 年。

李民等：《古本竹書紀年譯注》，鄭州：中州古籍出版社，1990 年。

李學勤：《李學勤文集》，南昌：江西教育出版社，2023 年。

林澐：《林澐學術文集》，北京：科學出版社，1998 年。

羅福頤：《漢印文字徵》，北京：文物出版社，1978 年。

呂思勉：《呂思勉讀史札記》，上海：上海古籍出版社，1982 年。

馬承源：《中國青銅器研究》，上海：上海古籍出版社，2002 年。

馬敘倫：《莊子義證》，上海：商務印書館，1930 年。

蒙文通：《越史叢考》，北京：人民出版社，1983 年。

裘錫圭：《文字學概要（修訂本）》，北京：商務印書館，2013 年。

孫稚雛：《金文著錄簡目》，北京：中華書局，1981 年。

譚維四、白紹芝主編：《文物考古與博物館論叢》，武漢：湖北美術出版社，1993 年。

王國維：《國朝金文著錄表》，《王國維全集》（第四卷），杭州：浙江教育出版社，廣州：廣東教育出版社，2009年。

楊伯峻、徐提編：《春秋左傳辭典》，北京：中華書局，1985年。

楊寬：《戰國史料編年輯證》，上海：上海人民出版社，2016年。

楊樹達：《詞詮》，北京：中華書局，1954年。

楊樹達：《積微居金文説（增訂本）》，北京：中華書局，1997年。

楊樹達：《積微居金文説》，上海：上海古籍出版社，2007年。

俞敏：《經傳釋詞札記》，長沙：湖南教育出版社，1987年。

章太炎：《春秋左傳讀》，上海：上海人民出版社，2014年。

張頷：《張頷學術文集》，北京：中華書局，1995年。

張衍田：《史記正義佚文輯校》，北京：北京大學出版社，1985年。

張政烺著，朱鳳瀚等整理：《張政烺批注〈兩周金文辭大系考釋〉》，北京：中華書局，2011年。

趙平安：《文字·文獻·古史——趙平安自選集》，上海：中西書局，2017年。

周波：《戰國銘文分域研究》，上海：上海古籍出版社，2019年。

宗福邦、陳世鐃、蕭海波主編：《故訓匯纂》，北京：商務印書館，2003年。

四、單篇論文

安徽省文化局文物工作隊：《安徽淮南市蔡家崗趙家孤堆戰國墓》，《考古》1963年第4期。

曹桂岑、駱崇禮、張志華：《淮陽縣平糧臺四號墓發掘簡報》，《河南文博》1980年第1期。

曹錦炎：《新見攻盧王姑發皮難劍銘文及其相關問題》，《出土文獻與古文字研究》第6輯，上海：上海古籍出版社，2015年。

曹錦炎：《〈工吳王叔姁工吳劍銘文考釋〉附記》，西泠印社編：《西泠印社"重振金石學"國際學術研討會論文集》，杭州：西泠印社出版社，2010年。

曹錦炎:《跋古越閣新藏之州句劍銘文》,張光裕等編:《第三屆國際中國古文字學研討會論文集》,香港:香港中文大學出版社,1997年。

曹錦炎:《從青銅兵器銘文再論吳王名》,《古文字與古代史》第3輯,臺北:"中研院"歷史語言研究所,2012年。

曹錦炎:《工吳王叡玬工吳劍銘文考釋〉附記》,中國考古學會編:《中國考古學會第十二次年會論文集2009》,北京:文物出版社,2010年。

曹錦炎:《河南湯陰新發現吳王諸樊劍考》,《中原文物》2019年第6期。

曹錦炎:《記新見的越王不壽劍》,《文物》2002年第2期。

曹錦炎:《吳季子劍銘文考釋》,《東南文化》1990年第4期。

曹錦炎:《吳王壽夢之子劍銘文考釋》,《文物》2005年第2期。

曹錦炎:《吳越青銅器銘文述編》,《古文字研究》第17輯,北京:中華書局,1989年。

曹錦炎:《新見鳥蟲書越王兵器考》,《古文字研究》第24輯,北京:中華書局,2002年。

曹錦炎:《新見越王兵器及其相關問題》,《文物》2000年第1期。

曹錦炎:《越得居戈銘文考釋》,蕭春源:《珍秦齋藏金·吳越三晉篇》,澳門:澳門基金會,2008年。

曹錦炎:《越王大子矛考釋》,《1992年吳越地區青銅器研究座談會論文集》,1992年。

曹錦炎:《越王大子矛考釋》,馬承源主編:《吳越地區青銅器研究論文集》,香港:兩木出版社,1997年。

曹錦炎:《越王得居戈考釋》,《古文字研究》第25輯,北京:中華書局,2004年。

曹錦炎:《越王得居戈考釋》,連曉鳴等主編:《2002·紹興越文化國際學術研討會論文集》,杭州:浙江古籍出版社,2006年。

曹錦炎：《越王得居戈考釋》，陝西師範大學、寶雞青銅器博物館：《黃盛璋先生八秩華誕紀念文集》，北京：中國教育文化出版社，2005年。

曹錦炎：《越王嗣旨不光劍銘文考》，《文物》1995年第8期。

曹錦炎：《越王姓氏新考》，《中華文史論叢》1983年第3期。

曹錦炎：《越王鐘補釋》，浙江省社會科學院國際百越文化研究中心、中國百越民族史研究會編：《國際百越文化研究》，北京：中國社會科學出版社，1994年。

晁福林：《讀〈莊子·讓王〉——並論"越人三世弒君"問題》，《浙江社會科學》2002年第2期。

陳存洗、楊琮：《福建青銅文化初探》，《考古學報》1990年第4期。

陳芳妹：《故宮的蔡國戈與越王劍》，《1992年吳越地區青銅器研究座談會論文集》，1992年。

陳芳妹：《商周青銅兵器的發展——商周青銅兵器特展介紹之三》，《故宮文物》第8卷9期，1990年。

陳夢家：《蔡器三記》，《考古》1963年第7期。

陳夢家：《壽縣蔡侯墓銅器》，《考古學報》1956年第2期。

陳千萬：《湖北穀城縣出土"攻盧王叡戏此郐"劍》，《考古》2000年第4期。

陳斯鵬：《吳王闔廬劍小考》，復旦大學出土文獻研究中心網站，2012年1月15日。

陳兆弘：《蘇州昆山盛莊青銅器熔鑄遺址考察》，蘇州文物資料選編：《蘇州博物館》，1980年。

陳振裕：《越王勾踐劍親歷發掘記》，《光明日報》2016年4月7日。

程義、陳偉：《"兵與禮——吳王餘眛劍學術研討會"綜述》，《東南文化》2015年第3期；又收入蘇州博物館編：《兵與禮——蘇州博物館新入藏吳王餘眛劍研討會論文集》，北京：文物出版社，2015年。

程義、張軍政：《蘇州博物館新入藏吳王餘眛劍初探》，《文物》2015年第9期，又收入蘇州博物館編：《兵與禮——蘇州博物館新入藏吳王餘眛劍研討會論文集》，北京：文物出版社，2015年。

程義：《吳王餘眛劍解密》，《大眾考古》2015年第10期。

叢文俊：《鳥鳳龍蟲書合考》，《書法研究》1996年第3期。

董楚平：《臺北"古越閣"所藏吳越具銘兵器述論》，蔣炳釗等主編：《龍虎山崖葬與百越民族文化》，長春：吉林人民出版社，2001年。

董楚平：《越王州句複合劍銘文新釋》，《歷史文物》（90），2001年。

董楚平：《越王州句複合劍銘文新釋》，蔣炳釗主編：《百越文化研究》，廈門：廈門大學出版社，2005年。

董楚平：《越王州句複合劍銘文新釋》，陝西師範大學、寶雞青銅器博物館：《黃盛璋先生八秩華誕紀念文集》，北京：中國教育文化出版社，2005年。

董珊：《讀吳王壽夢之子劍銘的補充意見和推測》，復旦大學出土文獻研究中心網站，2008年7月20日。

董珊：《江西樟樹發現的兩件越式銘文戈》，清華大學出土文獻研究與保護中心：《一些的一切，一切的一些：李學勤先生90誕辰座談會紀念文集》，北京：清華大學出版社，2024年。

董珊：《論珍秦齋藏越王差徐戈》，蕭春源：《珍秦齋藏金·吳越三晉篇》，澳門：澳門基金會，2008年。

董珊：《吳王者彶虘虐劍銘考》，復旦大學出土文獻研究中心網，2009年10月2日。

董珊：《新見吳王餘眛劍銘考證》，《故宮博物院院刊》2015年第5期。

董珊：《新見吳王餘眛劍銘考證》，蘇州博物館：《兵與禮——蘇州博物館新入藏吳王餘眛劍研討會論文集》，北京：文物出版社，2015 年。

馮時：《叔巢鐘銘文考釋》，《考古》2000 年第 6 期。

馮時：《工虘大叔矛》，保利藏金編輯委員會：《保利藏金》，廣州：嶺南美術出版社，1999 年。

馮時：《工虘大叔鏃銘文考釋》，《古文字研究》第 22 輯，北京：中華書局，2000 年。

古劍：《〈臺灣古越閣藏商周青銅兵器精粹展〉巡禮》，《文物》1995 年第 8 期。

顧頡剛：《楚、吳、越王之名、號、諡》，收入顧頡剛：《史林雜識初編》，北京：中華書局，1963 年。

郭沫若：《跋江陵與壽縣出土銅器群》，《考古》1963 年第 4 期。

郭沫若：《吳王壽夢之戈》，《光明日報》1950 年 6 月 7 日。

郭沫若：《吳王壽夢之戈》，收入郭沫若：《奴隸制時代》，上海：上海新文藝出版社，1952 年。

過常職：《廬江出土吳王光劍銘文考辨》，《巢湖學院學報》2002 年第 4 期。

何琳儀：《句吳王劍補釋——兼釋冢、主、开、丂》，《第二屆國際中國古文字學研究會論文集》，香港：問學社有限公司，1993 年。

何琳儀：《皖出二兵跋》，《文物研究》第 3 期，合肥：黃山書社，1988 年。

何琳儀：《者汈鐘銘校注》，《古文字研究》第 17 輯，北京：中華書局，1989 年。

胡嘉麟：《上海博物館藏伯弘父盨小識》，《"第三屆出土文獻研究與比較文字學全國博士生論壇"論文集》，重慶：西南大學，2013 年。

胡嘉麟：《上海博物館藏伯弘父盨札記》，《中原文物》2016 年第 4 期。

胡源、褚逢春：《梅溪先生年譜》，本社影印室：《乾嘉名儒年譜》（第10冊），北京：北京圖書館出版社，2006年。

湖北省文化局文物工作隊：《湖北江陵三座楚墓出土大批重要文物》，《文物》1966年第5期。

黃光新：《安慶王家山戰國墓出土越王丌北古劍等器物》，《文物》2000年第8期。

黃建中：《〈吳王夫差矛〉跋》，湖北省考古學會選編：《湖北省考古學會論文選集（一）》，武漢：武漢大學學報編輯部，1987年。

黃盛璋：《關於越王州句複合劍銘文研究》，南京博物院：《臺灣龔欽龍藏越王劍暨商周青銅兵器》，南京：南京出版社，2003年。

黃盛璋：《中山國銘刻在古文字語言上若干研究》，《古文字研究》第7輯，北京：中華書局，1982年。

解宏乾：《吳王夫差劍亮相蘇博·上古神兵怎樣鑄成》，《國家人文歷史》2015年第3期。

晉華：《山西榆社出土一件吳王肫發劍》，《文物》1990年第2期。

荊州地區博物館：《湖北江陵藤店一號墓發掘簡報》，《文物》1973年第9期。

覺民：《明吳季子之子逞之永用劍》，《中華畫報》1931年第1卷第7期。

孔令遠：《越王州句戈銘文考釋》，《考古》2010年第8期。

李家浩：《"越王者旨於賜"新考》，《歷史語言學研究》第7輯，北京：商務印書館，2014年。

李家浩：《〈越王差邻戈〉銘文新研》，李宗焜：《第四屆國際漢學會議論文集·出土材料與新視野》，"中研院"歷史語言研究所，2013年。

李家浩：《攻五王光韓劍與虡王光赿戈》，《古文字研究》第17輯，北京：中華書局，1989年。

李家浩：《攻敔王姑義𨟠劍銘文及其所反映的歷史》，《古文字與古代史》第1輯,臺北:"中研院"歷史語言研究所,2007年。

李家浩:《攻敔王光劍銘文考釋》,《文物》1990年第2期。

李家浩:《攻敔王者彶叔虘劍與者減鐘》,《第三屆古文字與古代史研討會論文》,臺北:"中研院"歷史語言研究所,2011年。

李家浩:《攻敔王者彶叔虘劍與者減鐘》,《古文字與古代史》第3輯,臺北:"中研院"歷史語言研究所,2012年。

李家浩:《談"姑發諸反"與"諸樊"之間的語音關係》,《上古漢語研究》第1輯,北京:商務印書館,2016年。

李家浩:《談工盧大叔鈹銘文的釋讀》,《古文字研究》第26輯,北京:中華書局,2006年。

李家浩:《吳王餘眛兩劍銘文補釋》,蘇州博物館:《兵與禮——蘇州博物館新入藏吳王餘眛劍研討會論文集》,北京:文物出版社,2015年。

李家浩:《新見越王者旨於賜劍和越王州句劍》,《中國文字研究》第27輯,上海:上海書店出版社,2018年。

李家浩:《沂水工盧王劍與湯陰工盧王劍》,《出土文獻》2020年第1期。

李家浩:《越王州句複合劍銘文及其所反映的歷史》,《北京大學學報(哲學社會科學版)》1998年第2期。

李家浩:《戰國𨟠布考》,《古文字研究》第3輯,北京:中華書局,1980年。

李家浩:《戰國貨幣考(七篇)》,中國錢幣學會:《中國錢幣學會成立十周年紀念文集》,北京:中國金融出版社,1992年。

李建生:《輝縣琉璃閣與太原趙卿墓相關問題》,《中國國家博物館館刊》2012年第2期。

李守奎:《〈說文〉古文與楚文字互證三則》,《古文字研究》第24輯,北京:中華書局,2002年。

李守奎:《清華簡〈繫年〉"也"字用法與攻吾王光劍、戀書缶的釋讀》,《古文字研究》第 30 輯,北京:中華書局,2014 年。

李夏廷:《"邘王是野戈"雜議》,《故宮博物院院刊》2008 年第 6 期。

李夏廷:《太原出土春秋吳國銅器及相關問題》,《上海文博論叢》2010 年第 3 期。

李學勤:《〈珍秦齋藏金·吳越三晉篇〉前言》,蕭春源:《珍秦齋藏金·吳越三晉篇》,澳門:澳門基金會,2008 年。

李學勤:《青銅兵器的發展高峰——以古越閣藏品爲中心》,《中國文物世界》總 99 期,1993 年。

李學勤:《十二字越王州句劍讀釋》,南京博物院:《臺灣龔欽龍藏越王劍暨商周青銅兵器》,南京:南京出版社,2003 年。

李學勤:《試論夫差短劍》,收入李學勤:《中國古代文明研究》,上海:華東師範大學出版社,2005 年。

李學勤:《試論山東新出青銅器的意義》,《文物》1983 年第 12 期。

李學勤:《吳王光幾件兵器的釋讀》,《傳統文化研究》第 15 輯,北京:群言出版社。

李學勤:《先秦人名的幾個問題》,《歷史研究》1991 年第 5 期。

李學勤:《新出現的十二字越王州句複合劍》,《中國文物世界》總 112 期,1994 年。

廖中:《最新發現:"吳王夫差矛"》,《瞭望》1984 年第 3 期。

林澐:《越王者旨於賜考》,《考古》1963 年第 8 期。

劉延常、張慶法、徐傳善:《山東新泰周家莊東周墓葬出土大量吳國兵器》,《中國文物報》2003 年 11 月 5 日。

劉雨:《近出殷周金文綜述》,《古文字研究》第 24 輯,北京:中華書局,2002 年。

羅常培:《關於〈吳王壽夢之戈〉音理上的一點補充》,《羅常培文集》第 9 卷,濟南:山東教育出版社,1999 年。

羅福頤:《小校經閣金文僞銘錄目(初稿)》,《古文字研究》第 11

輯,北京:中華書局,1985年。

洛陽市文物工作隊:《河南洛陽發掘一座戰國墓》,《考古》1989年第5期。

馬承源:《關於夆生盨和者減鐘的幾點意見》,《考古》1979年第1期。

馬承源:《吴、越王劍——人間瑰寶》,王振華:《古越閣藏銅兵萃珍·銅劍篇》,臺北:古越閣,1998年。

馬承源:《越王劍、永康元年群神禽獸鏡》,《文物》1962年第12期。

馬道闊:《安徽廬江發現吴王光劍》,《文物》1986年第2期。

馬培林、穆紅梅:《周家莊東周墓出土吴越兵器與艾陵之戰》,《孫子研究》2005年第1期。

毛波:《吴越系銅劍研究》,《考古學報》2016年第4期。

孟蓬生:《越王差徐戈銘文補釋》,《中國文字研究》2009年第1輯(總第12輯),鄭州:大象出版社,2009年。

孟蓬生:《〈孟子〉"接淅而行"音釋——談魚通轉例說之三》,武漢大學簡帛網,2010年9月6日。

孟蓬生:《"出言又(有)丨,利(黎)民所丨(从言)"音釋——談魚通轉例說之四》,武漢大學簡帛網,2010年9月10日。

孟蓬生:《"法"字古文音釋——談魚通轉例說之五》,《中國文字研究》第16輯,上海:上海人民出版社,2012年。

孟蓬生:《"法"字古文音釋——談魚通轉例說之五》,復旦大學出土文獻研究中心網站,2011年9月11日。

孟蓬生:《"竜"字音釋——談魚通轉例說之八》,《歷史語言學研究》2014年第1期。

孟蓬生:《"竜"字音釋——談魚通轉例說之八》,復旦大學出土文獻研究中心網站,2012年10月31日。

孟蓬生:《楚簡所見舜父之名音釋——談魚通轉例說之二》,武漢大學簡帛網,2010年9月3日。

孟蓬生:《上博簡"臧罪"音釋——談魚通轉例説之六》,復旦大學出土文獻研究中心網站,2012年9月3日。

孟蓬生:《師袁簋"弗叚組"新解》,復旦大學出土文獻研究中心網站,2009年2月25日。

孟蓬生:《試釋吳國金文中與"諸樊"之"諸"相當的字——談魚通轉例説之十》,《吉林大學學報(哲學社會科學版)》2018年第1期。

彭裕商:《清華簡〈繫年〉札記二則》,《出土文獻》第3輯,上海:中西書局,2012年。

彭裕商:《越王差徐戈銘文釋讀》,《考古》2012年第12期。

秦士芝:《江蘇盱眙出土的蔡侯劍》,《文物》2003年第4期。

裘錫圭:《"以學術爲天下公器"的學者精神》,《中華讀書報》2012年5月9日07版。

裘錫圭:《讀書札記四則》,《裘錫圭學術文集·語言文字與古文獻卷》,上海:復旦大學出版社,2012年。

任相宏、張慶法:《吳王諸樊之子通劍及相關問題探討》,《中國歷史文物》2004年第5期。

容庚:《鳥書考》,《燕京學報》第16期,1934年。

山東省文物考古研究所、新泰市博物館:《山東新泰周家莊東周墓發掘簡報》,《文物》2013年第4期。

商承祚:《"姑發耆反"即吳王諸樊别議》,《中山大學學報》1963年第3期。

商承祚:《〈姑發耆反劍〉補説》,《中山大學學報》1964年第1期。

沈培:《清華簡和上博簡"就"字用法合證》,武漢大學簡帛網,2013年1月6日。

施謝捷:《〈吳越文字彙編〉補正》,《考古與文物》1999年第1期。

石小力:《吳王壽夢之子劍銘文補釋》,《珞珈史苑》2014年卷,武漢:武漢大學出版社,2015年。

石曉（何琳儀）：《吳王光劍銘補正》，《文物》1989 年第 7 期。

蘇瑩輝：《院藏東周銅劍析論》，《故宮文物》8 卷 12 期，1991 年。

孫合肥：《越王句戔之子劍銘補釋》，《中國文字研究》第 19 輯，上海：上海書店出版社，2014 年。

孫稚雛：《淮南蔡器釋文的商榷》，《考古》1965 年第 9 期。

譚維四：《方壯猷先生與湖北的文物考古事業》，《江漢考古》1987 年第 2 期。

譚維四：《關於越王句踐劍銘文的考釋經過》，湖南省文物考古研究所：《江陵望山沙冢楚墓》，北京：文物出版社，1996 年。

譚維四：《奇寶淵源——越王勾踐劍與吳王夫差矛瑣記》，《文物天地》1986 年第 5 期。

唐蘭：《石鼓年代考》，《故宮博物院院刊》1958 年第 1 期。

滕壬生：《釋𣎆》，湖北省考古學會選編：《湖北省考古學會論文選集（一）》，武漢：武漢大學學報編輯部，1987 年。

田偉：《試論兩周時期的青銅劍》，《考古學報》2013 年第 4 期。

王步毅：《安徽霍山縣出土吳蔡兵器和車馬器》，《文物》1986 年第 3 期。

王恩田：《吳王夫差劍及其辨偽》，江蘇省吳文化研究會：《吳文化研究論文集》，廣州：中山大學出版社，1988 年。

王國維：《攻吳王夫差鑑跋》，《觀堂集林》（三），北京：中華書局，1961 年。

王輝：《關於"吳王肵發劍"釋文的幾個問題》，《文物》1992 年第 10 期。

王寧：《越王者旨於賜鐘銘文補釋》，武漢大學簡帛網，2012 年 9 月 23 日。

王寧：《者旨於賜鐘銘釋讀》，《文物研究》第 12 輯，合肥：黃山書社，2000 年。

王人聰：《江陵出土吳王夫差矛銘新釋》，《文物》1991 年第 12 期。

王子超：《"繁陽之金"補釋》，《古文字研究》第 24 輯，北京：中華書局，2002 年。

魏宜輝：《吴王餘眛劍銘文補議》，《出土文獻》第 12 輯，上海：中西書局，2018 年。

魏宜輝：《再談叔巢編鎛及其相關問題》，《南方文物》2002 年第 3 期。

温廷敬：《者減鐘釋》，《國立中山大學文史學研究所月刊》第 3 卷第 2 期，1934 年。

吴茂：《吴季子之子逞劍》，《東方雜誌》第 27 卷第 1 號，1930 年。

吴良寶、徐俊剛：《戰國三晋"冶"字新考察》，《古文字研究》第 31 輯，北京：中華書局，2016 年。

吴良寶：《野王方足布幣考》，《江蘇錢幣》2008 年第 1 期。

吴振武：《蔡家崗越王者旨於賜戈新釋（提要）》，《古文字研究》第 23 輯，北京：中華書局，2002 年。

吴振武：《記珍秦齋藏越國長銘青銅戈》，蕭春源：《珍秦齋藏金·吴越三晋篇》，澳門：澳門基金會，2008 年。

吴振武：《談珍秦齋藏越國長銘青銅戈》，《古文字研究》第 27 輯，北京：中華書局，2008 年。

吴振武：《"者彶叔房"即吴王闔廬説》，《古文字研究》第 29 輯，北京：中華書局，2012 年。

吴鎮烽：《記新發現的兩把吴王劍》，《江漢考古》2009 年第 3 期。

夏淥、傅天佑：《説鏞——吴王夫差矛銘文考釋》，《語言研究》1985 年第 1 期。

謝明文：《新出宜脂鼎銘文小考》，《中國文字》新 40 輯，臺北：藝文印書館，2014 年。

謝雨田：《新出宜脂鼎銘文小考》，復旦大學出土文獻研究中心網站，2014 年 2 月 27 日。

熊賢品：《〈越王差徐戈〉銘文與越國徙都"姑蘇"補論》，《蘇州教育學院學報》2014 年第 6 期。

徐建委：《〈春秋〉"閽弒吳子餘祭" 條釋證》，《北京師範大學學報》（社會科學版）2015 年第 5 期。

徐建委：《季札觀樂諸問題辯證》，《文學評論》2018 年第 5 期。

楊泓：《從古越閣藏品談中國古銅兵器收藏（下）》，《收藏家》1995 年第 11 期。

姚晨辰、王振：《吳鈎重輝——蘇州博物館藏吳越青銅劍集萃》，《榮寶齋》2015 年第 5 期。

殷滌非：《者旨於賜考略》，《古文字研究》第 10 輯，北京：中華書局，1983 年。

詠章：《釋吳王夫差矛銘文中的器名之字》，《江漢考古》1987 年第 4 期。

游學華：《記中文大學藏越王者旨於賜矛》，《大公報》1992 年 6 月 12 日；又《中國文物報》1992 年 6 月 21 日。

張富海：《説"矣"》，《古文字研究》第 26 輯，北京：中華書局，2006 年。

張光裕：《錯金〈攻吾王劍〉銘獻疑》，《紀念何琳儀先生誕辰七十周年暨古文字學國際學術研討會論文集》，2013 年；又《漢語言文字研究》第 1 輯，上海：上海古籍出版社，2015 年。

張世超：《吳王光劍銘與中國古代的武德》，吉林大學古籍研究所：《吉林大學古籍研究所建所二十周年紀念文集》，長春：吉林文史出版社，2003 年。

張舜徽：《"吳王夫差矛" 銘文考釋》，《長江日報》1984 年 1 月 25 日；又《光明日報》1984 年 3 月 7 日。

張勇、畢玉梅：《山東新泰出土吳王諸樊之子通劍》，《華夏考古》2013 年第 2 期。

張振林：《關於兩件吳越寶劍銘文的釋讀問題》，《中國語文研究》第 7 期，香港中文大學中國文化研究所、吳多泰中國語文研究中心，1985年。

趙平安：《紹興新出兩件越王戈研究》，江林昌等主編：《中國古代文明研究與學術史——李學勤教授伉儷七十壽慶紀念文集》，保定：河北大學出版社，2006年。

趙平安：《"京"、"亭"考辨》，《復旦學報》2013年第4期。

趙平安：《談談戰國文字中用爲"野"的"冶"字》，《2016北京論壇・出土文獻中國古代文明會議論文集》，2016年；又《第十三屆古代漢語學術研討會論文集》，2016年。

仲威：《金石善本過眼錄・〈古劍拓本合軸〉徐子爲藏本》，《藝術品》2016年第1期。

周曉陸、張敏：《〈攻敔王光劍〉跋》，《東南文化》1987年第3期。

周運中：《越王差徐所遷乍金考》，復旦大學出土文獻研究中心網站，2008年12月6日。

周忠兵：《説古文字中的"戴"字及相關問題》，《出土文獻與古文字研究》第5輯，上海：上海古籍出版社，2013年。

朱俊英、劉信芳：《攻盧王姑發䣜之子曹鮴劍銘文簡介》，《文物》1998年第6期。

朱世力：《安慶出土之越王丌北古劍》，《故宫文物》（總119），1992年。

五、學位論文

邊田鋼：《上古方音聲韻比較研究》，浙江大學博士學位論文（導師：黃笑山），2015年。

陳苗：《山西地區出土兩周時期青銅兵器研究》，陝西師範大學碩士學位論文（導師：郭妍利），2014年。

董珊：《東周題銘校議（五種）》，吉林大學碩士學位論文（導師：劉釗），1997年。

郭理遠：《楚系文字研究》，復旦大學博士學位論文（導師：裘錫圭),2020年。

王鵬遠:《古漢字"變形音化"再研究》,復旦大學碩士學位論文（導師:鄔可晶),2022年。

周晶晶:《〈世本〉研究》,浙江大學博士學位論文（導師:崔富章),2011年。

後　記

　　這本小書的初稿是 2017 年 5 月完成的博士論文。

　　2012 年 9 月，我從安徽大學考入吉林大學，師從吳振武老師攻讀博士學位。入學後最重要的事自然是確定論文題目。吳師告訴我，他心中已有幾個選題，不過先不説，讓我自己想。我琢磨出幾個題目後跟老師匯報，老師説這都是當前熱門話題，過些年一定會有不少同題論文，若幾年前寫出，或許顯示有一定預見性，現在做未免俗了。我只好繼續想題目。

　　當我和老師説準備把吴越兩國的銘文研究一通的時候，老師説給你想了三個題目，其中之一便是吴越王名。於是我開始了吴越文字的研究。

　　2018 年，申報的課題"吴越文字資料整理研究"獲得國家社會科學基金項目立項，2024 年 4 月結項，饒倖獲評優秀。小書的主要看法與 2017 年的博士論文大體相同，但增添了 2017 年至 2023 年間新出的重要器物，修正了一些明顯的錯誤，根據新材料或新説法重新改寫了部分章節。

　　本書出版得到國家社會科學基金項目的資助；能夠在上海古籍出版社刊行離不開顧莉丹女士的幫助；責任編輯姚明輝先生改正了文中不少錯誤，作者十分感謝。

　　這是我個人出版的第一本小書。從 2005 年進入大學校園，算來已有二十春秋。在後記的最後，要真誠地對每一位教過我、指點過我的老師，以及幫助我、鼓勵過我的朋友說一聲："謝謝！"

馬曉穩記於京西北

圖書在版編目(CIP)數據

吴王金戈越王劍：東周金文中的吴越王名 / 馬曉穩
著. -- 上海：上海古籍出版社, 2025. 4. -- ISBN 978-
7-5732-1574-1

Ⅰ. K871. 434；K810. 2

中國國家版本館 CIP 數據核字第 20252XD417 號

吴王金戈越王劍
——東周金文中的吴越王名

馬曉穩　著

上海古籍出版社出版發行

（上海市閔行區號景路 159 弄 1 - 5 號 A 座 5F　郵政編碼 201101）

（1）網址：www.guji.com.cn
（2）E-mail: guji1@guji.com.cn
（3）易文網網址：www.ewen.co

蘇州市越洋印刷有限公司印刷

開本 700×1000　1/16　印張 19　插頁 5　字數 247,000
2025 年 4 月第 1 版　2025 年 4 月第 1 次印刷
ISBN 978 - 7 - 5732 - 1574 - 1
K・3840　定價：98.00 元

如有質量問題,請與承印公司聯繫